Heinrich Nejedly

Spezialführer

Kanuwandern in Nord-/Westdeutschland

40 ausgewählte
Flußwanderungen

BLV Verlagsgesellschaft
München Wien Zürich

Widmung
Meiner Mutter

CIP-Titelaufnahme der Deutschen Bibliothek

Nejedly, Heinrich:
Kanuwandern in Nord-, Westdeutschland: 40 ausgew. Flußwanderungen / Heinrich Nejedly. [Alle Flußkt. vom Autor. Fotos: Miroslava u. Heinrich Nejedly]. – München; Wien; Zürich: BLV Verlagsgesellschaft, 1988
(Spezialführer)
ISBN 3-405-13230-4

Bildnachweis
Titelbild: Auf der Örtze (Hermannsburg)

Seite 2: Auf der Lahn

Alle Flußkarten vom Autor
Fotos: Miroslava und Heinrich Nejedly

Schriftliche und bildliche Darstellungen dieses Werkes erfolgten nach bestem Wissen und Gewissen des Autors. Die Befahrung der Flüsse nach diesen Vorschlägen geschieht auf eigene Gefahr. Eine Haftung wird nicht übernommen.

8000 München 40

Lektorat: Marianne Faiss-Heilmannseder, München

Satz und Druck: Appl, Wemding
Bindung: Großbuchbinderei Monheim

Printed in Germany
ISBN 3-405-13230-4

Dank
Mein Dank gebührt vor allem meiner Frau Miroslava, die mich verständnisvoll bei meiner Arbeit an dem Buch unterstützte und auch mit manchem Foto zur Bebilderung beigetragen hat. Ferner Herrn Alois Seewald für die Durchsicht, meiner Schwester Kristl für das Schreiben des Manuskripts sowie allen Mitarbeitern des kleinen Fotolabors, die meine Filme vorzüglich bearbeiteten. Meinen Wanderfreunden aus dem Norden der Bundesrepublik danke ich für manche nützliche Information über ihre »Hausflüsse« und die Sehenswürdigkeiten vor Ort. Dank auch an die Kanufahrer, die mir bewußt oder unbewußt als Fotomotive dienten.

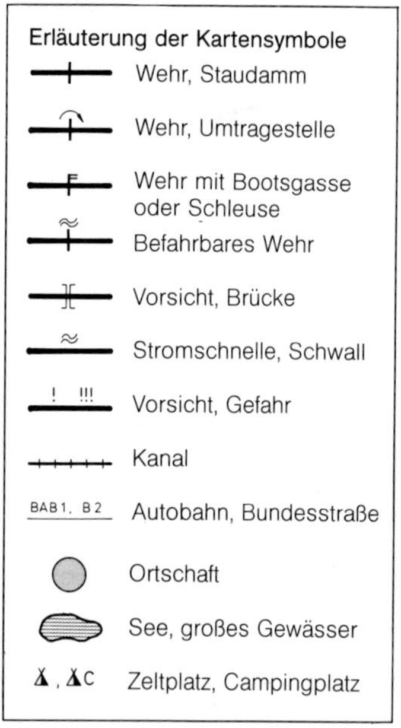

Inhalt

1 Treene
2 Schlei
3 Eider (Obereider)
4 Schwentine (mit Holsteinischen Seen)
5 Trave (Obertrave)
6 Wakenitz (mit Ratzeburger See)
7 Alster
8 Stör (mit Bramau und Osterau)
9 Oste
10 Luhe
11 Ilmenau
12 Aller
13 Lachte
14 Örtze
15 Böhme
16 Wümme
17 Hunte
18 Fehntjer Tief
19 Oker
20 Leine
21 Rhume
22 Werra
23 Fulda
24 Weser
25 Eder
26 Diemel
27 Nethe
28 Emmer
29 Hase
30 Ems (mit Werse)
31 Lippe
32 Lenne
33 Rur (Roer)
34 Sieg
35 Wied
36 Lahn
37 Ahr
38 Kyll
39 Our
40 Sauer

▷

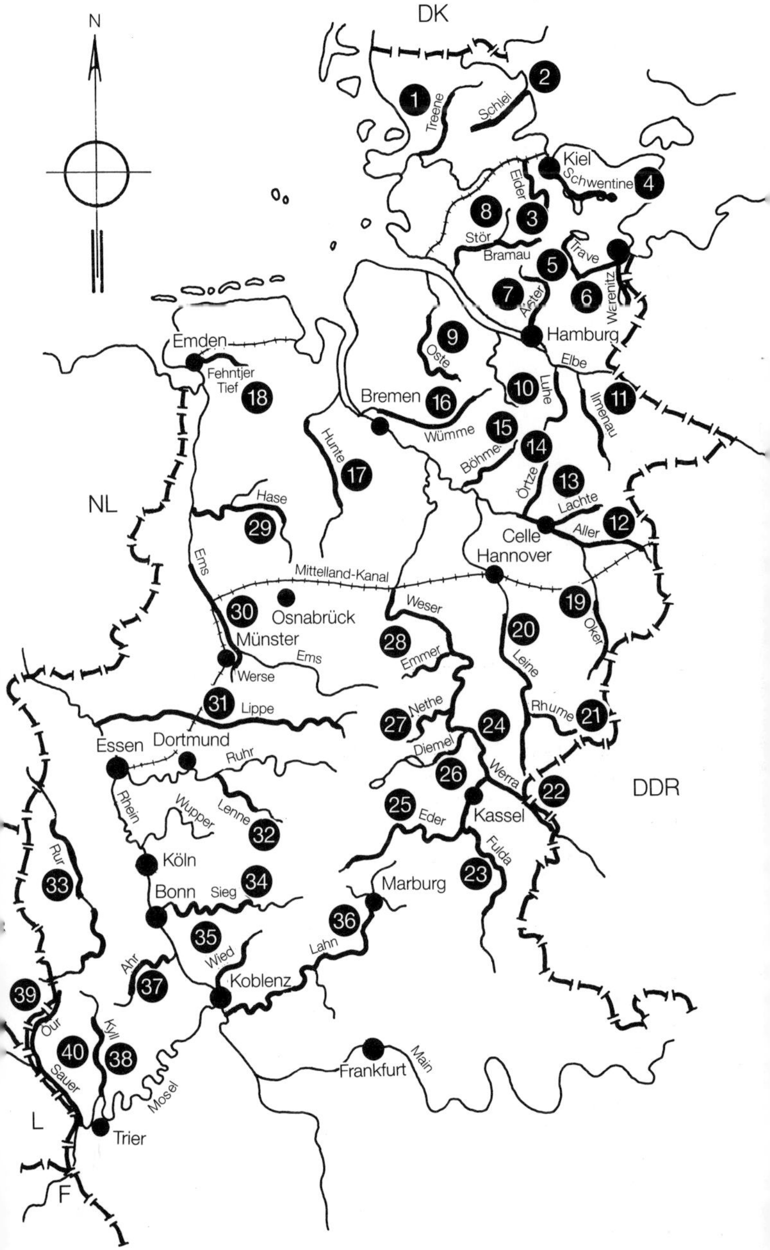
N
DK
NL
DDR
L
F
Kiel
Hamburg
Emden
Bremen
Celle
Hannover
Osnabrück
Münster
Essen
Dortmund
Köln
Bonn
Koblenz
Marburg
Kassel
Frankfurt
Trier
Treene
Schlei
Eider
Schwentine
Stör
Bramau
Trave
Alster
Wakenitz
Oste
Elbe
Luhe
Ilmenau
Fehntjer Tief
Wümme
Hunte
Böhme
Örtze
Lachte
Aller
Hase
Ems
Mittelland-Kanal
Weser
Leine
Oker
Emmer
Werse
Lippe
Nethe
Rhume
Diemel
Ruhr
Werra
Rhein
Wupper
Lenne
Eder
Fulda
Rur
Sieg
Lahn
Wied
Ahr
Our
Kyll
Sauer
Mosel
Main
1
2
3
4
5
6
7
8
9
10
11
12
13
14
15
16
17
18
19
20
21
22
23
24
25
26
27
28
29
30
31
32
33
34
35
36
37
38
39
40

Einführung

Nachdem der Spezialführer Kanuwandern in Süddeutschland von vielen Kanufahrern mit großem Interesse aufgenommen wurde, erscheint nun als logische Fortsetzung der Band Kanuwandern in Nord- und Westdeutschland. In ihm werden 40 ausgesuchte Flußwanderungen zwischen Nord- und Ostsee sowie der Linie Main - Mosel in Text und Bild vorgestellt. Es handelt sich dabei wieder um Flüsse, die naturnah geblieben sind und durch anziehende Landschaftsstriche fließen. Flüsse, deren Wasser noch relativ sauber und unbelastet ist und die noch nicht zu überfüllten Schifffahrtsstraßen geworden sind. Solche Flüsse zu finden, war trotz des dichten Gewässernetzes der nördlichen Bundesrepublik kein leichtes Unterfangen.

Wir bemühten uns, die Kanuwanderungen im oben genannten Gebiet gleichmäßig zu verteilen. Natürlich spielte der subjektive Eindruck bei der Auswahl der Wanderflüsse eine Rolle, und so haben wir uns auch für Flüsse wie Werra und Weser entschieden, die zwar zu den am schlimmsten belasteten Gewässern gehören; doch wiegen die außerordentlichen landschaftlichen Reize dieser klassischen Wanderflüsse die mangelnde Wasserqualität weitgehend auf.

Über drei Jahre sind wir - meine Frau Miroslava und ich - im Canadier, Kajak und Faltboot alleine oder mit Freunden an vielen Wochenenden und Urlaubstagen, mit Fotoapparat und Notizblock ausgerüstet, über hunderte von Kilometern gepaddelt, um Eindrücke und die neuesten Informationen zu sammeln. So entstand eine Auswahl von Kanuwanderungen die, wie wir meinen, zusammen mit denen im ersten Band einen charakteristischen Querschnitt durch die Flußlandschaften der Bundesrepublik bieten. Der anspruchsvolle, sportliche Wanderfahrer wie auch der Kanute mit wenig Erfahrung findet unter den 40 Touren sicher die ihm entsprechenden. Auch kann man zwischen kurzen Tagestouren, mehrtägigen Wanderungen und gemütlichen Ferienfahrten mit »Kultureinlagen« wählen.

Wie schon im Band »Süddeutschland« werden auch hier jeweils Flußlandschaften, wassertechnische und sportliche Charakteristika, Hindernisse, Zeltmöglichkeiten und historische Sehenswürdigkeiten beschrieben. Auch auf ergänzendes Kartenmaterial, Wanderführer und sonstige Kanuliteratur wird hingewiesen. Die Bilder entstanden alle »live« auf unseren Kanufahrten. Trotz der vielen praxisbezogenen Informationen in diesem Buch ist vor Antritt einer Kanuwanderung einiges zu berücksichtigen. Wichtig ist es, sich über den Wasserstand am jeweiligen Fluß zu erkundigen. Jedes Hochwasser birgt in sich ein zusätzliches Risiko und macht manche harmlose Bootsfahrt zu einer lebensgefährlichen Angelegenheit. Auch Flußbeschreibungen verlieren mit der Zeit an Aktualität. Durch neue Verbauungen und Regulierungen ändern sich die wassertechnischen Verhältnisse; es werden neue Wehre installiert, alte umgebaut oder geschleift. Kurzum, ein Fluß ist ständigen Veränderungen unterworfen und wartet bei jeder Befahrung mit neuen Überraschungen auf. Besondere Gefahren bergen auf Wanderflüssen die bereits erwähnten Wehre. Jedes Steilwehr, auch wenn es noch so niedrig ist, kann bei einem gewissen Wasserstand für den Kanuten lebensgefährlich sein. Auch eine Schrägwehrbefahrung ist eine Mutprobe, die nicht immer gut ausgeht.

Naturschutzbelange und immer häufigere kommerzielle Nutzung der noch verbliebenen natürlichen Flußläufe durch Bootsverleihe führten in den letzten Jahren bei manchen Gewässern zu Sperrungen oder Befahrungsregelungen für Kanufahrer. Ob diese immer gerechtfertigt sind, soll hier nicht bewertet werden, doch es liegt auch im Interesse der Kanuwanderer, diese gesetzlichen Regelungen zu beachten. Durch beispielhaftes Verhalten bei unseren Flußfahrten wie Vermeidung von Lärm, Abstand von Schilfbeständen, kein unnötiges Betreten der Ufer außerhalb der Anlegestellen, Einsammeln jeglicher Abfälle, keine Anlage neuer Feuerstellen, Fahren in kleinen Gruppen und dergleichen können wir dazu beitragen, das Verhältnis Sport und Natur zu entspannen und dem Kanuwandern seine Reviere zu erhalten.

Über richtige Fahrtechnik, Bootskunde und Ausrüstung gibt es mehrere gute Lehrbücher, die im Literaturverzeichnis am Schluß des Buches angeführt sind. Vieles kann der Anfänger auch von erfahrenen Kanuwanderern lernen, und vor allem macht es natürlich mehr Spaß, zusammen mit Freunden eine Flußlandschaft zu entdecken. Solche Kontakte knüpfen sich am schnellsten in einem Wassersport- oder Kanuverein, der dem Deutschen Kanu-Verband angeschlossen ist.

Heinrich Nejedly

Miroslava und Heinrich Nejedly im Canadier unterwegs.

1 Treene

Frörup–Friedrichstadt

Nebenfluß der Eider

74 km
3–4-Tage-Fahrt

Am Treßsee, wo die Kielstau und Bondenau zusammentreffen, entsteht die Treene, die am Sankelmarker See vorbeifließt, ab Frörup in südlicher Richtung zuerst die wellige Geestlandschaft, ab Holm die flachen Marschwiesen in unendlich vielen Schleifen durchquert und, in Kanälen, Grachten und Sielen aufgeteilt, sich durchs liebliche Friedrichstadt zur Eider durchzwängt.
Eine geeignete Einsatzstelle zu dieser reizvollen Kanuwanderung finden wir an der Straßenbrücke zur B 76 in Frörup. Kaum 4–5 m ist hier das saubere Flüßchen breit, und auch nach 20 km nimmt es noch nicht viel an Breite zu. Zuerst geht die Fahrt durch ein urwaldähnliches Gebüsch, wo die mächtigen Wurzelstöcke der Erlen das Flußprofil beträchtlich verengen und mehrere Holzstege den Wasserlauf bedenklich niedrig überspannen. In dem noch ziemlich schmalen Tal beginnt die Treene schon kurz nach Frörup ih-

Charakter, Tips
In den ersten 40 km durch Moränenhügel, Wiesen und kleine Wälder herrlich mäanderndes, doch zügig fließendes Geestflüßchen, das sich bei Holm in einen Moor- und Marschfluß umwandelt, nun teilweise eingedeicht und langsam strömend immer mehr an Breite gewinnt und bei Friedrichstadt bei fast stehendem Wasser die Eider erreicht. Am Flußabschnitt von Schwabstedt nach Friedrichstadt oft starker Gegenwind an der freien Wasserfläche der aufgestauten Treene.
Die beschriebene Wanderstrecke ist ab Tarp ganzjährig mit allen Kajak- und Kanutypen leicht befahrbar. Die einzigen zwei Wehre (beide in Treia) sind unbefahrbar, das kurze Umtragen der Boote bereitet jedoch keine Schwierigkeiten. Trotz einer Kanustation in Langstedt erleben wir über weite Strecken eine recht einsame Flußwanderung.

Zeltmöglichkeiten
Sankelmarker See bei Frörup, Süderstapel an der Eider, Friedrichstadt. An den Treeneufern befinden sich keine Campingplätze, doch nach Absprache mit den Besitzern läßt sich auf mancher abgemähten Wiese romantisch zelten.

Sehenswertes
Tarp: Windmühle.
Treia: Rathaus, Kirche.
Schwabstedt, Umgebung: Wehrkirche, NSG Hude, Glockenberg, Bergenhusen – Storchendorf, Norderstapel – Binnenlanddüne, Süderstapel – St. Katharinenkirche.
Friedrichstadt: Grachten, herrliche Giebelhäuser, Alte Münze, Paludanushaus, Marktplatzbrunnen mit Pumpe, kath. und ev. Kirche, remonstrantisch reformierte Saalkirche, Mennonitenfriedhof u. v. a.

Karten, Kanu-Literatur
Generalkarte 1 : 200 000, Blatt 1; Deutsche Idealkarte 1 : 100 000, Blatt 1/2 und 3. – Deutsches Flußwanderbuch; Kanuwanderbuch für Nordwestdeutschland.

Treene

Anfahrt
BAB 7 Hamburg-Flensburg,
Ausfahrt Tarp,
weiter auf der B 76 nach Frörup.

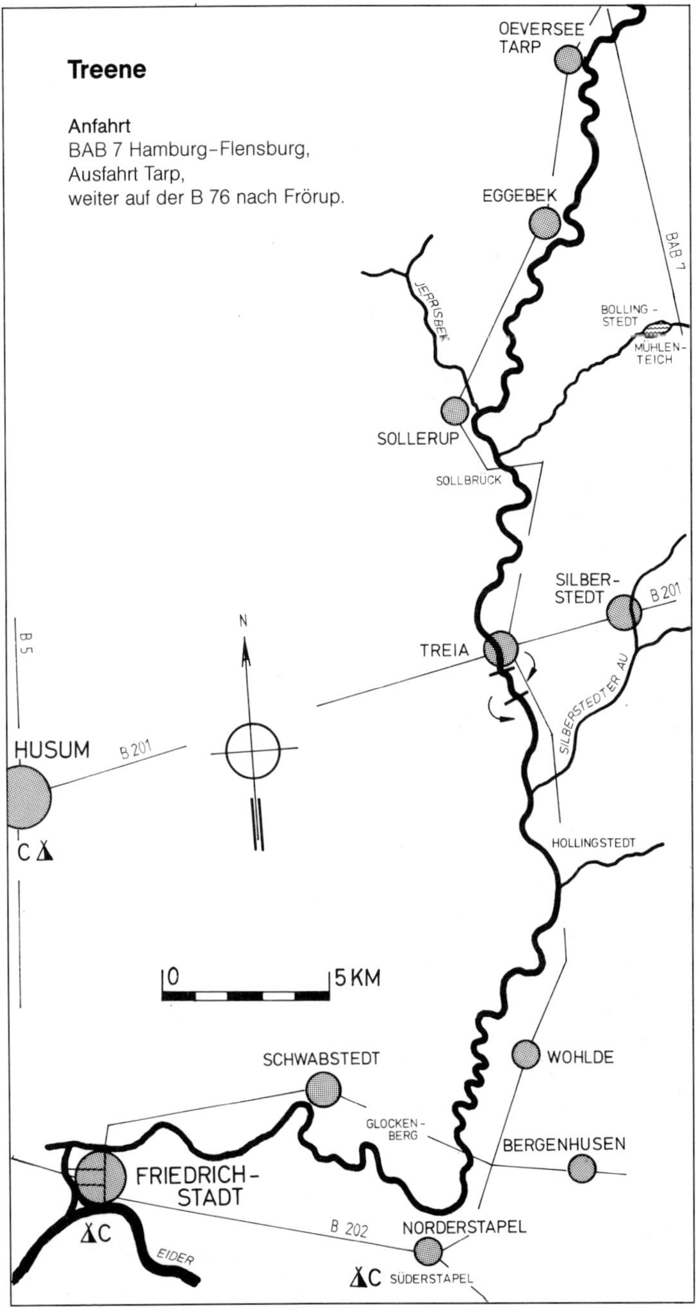

re vielen, für sie so charakteristischen Schleifen zu ziehen.
Wiesen und Weiden lockern jetzt den dichten Erlenbestand auf, und nach Unterqueren der Autobahnbrücke nähern wir uns durch eine parkähnliche Landschaft dem reizenden Städtchen Tarp. Bis ans Wasser hängen im Frühling die blühenden Äste der Kastanienbäume, und nach jeder Schleife wartet auf uns eine Überraschung – eine schöne Holzbogenbrücke, Pferde am Ufer, Gänse auf der Wiese, und nicht weit davon verstecken sich im Uferbewuchs mehrere grünfüßige Teichhühner. An manchem Hang liegt ein sehenswertes Haus, lange begleitet uns noch die Silhouette des Spitzturms der Tarper Kirche.
Mit Zufriedenheit registrieren wir, daß die Umweltproblematik hier angegangen wurde und Tarp schon eine Kläranlage besitzt. In unzähligen, weit ausholenden Mäandern pendeln wir im flachen Wiesental zwischen teilweise bewaldeten Geeströcken und steuern unsere Boote um die flachen Sandbänke durch die Spitzkehren.
Manche Kehre wurde schon durchgebrochen, und so finden wir auch kleine Inseln im Fluß. Wir steigen mehrmals aus den Booten, um von den steilen Uferhängen das Tal zu überblicken. Nach einem verfallenen Wehr, kaum als Stufe bemerkbar, paddeln wir unter der Eggebeker Straßenbrücke hindurch. Links am nahen Gasthof sehen wir die Kanustation in Langstedt; ein Holzponton dient als Einsatzstelle. Nachher begleitet uns ostwärts der ausgedehnte Staatsforst bei Büschau, und kein Haus stört mehr die idyllische Flußfahrt.
Von den Wiesenufern her beäugen uns neugierig schwarzweiße Holsteiner Kühe, manchmal auch Pferde. An der kleinen Brücke in Sollerup (übrigens eine gute Einsatzstelle) steht unter den Weiden ein gemütliches, einladendes Bänkchen. In Sollbrück, einem langgezogenen Ort mit niedrigen Häusern unter prächtigen Baumalleen, überquert eine Eisenbahnbrücke den Fluß. Das Tal wird noch flacher, und die begleitenden Sandhügel werden immer niedriger. Links vor der Iplander Brücke zelten Kanuten.
Der Fluß trägt uns nun Treia entgegen, einem Städtchen mit schönem Schul- und Sportgelände. Hier erwarten uns die einzigen Wehre dieser Wanderfahrt. Vor dem Feuerwehrhaus (hier Aussetzstelle mit Parkplatz) bewältigen wir das halbzerfallene Wehr; wir können auch kurz rechts umtragen. Unter der Straßenbrücke hindurch, am Sportplatz entlang, erwartet uns ein unbefahrbares Betonwehr, das links leicht umtragen werden kann. Bei gutem Wasserstand ist auch Treideln möglich; die gleiche Situation folgt noch einmal 1½ km weiter flußabwärts.
Der Flußcharakter ändert sich, die Treene wird zum langsam fließenden, baumlosen, teilweise eingedeichten Wiesen- und Moorfluß. Viele Entwässerungskanäle und Bächlein sorgen für kräftigen Wasserzuschuß. Bald paddeln wir im 20–30 m breiten Flußbett. An der Hollingstedter Kirche vorbei erinnern wir uns, daß hier die Wikinger schon vor 1000 Jahren einen Hafen betrieben, wo sie ihre schlanken Schiffe mit Ware beluden und auf der Treene und Eider in Richtung Nordsee fuhren. Eine einsame, weite Landschaft breitet sich um uns aus, nur ein paar Schafe am Deich, manchmal ein Storch oder Greifvogel beleben die Marschwiesen.

Auf der Treene bei Sollerup.

Allmählich nähern wir uns nun den »Sandbergen« - rechts der aussichtsreiche Glockenberg, links die Stapelholmer Hügelkette, auf deren Höhen das bekannte Storchendorf Bergenhusen liegt, wo noch alljährlich mindestens zehn Storchenpaare nisten. Bester Ausgangspunkt für eine Wanderung zu den »Hoierboiern«, wie sie hier genannt werden, ist die Brücke zwischen Süderhöft und Holzkate, wo wir an einer Rampe gut anlegen können. Dann schwingt die Treene in westliche Richtung.

Nach einer engen Flußschlinge kommen wir unter der Eisenbahnbrücke hindurch und landen neben dem Strand des schönen Flußbades in Schwabstedt. Die steinerne Wehrkirche diente in Kriegszeiten der Bevölkerung als Fluchtstätte vor feindlichen Soldaten; heute ist Schwabstedt ein reizender Ferienort, wo neben dem leiblichen auch das geistige Wohl nicht zu kurz kommt. Die Freilichtbühne bietet alljährlich Theaterveranstaltungen.

Ab der Treenebrücke paddeln wir auf der völlig freien, aufgestauten Wasserfläche, die hier schon über 100 m breit wird. Oft wühlt ein frischer Gegenwind von Westen den Fluß kräftig auf. Vielleicht begegnen wir einem der weißen Ausflugsschiffe, deren Passagiere uns freundlich zuwinken. Nach 2stündiger Fahrt laufen wir in Friedrichstadt ein. Eine Kanufahrt durch die Grachten und Gräben der Anfang des 17. Jh. von holländischen Siedlern gegründeten Stadt ist ein krönender Abschluß unserer Treene-Wanderung.

2 Schlei

Haddeby–Olpenitz

Ostseeförde

ca. 40 km
3-Tage-Fahrt

Eigentlich beginnt unsere Kanuwanderung schon mit dem Besuch im Schleswig-Holsteinischen Landesmuseum – im Inselschloß Gottorf, wo wir uns bei einer Besichtigung der Sammlung und Funde aus der Altgermanen- und Wikingerzeit so richtig in Expeditionsstimmung versetzen. Befuhren doch die mutigen und geschäftstüchtigen Wikinger schon um die Jahrtausendwende mit ihren schlanken, eleganten Holzschiffen neben den Weltmeeren auch die Schlei und die Treene und unterhielten somit einen regen Warenaustausch zwischen der Ost- und Nordsee, wobei die

Charakter, Tips
Seenartiges Gewässer, ohne Strömung und ohne Hindernisse, für Kanufahrer mit etwas Erfahrung. Die Fahrtrichtung ist der momentanen Windrichtung anzupassen. Überwiegend Westwinde; bei starkem Wind entstehen kurze, hohe Wellen, dann ist es angebracht, in der Nähe des schützenden Ufers zu paddeln. Wildwasserboote sind hier nicht geeignet, am besten ist man mit einem Faltboot, einem schlanken Zweier oder Einer mit Steuerung beraten.
Sehr schöne Befahrungszeit in der zweiten Maihälfte, wenn die umliegenden Rapsfelder blühen. Achtung auf größere Schiffe, rechtzeitig den betonnten Weg freigeben. Die vielen Campingplätze ermöglichen eine schöne Ferienfahrt mit Wanderungen in die umliegende Landschaft. Schleswig lohnt einen längeren Aufenthalt.

Zeltmöglichkeiten
Camping Haddeby gegenüber Schleswig, Missunde (auch KC) Schleihof, Bohnertfeld, Lindau, Winnemark, Olpenitzdorf. Die Schlei mit ihren Ufern ist Landschaftsschutzgebiet, freies Zelten am Südufer ist untersagt, am nördlichen Ufer sind nur Einzelzelte (bis zu 5) mit Erlaubnis der Grundstückseigentümer zulässig.

Sehenswertes
Schleswig: Ehemalige Herzogsresidenz und Bischofsstadt, Schloß Gottorf (Schloßinsel) mit Landesmuseum, Dom St. Petri mit Bordesholmer Schnitzaltar, Kreuzgang, Gruftkapellen, St.-Johannes-Damenstift, Bürgerhäuser in der Langen Straße, Rathaus, Stadtteil Holm – Fischersiedlung, Friedhof, Haddeby (Haithabu)-Wikinger-Museum, Ausgrabungen.
Ulsnis: Malerische Kirche mit Holzturm.
Arnis: Kleinste Stadt Deutschlands, Kirche mit Renaissancekanzel (16. Jh.), hübsche kleine Fischerhäuser.
Kappeln: Spätbarocke Kirche, schöne Giebelhäuser, Mühlenmuseum, Drehbrücke über die Schlei, Heringszaun (alter hölzerner Fangzaun aus den Zeiten, wo noch große Heringsschwärme in die Schlei zogen).

Karten, Kanu-Literatur
Generalkarte 1:200 000, Blatt 1; Deutsche Idealkarte 1:100 000, Blatt 1/2 und 3. – Deutsches Flußwanderbuch; Kanuwanderbuch für Nordwestdeutschland.

Schlei

Anfahrt
BAB 7 Ausfahrt Schleswig/Jagel
oder Schleswig/Schuby,
weiter auf der B 201
nach Kappeln.

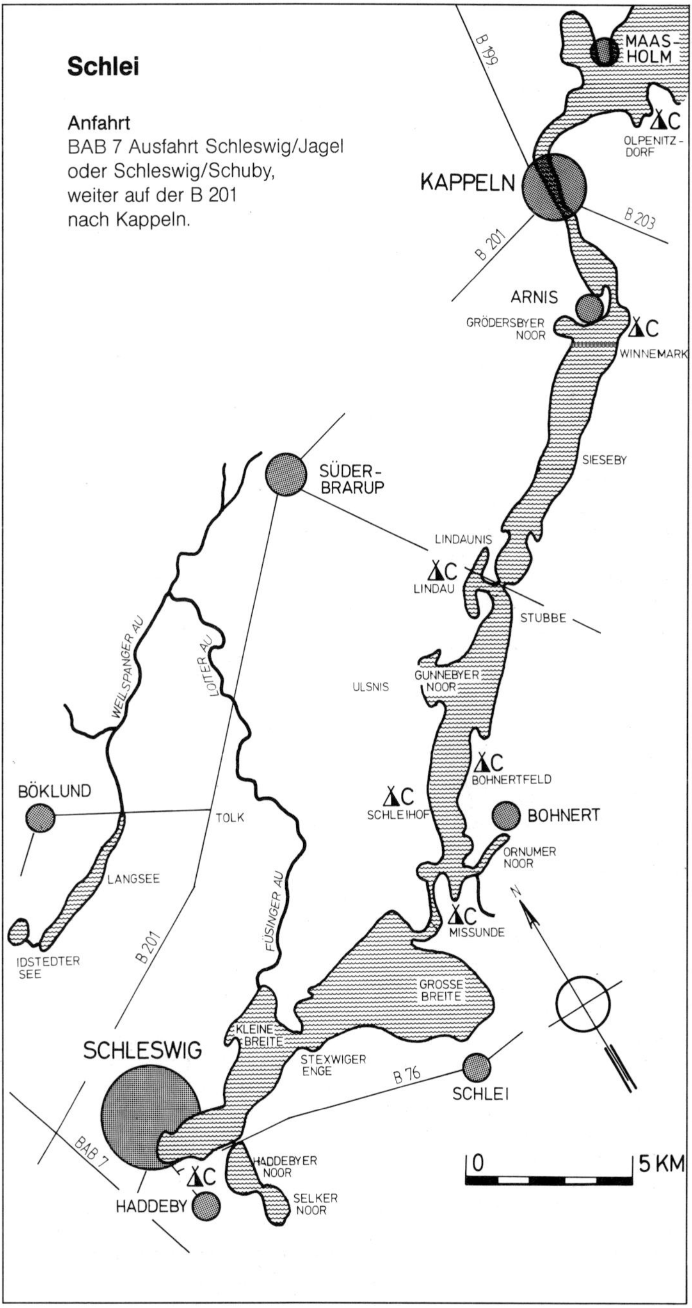

dem heutigen Schleswig gegenüberliegende sagenhafte Siedlung Haithabu eine wichtige Rolle als Umschlagplatz spielte.
Hier lassen auch wir unsere Boote aufs Wasser, genauer gesagt nicht weit von der ehemaligen Wikingersiedlung, am kanufreundlichen Campingplatz in Haddeby, gegenüber des hochragenden Turmes des Schleswiger St.-Petri-Domes. Zuerst wollen wir noch den Wikingerhafen vom Wasser aus besuchen. Ein paar hundert Meter ostwärts am südlichen Ufer entlangziehend, finden wir im Schilf versteckt die tunnelartige Durchfahrt unter der B 76 zum Haddebyer Noor. Etwas Gegenströmung macht uns zu schaffen, doch nachher weitet sich das ruhige, zwischen niedrigen Hügeln liegende Noor weit aus. Aus dem Schilf heraussteuernd, erkennen wir am rechten Ufer den halbkreisförmigen Erdwall, der die wichtige Handelssiedlung umschloß, und nicht weit vor dem Wald das neue archäologische Museum, das in Form alter Wikingerhäuser gebaut und 1986 der Öffentlichkeit übergeben wurde. Eine Besichtigung ist sehr zu empfehlen.
Danach paddeln wir noch zum Holzsteg, über den der Wanderweg zwischen dem Selker und Haddebyer Noor herüberführt.
Wieder zurück durch die Straßendurchfahrt, steuern wir am südlichen Schleiufer entlang zur Stexwiger Enge, die die Wasserflächen der Kleinen und Großen Breite trennt. Hier bläst der Wind manchmal wie durch eine Düse, und man kann nur froh sein, ihn im Rücken zu haben. Je nach Windrichtung und Erfahrung wechseln wir die Uferseite, um besser vor den Wellen geschützt zu sein, oder steuern entlang der vertonnten Schiffahrtslinie zu der nur schwer erkennbaren Einfahrt in die Missunder Enge, einem ca. 100 m breiten Hals der Schlei.
Wie schon vor vielen Jahrhunderten verbindet noch heute eine Fähre die beiden Schleiufer. Im netten Fährhaus können wir uns stärken und queren nachher das Brodesbyer Noor, wo uns breite Streifen gelb blühender Rapsfelder entgegenleuchten. An den gewundenen Ufern haben sich mehrere gutbesuchte Campingplätze angesiedelt. Die kleine bewaldete Insel Kieholm, die sich in Privatbesitz befindet, betreten wir nicht, sondern landen, links vorbei, in der Ortschaft Ulsnisland. Um die etwas vernachlässigten Beinmuskeln in Bewegung zu setzen, wandern wir nach Ulsnis zur malerisch gelegenen Kirche, die mit ihrem hölzernen Glockenturm und dem romanischen Portal zu den schönsten an der Schlei gehört.
Ein Ausblick über das Gunnebyer Noor und den je nach Wetter tiefblauen Wasserspiegel der Schlei rundet den Eindruck ab. An der breiten Bucht des Noors vorbei ziehen wir langsam mit den Kanus zur Klappbrücke bei Lindau, die zusammen mit der Kappelner die einzige Brücke über die fast 40 km lange Schlei ist. Links versteckt sich das enge Lindauer Noor, wo ein schönes Schwimmbad mit einem Campingplatz liegt. Vielleicht bleiben wir einen Tag hier, besichtigen die Lindauer Windmühle, baden und beobachten die vielen Seegelboote und Schiffe, die unter dem aufgeklappten Brückenarm hindurchfahren. Ausgeruht geht es am nächsten

Gegenüber dem Schleswiger St.-Petri-Dom beginnt unsere Schleiwanderung.

Tag nach Sieseby, einem kleinen Ort mit einer alten, zwischen hohen Laubbäumen versteckten Wehrkirche.
Nun folgt eine lange, offene Paddelstrecke, auf der bei frischem Wind die Wellen eine beträchtliche Höhe erreichen. Wie ein Anhängsel liegt am Nordufer das schilfreiche Grödersbyer Noor, das dann in die Arniser Enge übergeht. Hier finden wir auf einer Halbinsel die kleinste deutsche Stadtgemeinde. Es ist das kaum 350 Jahre alte Arnis mit seiner genauso alten, sehenswerten Schifferkirche und den verspielten Fassaden der kleinen, freundlichen Fischerhäuser.
Nach dem Austritt aus der Enge erreicht die Schlei nicht mehr ihre vorherige Breite. Wie ein großer, strömungsloser Fluß trägt sie unsere Kanus nach Kappeln, dessen Silhouette vom Glockenturm der spätbarocken Kirche beherrscht wird. Außer einer ausgedehnten Fußgängerzone, die uns durch die Altstadt führt, kann Kappeln noch den einzigen europäischen Heringszaun vorweisen.
Wir können schon hier die Fahrt beenden; die gute Busverbindung nach Schleswig nutzen wir zum Abholen der abgestellten Autos. Doch wer weiter in die Schleimündung paddeln will, sollte auf keinen Fall einen Besuch in dem schönen Fischerort Maasholm vergessen; eine Besichtigung des großen Yachthafens weckt in uns die Sehnsucht nach einer langen Reise unter weißen Segeln.
Zurück zum südlichen Ufer steuernd, finden wir Aufnahme am Olpenitzdorfer Campingplatz, wo wir schließlich unsere Wikingerfahrt beenden.

In Kappeln finden wir den letzten Heringszaun Deutschlands.

3 **Eider** (Obereider) Brügge-Achterwehr

Nordseefluß

36 km
2-Tage-Fahrt

Nur wenige Flüsse in Norddeutschland zeigen so unterschiedliche Landschaftsbilder wie die Eider auf ihrem fast 190 km langen, recht seltsamen Weg zwischen den Landesteilen Schleswig und Holstein, bevor sie bei Tönning die Nordsee erreicht.
Von ihrem Quellengebiet im Hügelland südöstlich von Bordesholm speist sie, vom Süden als Drögen Eider ankommend, den im Privatbesitz befindlichen Bothkamper See, um diesen dann als schmalen Abfluß am Dorf Bissee in südlicher Richtung zu entwässern. Vor der winzigen Ortschaft Brügge stößt das bis jetzt flotte Bächlein auf Widerstand und wendet sich erneut nach Norden, um im ausgeprägten Moränental der Hafenstadt Kiel entgegenzufließen. Doch kurz vor den städtischen Toren, auf der Wasserscheide zwischen der Nord und Ostsee, ändert die Obereider ihre Absicht und steuert als Ausfluß vom Schulensee in westlicher Richtung zu den stillen Buchten des einsamen Westensees. Diesen im Naturschutzgebiet liegenden See verläßt sie bei Sandfeld und beendet ihr vorläufiges Dasein nördlich von Achterwehr im Nord-Ostsee-Kanal, der einen Teil des natürlichen Flußbetts verfolgt.
Bei Rendsburg nimmt die Eider

Charakter, Tips
Landschaftlich sehr abwechslungsreicher Fluß, der vom schmalen Bächlein zwischen Erlenbeständen zum mäandernden Wiesenbach, etwas regulierten Moor- und Waldfluß bis zu einer Binnenseebefahrung alles bietet. Ohne Schwierigkeiten ab Brügge ganzjährig befahrbar, doch in den ersten 2 km bis Reesdorf ist im Sommer mit Grundberührungen zu rechnen. Im oberen Bereich teilweise flotte Strömung, sonst langsam fließendes, dunkles Moorwasser, mäßig sauber.
Drei leicht zu umtragende Wehre. Am Fluß keine offiziellen Zeltplätze, doch bei Flintbek Zeltmöglichkeiten auf gemähten Wiesen. Am Westensee NSG, Anlanden ist nicht erlaubt. PKW-Kontakt nur an wenigen Brükken möglich, gute Eisenbahnverbindung von Achterwehr über Kiel nach Bordesholm.

Zeltmöglichkeit
Camping in Wrohe am Westensee.

Sehenswertes
Bordesholm: Gotische Stiftskirche (Russenkapelle, bronzezeitliches Freigrab u.a.), 600jährige Thing-Linde, Konzerte.
Flintbek: 1400jährige Eibe im Pfarrgarten.
Molfsee: Schleswig-Holsteinisches Freilichtmuseum mit Häusern und Mühlen aus fünf Jahrhunderten.

Karten, Kanu-Literatur
Generalkarte 1:200000, Blatt 1; Deutsche Idealkarte 1:100000, Blatt 3. – Deutsches Flußwanderbuch; Kanuwanderbuch für Nordwestdeutschland.

Eider

Anfahrt
BAB 7 Ausfahrt Bordesholm, unter der B 4 nördlich um Bordesholm herum nach Brügge.

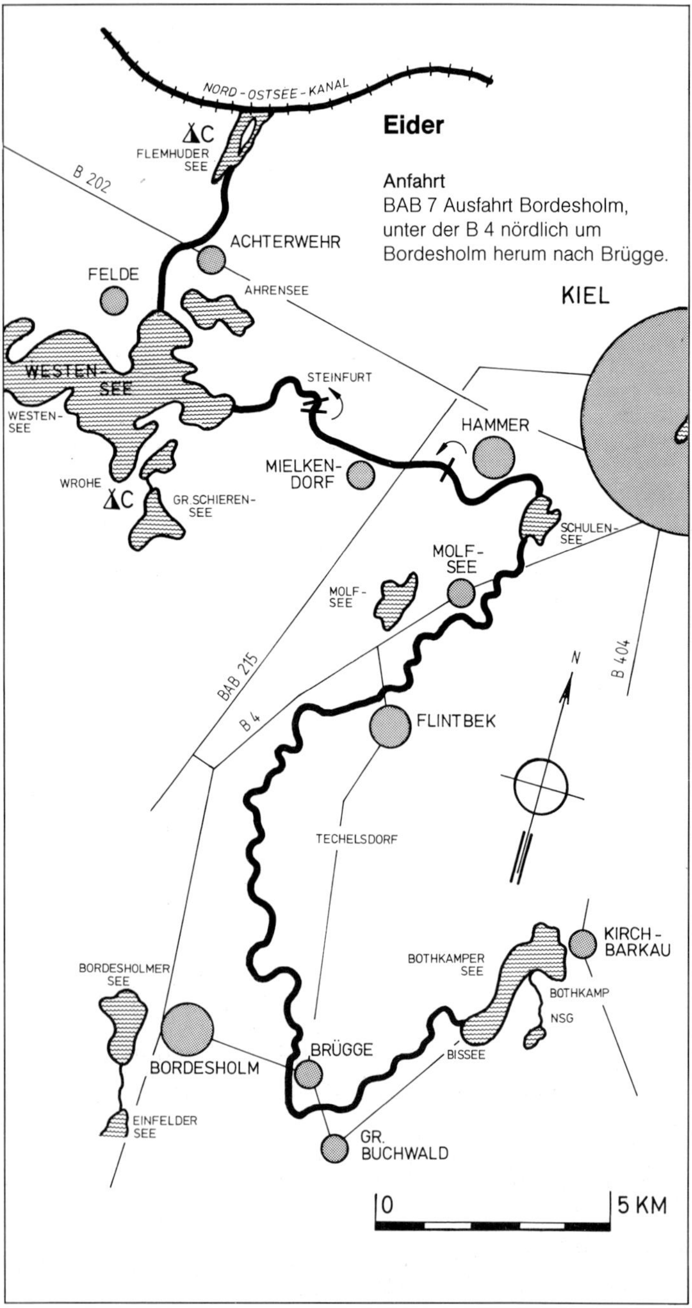

wieder ihren ursprünglichen Lauf an und pendelt als Untereider in vielen breiten Schleifen durchs flache Marschland der Nordsee entgegen. Bei Friedrichstadt schluckt sie die von Norden zufließende Treene, um endlich als breiter und behäbiger, vom neuen Eidersperrwerk beeinflußter Gezeitenfluß am Wesselburener Watt die Nordsee zu erreichen. Beide Eider, die Ober- wie auch die Untereider, haben ihre eigenen, gänzlich verschiedenen Reize. Am Oberlauf bestimmt das wellige, teilweise bewaldete Moränenhügelland mit einer Kette von silbrigen Seen das Flußbild.

Die Untereiderlandschaft ist flach und weit, und das unendliche Himmelszelt sowie der oft wehende Westwind bestimmen das Geschehen am Fluß. Unser Wandervorschlag betrifft die abwechslungsreichere Obereider, die wir ab Brügge praktisch ganzjährig problemlos befahren können. Keine 4 km westlich davon liegt auf einer Halbinsel des waldumsäumten Bordesholmer Sees ein Juwel der norddeutschen Backsteingotik – die ehemalige Klosterkirche, deren berühmter Schnitzaltar aus dem 16. Jh. heute den Schleswiger Dom schmückt. Eine Besichtigung der Kirche sowie der uralten, mächtigen Thing-Linde versetzt uns um Jahrhunderte zurück in die Vergangenheit.

Doch zunächst zum Einsatzplatz in Brügge. An der Brücke beim Feuerwehrhaus lassen wir die Boote in das anfangs nur ca. 3 m schmale Bächlein. Im Frühling, bei gutem Wasserstand, können wir 2 km flußaufwärts neben dem Parkplatz zwischen Brügge und Groß Buchwald einsetzen.

Eine geschwungene Holzbrücke überspannt die Obere Eider.

Zuerst trägt uns die Obereider als mäanderfreudiger Bach unter die alte Steinbogenbrücke von 1803, am großen Bauernhof vorbei durch blühende Wiesen. Hie und da spüren wir im Sommer den steinigen Untergrund, doch bald wird der Fluß tiefer, etwas reguliert, mit guter Strömung. Im breiten Tal zwischen zwei Moränenrücken entwässert die Eider ausgedehnte Feuchtwiesen, an denen wir mit etwas Glück noch einem Storch oder Reiher begegnen. Nur zwei Eisenstege überbrücken den Fluß. Danach sägt sich dieser durch die niedrigen Hügel. Bald sehen wir die Hochhäuser von Flintbek, das teilweise auf einer Terrasse über dem Fluß liegt. Eine parkähnliche, ansprechende Strecke führt an gepflegten Gärten vorbei, wo manches Boot am Steg verankert im Wasser schaukelt.

Unter den weißen Holzbrücken hindurch eilt die Eider mit kurzen Schnellen durch den Park. Weiter flußabwärts wird es dann wieder ländlicher. Gelb leuchtet hier der Hahnenfuß auf den Wiesen, und das zarte Rosa der blühenden Apfelbäume belebt im Frühling das Grün der niedrigen Hänge. Vor uns am Horizont taucht bald der Kieler Fernsehturm auf, und es sieht fast so aus, als würden wir unsere Fahrt in der Kieler Förde beenden.

Am flachen Schulensee steuern wir links zur großen Weide beim Gasthof Eiderkrug, wo wir den Seeausfluß in der offenen Schiebetür der interessanten Aalreuse finden. Es folgen eine Brücke, ein Schwall und eine traumhafte Waldstrecke, wo uns der Fluß zwischen überhängenden Bäumen und schönen Gartenanlagen nach einer scharfen Rechtsbiegung zu einem kleinen Betonstufenwehr führt. Dieses ist bei gutem Wasserstand in der Mitte mit etwas Rumpelei befahrbar; vielleicht tragen wir kurz rechts um.

An der großzügig angelegten Badeanstalt von Hammer vorbei kommen wir weiter im nun schnurgerade regulierten, mit Teichrosen verwachsenen Flußbett zu der weit sichtbaren Autobahnbrücke und anschließend durch den kleinen Ort Blockshagen (Einsatzstelle links an der Brücke) bis zur Steinfurter Mühle, wo wir dem dort ansässigen Bildhauer bei der Arbeit zusehen können.

Am Mühlenwehr heben wir die Boote rechts an der Rampe aus dem Wasser, tragen sie kurz über die Straße und setzen links ein. Das folgende Stufenwehr ist unter günstigen Bedingungen befahrbar. Nachher behindert nichts mehr unser Weiterkommen.

Nach einer ausgeprägten Linksschleife erreichen wir den wunderschönen Westensee, den wir leider, ohne irgendwo am Ufer anzulegen, durchpaddeln müssen – der ganze See liegt in einem Naturschutzgebiet. Bei frischem Westwind, der hier oftmals bläst, erreichen die Wellen am Westensee ganz beträchtliche Höhen und sind schon in der Eidermündung spürbar.

Vorbei an bewaldeten und verschilften Ufern der weit in den See reichenden Halbinseln peilen wir den gut sichtbaren Hochspannungsmast im Norden an; in seiner Richtung liegt der Seeabfluß bei Sandfeld. Unter der Holzbogen- und der Eisenbahnbrücke hindurch (der Bahnhof ist in Privatbesitz) kommen wir nach Achterwehr, wo wir rechtsufrig vor der Straßenbrücke beim Feuerwehrhaus einen vorzüglichen Anlandeplatz finden.

4 Schwentine (mit Holsteinischen Seen)

Nordseefluß

Eutin–Raisdorf
ca. 50 km
kleine Ferienfahrt

Auf ihrem Weg zur Kieler Förde durchfließt die Schwentine, die in der Nähe des 168 m hohen Bungsberges entspringt, zwischen Eutin und Preetz die landschaftlich einmalige Ostholsteiner Seenplatte, ein geologisches Überbleibsel des dahingeschmolzenen Eiszeitgletschers.

Nördlich von Preetz zwängt sich die bisher sehr zahme Schwentine unverhofft durch die enge Waldschlucht von Raisdorf, springt dabei wie ein Wildwasser von Stein zu Stein (hier nicht befahrbar, weil NSG), um wieder sichtlich beruhigt die moderne Landeshauptstadt Kiel anzusteuern und dort im Fischerhafen in die Nordsee zu münden.

Sportlich läßt sich dieser Wandervorschlag in zwei Tagen bewältigen. Die faszinierende Seenlandschaft und die vielen Sehenswürdigkeiten in den nahen Städtchen jedoch verlangen viel mehr Zeit; eine kleine Ferienfahrt ist hier schon angebracht.

In Eutin, wo uns außer dem roten Backsteinschloß der kunstsinnigen Fürstbischöfe noch die Kirche und die verzierten Bürgerhäuser am Marktplatz beeindrucken, setzen wir unsere Faltboote oder Kanus nicht weit vom Schloß ins Wasser (hier Parkplatz). Noch ein Blick über den Eutiner See zum behelmten Schloßturm, und bald paddeln wir unter die schwebende, weiße Holzbogenbrücke, am gepflegten Gelände des Rudervereins Germania vorbei (nach Anfrage sehr günstige Einsatzstelle) zur Neumühle. Der Europäische Wanderweg E 6 überquert die verschilfte Schwentine, die uns zum Wehr der Fissauer Mühle führt. Rechtsufrig erleichtert eine Anlegestelle das Aussteigen aus den Booten, die wir anschließend

Charakter, Tips

Herrliche Wanderfahrt auf überwiegend stromlosem Gewässer, ganzjährig mit allen Kanu- und Kajaktypen befahrbar. Wie auf allen großen ungeschützten Wasserflächen kann auch hier ein starker Wind hohe Wellen aufwühlen, kurze Wildwasserkajaks sind dann im Nachteil. Für die Umtragestelle in Malente-Gremsmühlen (ca. 400 m) leistet ein Bootswagen gute Dienste. Eine Umrundung des Großen Plöner Sees mit seinen vielen Inseln (Wardern) wird bei schönem Wetter zu einem besonderen Erlebnis. Die vielen Campingplätze um den See herum ermöglichen einen längeren, abwechslungsreichen Aufenthalt und individuelle Aufteilung der Tagesetappen. Wanderungen in die umliegenden Wälder sowie Städtebesichtigungen runden die Erlebnispalette ab.

Auf den Seeinseln sowie an Schilfufern sind Vogelschutzgebiete ausgewiesen und durch Schwimmbojen gekennzeichnet – diese nicht betreten oder befahren!

Schwentine

Anfahrt
BAB 1 Lübeck-Oldenburg, Ausfahrt Eutin, B 76 oder BAB 7 Hamburg-Kiel, Ausfahrt Neumünster, B 430 über Bornhöved nach Plön.

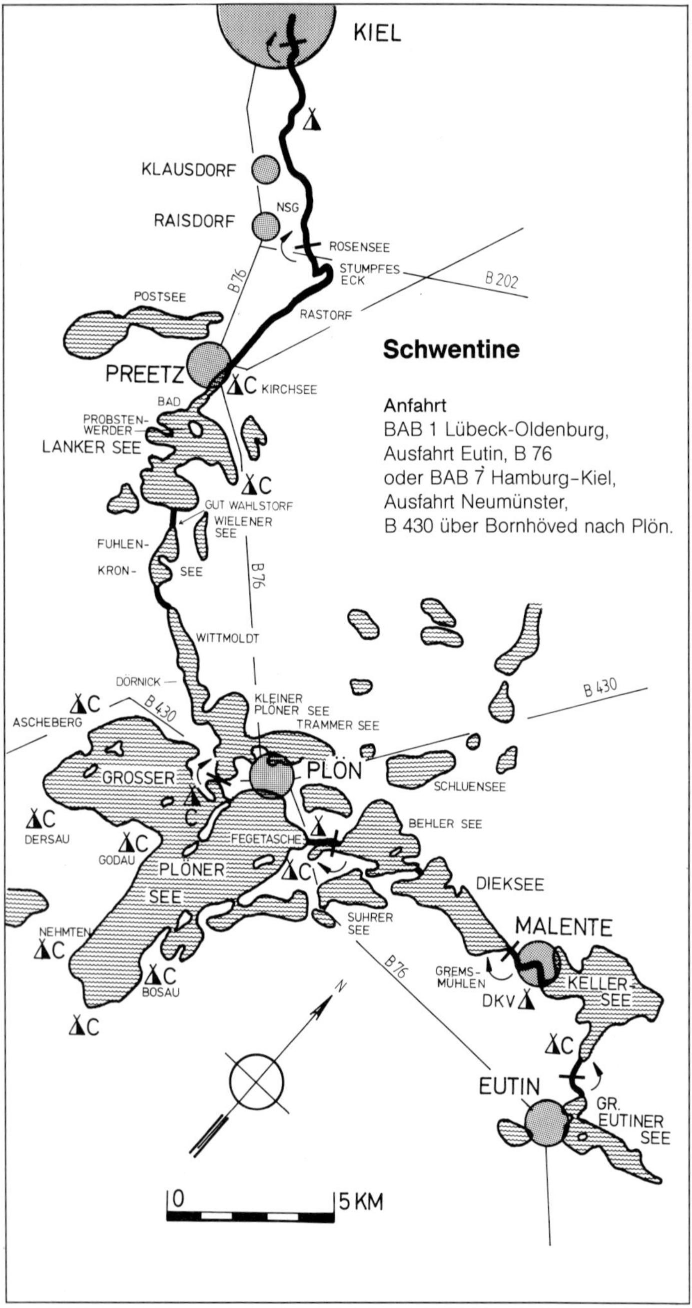

ca. 80 m um die Mühle umtragen. In nördlicher Richtung steuern wir nun unter der nächsten Straßenbrücke hindurch zum Kellersee.
Alte, mächtige Buchenbestände säumen das rechte Ufer, an dem entlang wir bis nach Sielbek kommen und von hier einen kleinen Spaziergang zum verträumten, sagenumwobenen kleinen Ukleisee mit dem reizenden hölzernen Jagdschlößchen unternehmen. Wieder zurück, paddeln wir in westlicher Richtung, vielleich im Windschatten der hohen Nordwestufer, und erreichen bald die Halbinsel Ohlenhof, wo aus dem dunklen Grün der Buchenwälder ein hübscher Pavillon zum See herüber leuchtet. Doch die Schwentine liegt am Südufer; also steuern wir das Gut Rothensande, bekannt von der Filmserie Immenhof, an. Hier finden wir den etwas im Schilf versteckten Flußlauf. Nach ein paar Windungen grüßt der kanufreundliche Campingplatz »An der Schwentine«. Malente als Etappenziel ist sicher lohnend, in dem hübschen Kneipp-Kurort gibt es allerhand zu sehen.
Am nächsten Tag, unter mehreren Brücken hindurch, legen wir linksufrig am Holzsteg vor der wuchtigen Gremsmühle an und bewältigen die lange Umtragestelle am besten mit dem Bootswagen. Über die Straßenbrücke erreichen wir in der Parkanlage vor dom modernen Hotel Intermar die Einsatzstelle im Unterwasser.
Weiter geht die Fahrt auf dem Dieksee, der gänzlich im Naturschutzgebiet liegt. Zwei Inseln (Warder sagt man hier) unterbrechen die fast 4 km lange Paddelstrecke, welche an der engen Durchfahrt zum Behler See endet. Abwechslungsreich mit vielen Einbuchtungen und Halbinseln zeigt sich der See. Wir steuern am

Zeltmöglichkeiten
Camping Eutin, Rotengrund, Malente – An der Schwentine, Plön-Spitzenort, weitere 7 Campingplätze am Großen Plöner See, Camping Lanker See in Gläserkopel, Preetz – Kirchsee, Postsee.

Sehenswertes
Eutin: Kleine Residenzstadt, ehemaliges fürstbischöfliches Schloß, Kapelle, Kavaliershaus, englischer Park, Hospital, fürstliches Stadtpalais, Rathaus (18. Jh.), Geburtshaus Carl Maria v. Webers.
Malente: Gremsmühlen – Feldsteinkirche (13. Jh.), Räucherkate mit Heimatmuseum, Arboretum, Wildgehege, Mahnmal der Heimatvertriebenen am Krützen.
Plön: Dreiflügeliges Schloß, Schloßkapelle mit Sarkophagen, Prinzenhaus, Prinzeninsel mit Bauernhaus, St.-Nikolai-Kirche, Hofapotheke mit Museum, Pastorat am Marktplatz; Bosau – feldsteinerne Vizelinkirche.
Preetz: Klosterkirche mit Nonnenchor, ehemaliges Benediktinerinnenkloster, Stadtkirche St. Lotharius, Plastik Schusterjunge, Zirkusmuseum.
Raisdorf: Schwentinepark (Zoo).
Kiel: Rathaus mit 106 m hohem Turm, spätgotische Nikolaikirche, Kieler Schloß, Schloßgarten, viele Museen, Zentrum »Pumpe«, Opernhaus u. v. a.

Karten, Kanu-Literatur
Generalkarte 1:200000, Blatt 1 und 2; Deutsche Idealkarte 1:100000, Blatt 3. – Deutsches Flußwanderbuch; Kanuwanderbuch für Nordwestdeutschland; Faltblatt Schwentine von der Fremdenverkehrsgemeinschaft Holsteinische Schweiz e.V.

Großen Warder, der uns die ganze Sicht auf die Seefläche versperrt, links vorbei, lassen die Jugenderholungsstätte Adlerhorst und das Militärgelände hinter uns und finden den Hals zum Höftsee und, über diesen weiterpaddelnd, die Anlegestelle der weißen Passagierschiffe. Links daneben befinden sich der Bootssteg und die Gleislore der Umtragestelle an der Fegetasche. So nannte der Volksmund die frühere Zollstation am Schwentine-Einlauf in den Großen Plöner See.

Das alte Jagdhaus an der Mühleninsel dient heute dem Wassersportverein als Bootshaus. Wir fahren weiter. Langsam öffnet sich vor uns die weite, silbrig blendende Wasserfläche des Großen Plöner Sees ($30\ km^2$). Rechtsufrig dehnt sich die ehemalige Residenzstadt Plön mit ihrem vielgiebeligen weißen Schloß aus. Langsam ziehen wir am Yachthafen und an der Parkanlage entlang zur Prinzeninsel, die vom Land nur durch einen engen, doch mit dem Kanu befahrbaren Kanal getrennt ist. Von hier sind es nur wenige Paddelschläge zum herrlich auf einer schmalen Halbinsel liegenden, für Bootsfahrer idealen Camping »Am Spitzenort«, wo wir unsere Zelte aufschlagen.

Die zweite Hälfte dieser Wanderung ist nicht weniger schön und abwechslungsreich. Beim Campingplatz setzen wir am Nordufer die Kanus wieder ins Wasser, um kurz danach unter der Straßen-

An der Umtragestelle in Plön wird die Gleislore herbeigeholt.

Mit vereinten Kräften ziehen wir den Mannschafts-Canadier aus dem Wasser.

brücke die Boote auf die bereitstehende Gleislore aufzuladen und sie dann langsam in den Kleinen Plöner See hinabzulassen. Den Gleiswagen sollten wir wieder zur Rampe zurückbringen. Vom leicht gerundeten Koppelsberg schaut die spitztürmige Kirche herüber.

Am rechten Ufer entlang steuern wir zuerst unter der etwas versteckten Eisenbahnbrücke hindurch und nachher nördlich durch den Durchschlupf zum offenen See. Anschließend orientieren wir uns an der kleinen Bauminsel vor uns. Noch lange leuchtet in unserem Rücken das weiße Plöner Schloß am südlichen Seezipfel. Bei günstiger Windrichtung erreichen wir bald die Halbinsel mit den großen Häusern des Wittmolder Gutes und fahren mit etwas gemischten Gefühlen unter den niedrig über dem Wasserspiegel hängenden Drahtseilen der Hochspannungsleitung hindurch. Runde grüne Kuppen umrahmen die seeartige Schwentine, und sandige Ufer locken mit schönen Badeplätzen. Nur wenige rotgedeckte Häuser liegen eingesprenkelt in der ruhigen Landschaft.

Als wirklicher Fluß offenbart sich die Schwentine erstmals vor dem Kronsee. Schilfufer wechseln mit dem Wurzellabyrinth mächtiger Erlen, auf deren Ästen manchmal Graureiher sitzen. Vor unseren Booten tauchen Enten, und am Ufer entlang schwimmt ein Teichhuhn mit seinen rotköpfigen, wie

Am Kleinen Plöner See, vorbei am Koppelsberg, geht die Fahrt weiter.

kleine Teufelchen aussehenden Küken. Eine sehr schmale Enge trennt den Kronsee vom nachfolgenden Fuhlensee, an dessen Ufer das schöne Herrenhaus des über 350 Jahre alten Gutes Wahlstorf liegt. Wir bewältigen vorsichtig die Reusenklappe unter der Straßenbrücke. Kurz nach dem reetgedeckten Bootshaus öffnet sich vor uns der südliche Teil des Lanker Sees. An der kleinen, fast in der Mitte liegenden Sonneninsel dürfen wir rasten. Ein kaum 100 m breiter Hals trennt den südlichen Teil vom nördlichen; nun zeigt sich der See in seiner ganzen Breite. Bei frischem Westwind ist eine Überquerung recht anstrengend, um so mehr, wenn wir in drehfreudigen Wildwasserkajaks ohne Steuerung sitzen. Ein kleines Fernglas hilft beim Anpeilen des Kurses (Richtung Freibad-Rutsche).

An der Möwenschutzinsel und am Probstenwerder vorbei laufen unsere Boote wieder in die Schwentine ein, wo wir links am Doppelsteg der Preetzer Ruderer und Kanufahrer eine wohlverdiente Pause einlegen dürfen. Am Kirchsee, der anfänglich wie ein großes Bassin aussieht, begegnen wir trainierenden Rudersportlern, die in ihren Vierern mit oder ohne Steuermann oder superschlanken Skiffen wie riesige Wasserläufer an uns vorbeiflitzen. Links lugt zwischen mächtigen Weiden die rote, etwas geduckte Stadtkirche von Preetz hervor, rechts finden wir den netten Campingplatz »Am Kirchsee«.

Bei einem ausgedehnten Spaziergang durch die liebliche »Schusterstadt« entdecken wir eine Reihe von Sehenswürdigkeiten – unter anderem befindet sich hier auch das einzige deutsche Zirkusmuseum.

Nördlich der Stadt verliert die Schwentine endgültig ihren seeartigen Charakter, fließt zuerst geradeaus zwischen flachen Schilfufern, später durch ein leicht hügeliges Tal in sanften Bögen an der prächtigen Gutsanlage Rastorf vorbei. Das leuchtende Gelb und Rot des spätbarocken Herrenhauses sowie die weißen Giebel der gepflegten Wirtschaftsgebäude lassen etwas von der Erhabenheit und dem Reichtum früherer Besitzer ahnen.

Das Brücklein und die Flußgabelung – wir nehmen den linken Arm – signalisieren den Anfang einer wunderschönen Waldstrecke mit mächtigen Eichen, Buchen, Erlen und Kastanienbäumen. Auf der Halbinsel »Stumpfes Eck« finden wir einen oft genutzten Rastplatz und gegenüber auf einer Waldwiese mehrere uralte, knorrige Eichen. In der Mitte des künstlich gestauten Rosensees wachsen aus überschwemmten Weidenstümpfen junge Triebe.

Die B 202 überquert hier mit der »blauen« Brücke den aufgestauten Fluß, links davor finden wir eine gute Aussetzstelle mit kleinem Parkplatz. Wir können aber auch weiterfahren, unter der weißen Bogenbrücke hindurch, an der Bootsverleihstelle vorbei bis zum idyllisch liegenden Bootshaus der Raisdorfer Kanuten und hier die Reise beenden. Unweit befindet sich der große Parkplatz des Sportzentrums am bekannten Schwentinepark. Natürlich könnten wir auch mit dem Boot die Landeshauptstadt Kiel erreichen. Dabei müßten wir jedoch eine fast 2 km lange Umtragestelle durch das Naturschutzgebiet in der Raisdorfer Schwentineschlucht mit dem Bootswagen bewältigen, da hier ein Durchpaddeln nicht erlaubt ist.

5 **Trave** (Obertrave)

Mündung in die Ostsee

Warder–Lübeck
63 km
3-Tage-Fahrt

Nur wenig südöstlich vom Großen Plöner See, irgendwo unter dem fast 90 m hohen Mühlenberg, entspringt die Trave, mit 120 km Länge der größte Holsteinische Ostseeküstenfluß. Zuerst bahnt sie sich ihren Weg als kleiner Wiesenfluß durch die Holsteinische Knicklandschaft in südlicher Richtung und durchquert dabei den langgestreckten, in Privathand befindlichen Warder See. Von hier aus fließt sie im großen Bogen um Bad Segeberg herum, durchbricht nachher einen Moränenwall, um weiter in leicht hügeliger Landschaft Bad Oldesloe anzusteuern. Im ausgedehnten Salzmoor vor der Stadt wendet sich der Fluß nach Osten und erreicht in guter Strömung durch ein immer breiter werdendes Trogtal die Tore Lübecks. Die Hansestadt hinter sich lassend, erweitert die Trave ihr Flußbett seenartig und mündet nach 20 km als Seeschiffahrtsstraße beim bekannten Erholungsbad Travemünde in die Ostsee.

Weil die Flußstrecke oberhalb des Warder Sees nur im Frühling mit Einern zu paddeln und für die Seebefahrung eine Sondererlaubnis notwendig ist, wählen wir für unsere Kanuwanderung den unteren, ganzjährig möglichen Abschnitt vom Warder See nach Lübeck. In sehr trockenen Sommern müssen wir trotzdem nach so manchem Wehr mit Grundberührung rechnen.

Nicht weit vom Campingplatz in Warderbrück beginnt unsere Wanderung. Eine leicht hügelige Landschaft mit Wiesen, Weiden, Feldern und Büschen begleitet die

An der Trave bei Bad Oldesloe.

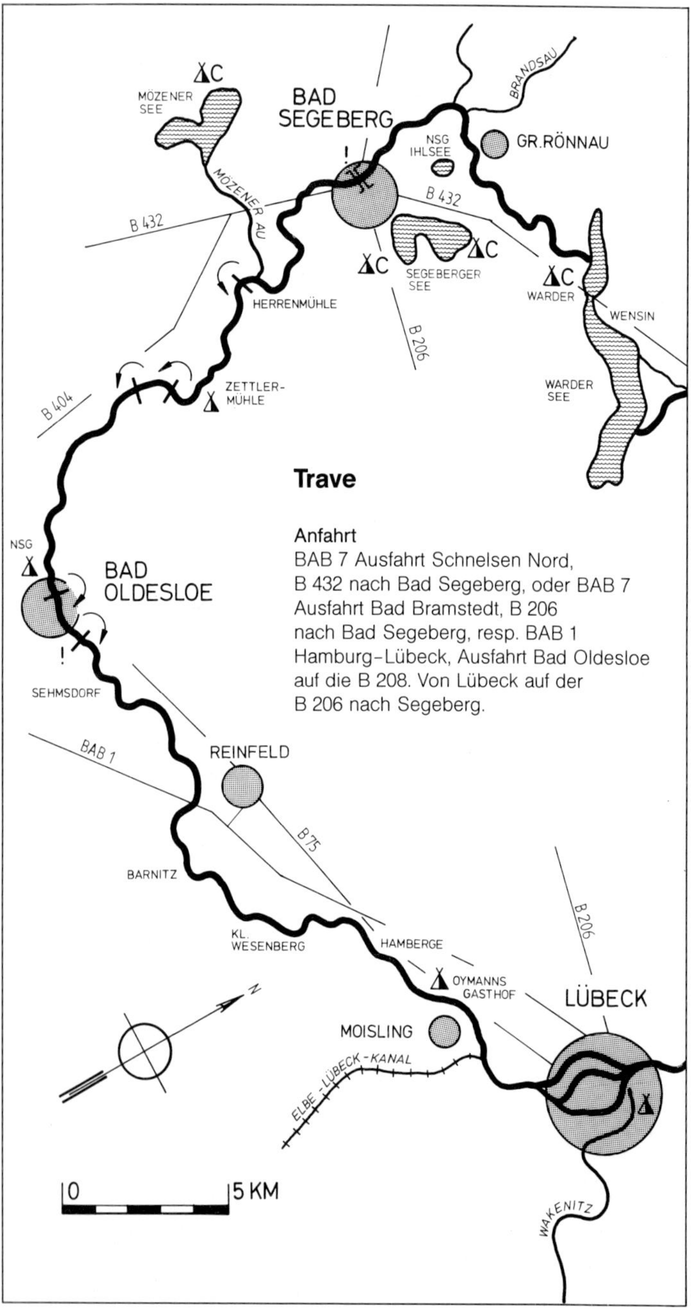

Trave

Anfahrt
BAB 7 Ausfahrt Schnelsen Nord, B 432 nach Bad Segeberg, oder BAB 7 Ausfahrt Bad Bramstedt, B 206 nach Bad Segeberg, resp. BAB 1 Hamburg–Lübeck, Ausfahrt Bad Oldesloe auf die B 208. Von Lübeck auf der B 206 nach Segeberg.

Boote bis zum Waldrand des Naturschutzgebietes Ihlsee bei Bad Segeberg. In der Parkanlage am Fluß können wir die Kanus zurücklassen, um der Karl-May-Stadt einen Besuch abzustatten. Der mächtige Gipsberg, wo in früheren Jahrhunderten die fast unbezwingbare Siegesburg thronte, wurde später halb abgetragen und beherbergt heute ein 10000 Zuschauer fassendes Freilichttheater.

Auch bauhistorisch bietet Segeberg allerhand, am herausragendsten ist sicher die romanische Marienkirche, eine der ältesten Backsteinkirchen des Landes.

Vorbei am Abenteuerspielplatz und am großen Parkplatz unterhalb des Möbelmarktes (gute Einsatzstelle) geht es in südlicher Richtung durch ein Moorgebiet, an das sich von rechts die Mözener Au anschließt. An der Herrenmühle tragen wir die Kanus rechts über die Straße; im Sommer ist hier wegen flacher Stellen mit Faltbooten Vorsicht geboten. Zwei Moränenzüge begleiten bis Nütschau den nur wenig schwingenden Travelauf. Dort bricht der Fluß durch einen der Höhenzüge. Rechts oben finden sich noch Reste einer altgermanischen Befestigung und nicht weit entfernt ein Kloster. Ein ausgedehntes Moorgebiet blieb nördlich von Bad Oldesloe erhalten. Hier im Brennmoor quillt noch immer Solewasser aus dem Boden, auch hat sich eine seltene Salzbodenflora erhalten. Langsam paddeln wir unter die »grüne Brücke«, über die ein

Charakter, Tips

Mit allen Kanutypen leicht befahrbarer, teilweise regulierter, bis kurz vor Lübeck gut strömender Wanderfluß. Die wenigen vorhandenen Wehre sind unbefahrbar, doch ohne Schwierigkeiten zu umtragen. Am Oldesloer Stadtwehr längere Umtragestelle, ein Bootswagen ist hier empfehlenswert.

Äußerst lohnend ist eine Fahrt durch die Lübecker Stadt-Trave und die Stadtgraben, dabei öffnen sich herrliche Blicke aus ungewohnter Perspektive auf die alte Hansestadt. PKW-Kontakt nur an Brücken möglich.

Zeltmöglichkeiten

Camping Warderbrück, Bad Segeberg (nicht an der Trave), Bad Oldesloe – beim Bootsverein, Hansfelde – Aymans Gasthof, Lübeck – an der Wakenitz VfK, Lübecker Kleinbootsverein nach Anfrage, Camping in Travemünde.

Sehenswertes

Warder: Mächtige Wehrkirche (12. Jh.) mit 3flügeligem Holzaltar.

Bad Segeberg: Romanische Backstein-Marienkirche (12. Jh.) mit herrlichem Schnitzaltar, Bürgerhäuser in der Lübecker Straße, Alt Segeberger Bürgerhaus – Museum, Gipsberg (Höhlen), Karl-May-Spiele im Freilichttheater, Otto-Flath-Kunsthalle, Großer Segeberger See.

Bad Oldesloe: Kirche St. Peter und Paul (18. Jh.), klassizistisches Rathaus, Herrenhäuser, Salzmoor, Nütschau – ehem. Schloß Rantzau, Kloster.

Lübeck: Holstentor mit Rundtürmen, Kaufmannshäuser, Giebelhäuser, Salzspeicher, imposantes Rathaus mit Erker, Renaissencetreppe und Laubengang, Marienkirche, St.-Jakobi-Kirche, Heiligengeist-Hospital, Burgtor, Dom, Petrikirche, Hafenanlagen u. v. a.

Karten, Kanu-Literatur

Generalkarte 1:200000, Blatt 2; Deutsche Idealkarte 1:100000, Blatt 3 und 6. – Deutsches Flußwanderbuch; Kanuwanderbuch für Nordwestdeutschland; Lübecker Stadtkarte.

Äußerst lohnend ist eine Paddeltour entlang der Lübecker Stadtkulisse.

Wanderweg zum Naturschutzgebiet führt. Nach wenigen Mäandern, unter einem Steg hindurch, vorbei an der gepflegten Kleingärtneranlage, legen wir am Bootssteg beim Klubhaus des Bootsvereins »Obertrave« an, wo wir nach Anmeldung zelten dürfen. Am Abend bleibt genügend Zeit, die Altstadt von Bad Oldesloe zu besichtigen.

Anderntags geht es am ehemaligen städtischen Flußbad (heute Grillstelle) vorbei und an der Flußgabelung links. Bei normalem Wasserstand setzen wir die Boote am Wehrbalken über, ansonsten steigen wir vorher an der Straßenbrücke aus und fahren mit dem Bootswagen ca. 300 m zur Einsatzstelle. Neben dem großen Parkplatz am Finanzamt (am Wochenende kostenlos) findet sich eine sehr gute Einsatzstelle für eine Tageswanderung nach Lübeck. Nur ein Wehr, kurz nach der Eisenbahnbrücke, versperrt den freien Flußlauf. Treppchen erleichtern das Umtragen auf dem linken Ufer.

Bei hohem Wasserstand Vorsicht beim Anlegen, es herrscht starker Sog! Zwischen Hügeln, vorbei an Waldbeständen und unter mehreren Brücken hindurch geht es jetzt ohne Hindernisse bei guter Strömung im regulierten Flußbett nach Lübeck. Nach Klein Wesenberg, wo eine interessante rote Kirche über den Fluß ragt, schwingt die Trave in sanften Bögen zwischen Pappelreihen durch Wiesen und Weiden, das Tal weitet sich und wird flacher. Bei der Strommeisterei zeigen sich schon die ersten Häuser der Stadt, von rechts mündet der Elbe-Lübeck-Kanal.

Nach der Eisenbahnbrücke können wir links zur Anlegestelle des Wassersportvereins »Lachswehr Wasserfahrer Lübeck« steuern oder weiter zur Possehlbrücke paddeln. Nachher teilt sich die Trave; beide Arme sind lohnend und problemlos befahrbar. Im Klughafen, gegenüber der Wakenitz, geht unsere Wanderung zu Ende. Ein Holzponton erleichtert das Anlanden der Boote.

6 **Wakenitz** (mit Ratzeburger See)

Lübeck–Ratzeburg
26 km
Nebenfluß der Trave 2–3-Tage-Fahrt

Obwohl die Wakenitz langsam von Süden nach Norden strömt, ist es unserer Ansicht nach schöner, sie von Lübeck gegen ihre – sehr schwache – Strömung nach Ratzeburg zu befahren. Wir kehren dabei der Großstadt den Rükken, tauchen immer tiefer in die grüne Landschaft ein und lassen uns von den stetig wechselnden Fluß- und Seebildern entzücken.
Unsere Einsatzstelle ist nicht schwer zu finden. Am Nordende der Falkenstraße, die entlang des Klughafens führt, liegen an der seenartig erweiterten Wakenitz Bootshaus und Gelände des Vereins für Kanusport Lübeck, wo wir nach Anmeldung freundlich aufgenommen und mit Informationen versorgt werden. Sicher schauen wir noch die Lübecker Altstadt an; es lohnt sich, diese alte Kaufmannssiedlung und Hansestadt am Hügel zwischen Trave und Wakenitz zu Fuß zu durchstreifen und die vielen Baudenkmäler, schön restaurierten Straßenzüge, das eigenartige Rathaus und die stolzen Kirchen mit ihren weit sichtbaren Türmen zu bewundern. Natürlich sollten wir bei der Besichtigung auch die Hafenanlagen nicht auslassen.
Doch dann steigen wir gerne in unsere Boote, um der Betriebsamkeit der Stadt zu entfliehen. Am ruhigen Wasser, der Mittags-

Charakter, Tips
Die Wakenitz ist ein sehr langsam fließendes, ohne Hindernisse zu befahrendes Gewässer, teilweise flußartig verengt, teilweise seenartig verbreitert zwischen saftig grünen Auhainen, Wiesen und Hecken, ganzjährig ohne Hindernisse befahrbar. Die nur sehr schwache Strömung ermöglicht eine Befahrung in beiden Richtungen, die man je nach Windstärke wählen kann.
Am Ratzeburger See, der eingebettet zwischen relativ hohen Wald- und Wiesenhügeln in nord-südlicher Richtung verläuft, überraschen uns oft starke, böige Winde. Darum ist es ratsam, entlang des schützenden Ufers zu paddeln, denn in der Seemitte erreichen die Wellen bei steifem Wind beträchtliche Höhen (Spritzdecke nicht vergessen!). Gegenüber Pogees verläuft am Ostseeufer die DDR-Grenze, die sich dann mehrere Kilometer Wakenitz-nordwärts zum Wassergraben gegenüber Müggenbusch hinzieht. In diesem Bereich betreten wir natürlich nirgendwo das Ostufer. Wegen der herrlichen, fast unberührten Landschaft und der sehenswerten Städte Lübeck und Ratzeburg sollte man für die Wanderung mindestens zwei Tage ansetzen.
Schön ist die Zeit der Seerosenblüte Mitte Juni. Die Wakenitz ist mit allen Bootstypen befahrbar, ideal jedoch sind wegen des seenartigen Charakters und der Gegenwinde Faltboote und Zweier mit Steuerung. PKW-Kontakt ist nur an wenigen Stellen möglich. Die gute Busverbindung Ratzeburg–Lübeck erleichtert das Zurückholen der Autos.

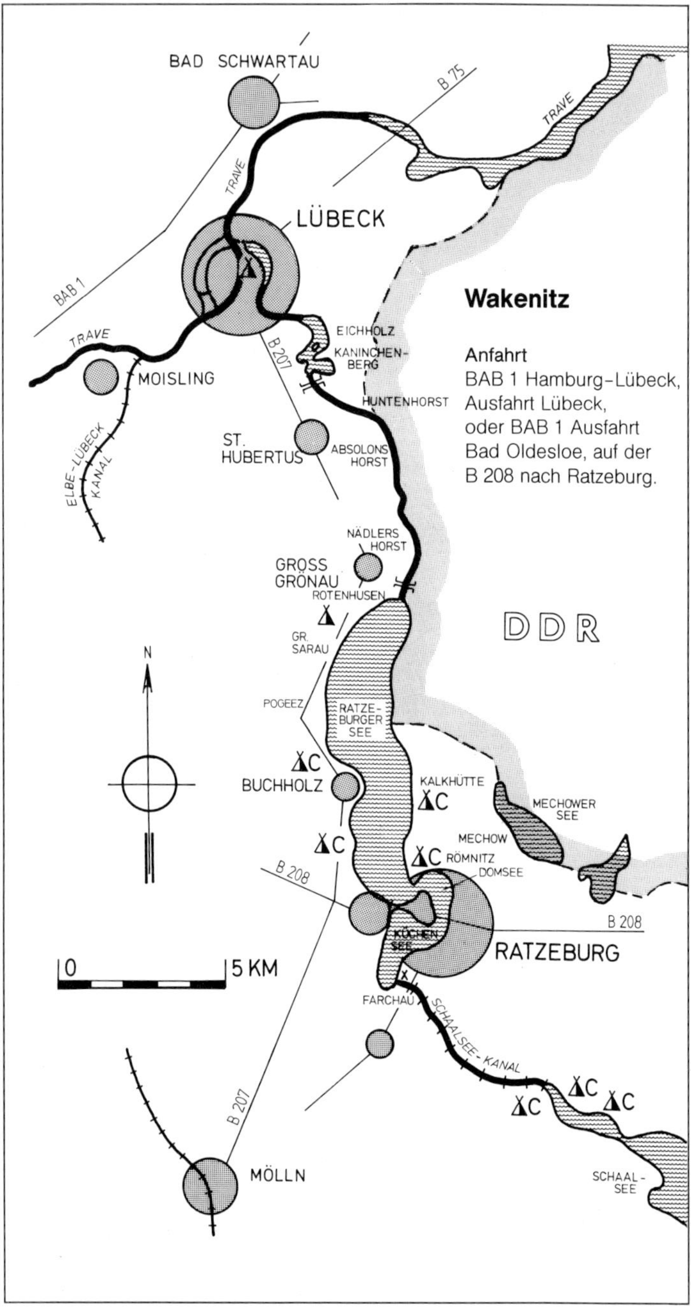

Wakenitz

Anfahrt
BAB 1 Hamburg-Lübeck, Ausfahrt Lübeck, oder BAB 1 Ausfahrt Bad Oldesloe, auf der B 208 nach Ratzeburg.

sonne entgegen, steuern wir unsere Kanus an der schön angelegten Badeanstalt vorbei nach Süden, queren die Wellenspur der Wakenitzer Fähre und paddeln unter der Moltkebrücke hindurch. In viel Grün getauchte Häuserreihen ziehen an uns vorüber. An der großen Wakenitzbrücke verengt sich der Fluß halsartig und knickt nach Osten ab. Immer mehr Wiesen, Bäume und verschilfte Ufer säumen jetzt die Wakenitz, die sich verspielt zwischen den grünen Hügeln windet. Eine Schloßinsel, kleine Bootshafen, in denen noch geklinkerte Holzjollen schaukeln; wir umrunden langsam den Kaninchenberg, vor uns ist eine große Seebucht.

Tausende malerischer Teichrosen schwimmen auf dem ruhigen Wasserspiegel, vorsichtig tauchen wir die Paddel ins Wasser. Entlang der grünen und gelben Pflanzenteppiche steuernd, halten wir uns rechts und fahren unter dem kleinen Eisenbahnviadukt durch. Hier führt der Europäische Fernwanderweg E 1 von Dänemark zu den Alpen über die Wakenitz. Einsam zieht nun der Fluß dahin, umsäumt vom dichten Erlen- und Buchenwaldgürtel. Links lugen zwischen den Bäumen die ersten gold-schwarz-roten DDR Grenzpfähle hervor, weshalb wir unsere Boote lieber am rechten Ufer entlangmanövrieren. Eine kurze Begegnung mit dem vollbesetzten Passagierschiff »Wakenitz«, dann wird es am Fluß wieder ganz einsam, weder Straße noch Weg begleiten das ruhige Gewässer. Nur der idyllisch liegende, reetgedeckte Ziegelbau des Waldwirtshauses Absolons Horst und ein kleines Nest (Nädlers Horst) von farbenfrohen Wochenendhäusern unterbrechen das satte Grün der dicht bewachsenen und menschenleeren Ufer.

Eine vergammelte und mit Stacheldraht versperrte Brücke signalisiert die Nähe des Ratzeburger Sees. Es geht an der kleinen Hafenanlage vorbei, und schon kann ein starker Gegenwind unsere Paddelblätter packen. Steile, schäumende Wellen kommen uns dann schräg entgegen, so daß wir im Windschatten am schützenden Westufer entlangschleichen.

An der Angelsmühle ruhen wir uns aus, dann geht es weiter. Die weit in den See ragende Buchholzer Landzunge leitet den schärfsten Wind etwas ab. Am Cam-

Zeltmöglichkeiten

Lübeck - Zeltmöglichkeit beim Kanusportverein, Kleinbootsverein, Camping Lübeck, Rothenhusen, Buchholz; Ratzenburg-Römnitz.

Sehenswertes

Lübeck: Altstadt - Holstentor mit mächtigen Rundtürmen und Kasematten, Salzspeicher, St.-Petri-Turm mit schönem Rundblick, gotisches Backsteinrathaus, Marienkirche, Buddenbrookshaus, Heilig-Geist-Hospital, Burgtor, Dom St. Johannes und St. Nikolaus, Hafenanlagen u.v.a.

Ratzeburg: Inselstadt, 800jähriger romanischer Dom, Domkloster mit Kreuzgang und Klosterhof, Kreismuseum, Steintor, Braunschweiger Löwe, Heinrichstein, Kirche St.-Georgsberg, Elternhaus und Ruhestätte des Bildhauers und Dichters Ernst Barlach.

Karten, Kanu-Literatur

Generalkarte 1:200000, Blatt 2; Deutsche Idealkarte 1:100000, Blatt 6. - Deutsches Flußwanderbuch; Kanuwanderbuch für Nordwestdeutschland.

pingplatz finden wir Unterschlupf. Abends wandern wir hinauf zur Hügelkette, um einen Blick über den See zu erhaschen. Vom südlichen Seezipfel leuchten die Ratzeburger Lichter herüber.

Am nächsten Morgen ziehen wir ungehindert durchs glitzernde Wasser, der Sonne und dem mächtigen Dom Heinrichs des Löwen entgegen. Je näher, desto wuchtiger erscheint der backsteinerne frühromanische Kirchenbau über der Wasserfläche.

Eine Stadtumrundung Ratzeburgs lassen wir uns natürlich nicht entgehen; dabei kommen wir links am phantastisch liegenden Zeltplatz Römnitz vorüber und paddeln dann in den ruhigen Domsee, wo der tief eingeschnittene Zufluß vom Mechover See mündet. Unter der B 208 hindurch, dann noch eine Brücke, und wir bewundern die Stadtkulisse von Süden, vom Küchensee aus. Die Stadtumrundung krönen wir mit einem Besuch im berühmten Eis-Salon Pelz, der bequem vom Kanal hinter der Fischerhütte mit dem Kanu erreichbar ist. An der DLRG-Station beenden wir unsere Wanderung (großer Parkplatz) und spazieren anschließend noch einmal durch das reizende Inselstädtchen.

Begegnung mit der »Wakenitz« auf der Wakenitz.

7 Alster

Naherfurt–Außenalster

Nebenfluß der Elbe

42 km
2-Tage-Fahrt

Welche Großstadt in Deutschland außer Hamburg kann schon einen solchen urwüchsigen und erfrischend fließenden Fluß sein eigen nennen? Ob es der noch natürlich mäandernde, durch Feuchtwiesen und einen Grüngürtel von Auwäldern ziehende Oberlauf ist oder der in die Stadt behutsam integrierte und regulierte Unterlauf ab Fuhlsbüttel oder die riesige Wasserfläche der Außenalster und die vielen Kanäle, die wie ein Netz die Stadt durchziehen. Keine Stadt versteht sich so natürlich und selbstverständlich mit einem glitzernden Flußband und einem blauen See zu schmücken wie Hamburg.
Die Hamburger sind stolz auf ihren Fluß. Viele von ihnen verbringen einen großen Teil ihrer Freizeit auf der Alster, und wenn man hier als Fremder den Fluß herun-

Charakter, Tips
Ruhig fließender, teilweise noch sehr urwüchsiger und abwechslungsreicher Wiesen-, Wald- und Parkfluß, in der Stadt seenartig (Außenalster) verbreitert. Auch für wenig Erfahrene zu empfehlen. Die vorhandenen Wehre sind teilweise befahrbar, ab Wohldorf unbefahrbar, jedoch mit Bootsschleppen, die ein müheloses Umtragen erlauben, ausgestattet. Ab Straßenbrücke B 432 Naherfurt bzw. Kayhude ganzjährig auch mit Faltbooten befahrbar.
Obwohl der Fluß durchs Stadtgebiet fließt, kann die Fahrt recht ruhig und romantisch sein. An Wochenenden herrscht natürlich im unteren Bereich reger Bootsverkehr. PKW-Begleitung nicht möglich, nur an manchen Brücken Kontaktmöglichkeiten. Jedoch führt ein Wanderweg, der die alten Treidelwege nutzt, am Fluß entlang. Der Weg ist auch mit dem Fahrrad möglich (Zurückholen des Autos mittels Fahrrad!).

Zeltmöglichkeiten
An der Alster – Campingplatz Haselknick in Ohlstedt, Alster-Canoe-Club, Hanseat – Verein für Wassersport (nach vorheriger Anmeldung).
In Alsternähe – Camping in Itzstedt, Hamburg Eidelstedt.

Sehenswertes
Henstedt: Ulzberg – gefaßte Alsterquelle.
An der Alster: Gasthof Heidkrug, Museum Rage, Herrenhaus Wohldorf, Schleusen, Alte Mühle, Poppenbüttler Markt, Arboretum.
Hamburg: Rathaus, Börse, St.-Michaeli-Kirche, St.-Nikolai-Kirche, St.-Petri-Kirche, Deichstraße, Alsterarkaden, Collonaden, Mönckebergstraße, Wallringpark, Botanischer Garten, zahlreiche Brücken, Hafenanlagen, St. Pauli, Landungsbrücken, Museum für Völkerkunde, Kunsthalle, Museum für Kunst und Gewerbe u. v. a.

Karten, Kanu-Literatur
Generalkarte 1 : 200 000, Blatt, 2; Deutsche Idealkarte 1 : 100 000, Blatt 6; Hamburger Stadtplan, Vermessungsamt, Karte 2, 3. – Deutsches Flußwanderbuch; Kanuwanderbuch für Nordwestdeutschland; Die Alster – Prospekt der Hamburg Information GmbH.

Alster

Anfahrt
BAB 7 Ausfahrt Schnelsen Nord, B 432 Hamburg-Bad Segeberg nach Kayhude, Naherfurt.

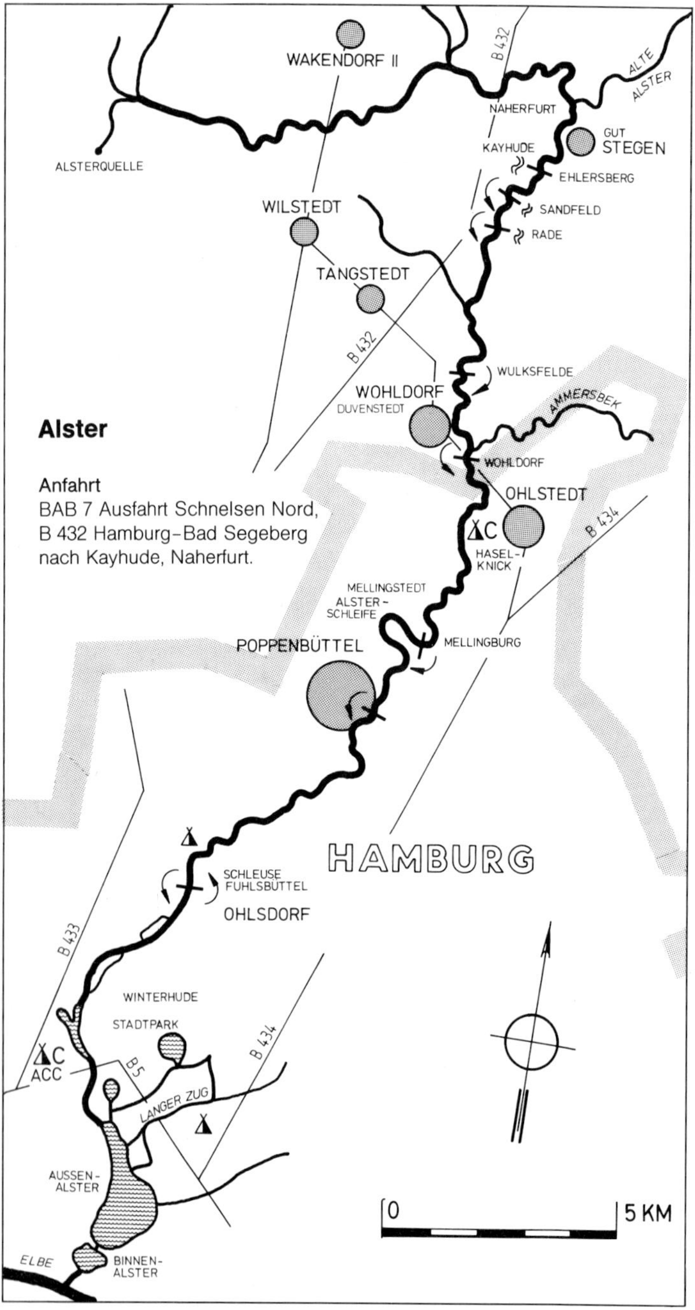

terpaddelt, ist man von den vielen Kanus, Kajaks und Ruderbooten sehr beeindruckt. Alles, was ein Paddel in der Hand halten kann, schippert samstags den Fluß hinauf, um hier am Wasser ein freies Wochenende zu verbringen. Zu ihnen gesellen sich Wanderer an den Uferwegen und Badende im Fluß. Trotzdem ist es nicht zu laut und nicht überall überlaufen; die Menschen verteilen sich, und so können wir eine erholsame und recht abwechslungsreiche Kanufahrt unternehmen.

Bei gutem Wasserstand setzen manche ihre Einer schon an der Straßenbrücke Henstedt-Wilstedt in die Alster ein. Das Wiesen- und Moorflüßchen ist hier jedoch keine 3 m breit, und außerdem nisten im Frühling Kiebitze, Schnepfen und Brachvögel in den umliegenden Feuchtwiesen. Da wir es vermeiden wollen, die letzten Refugien dieser gefährdeten Vogelarten zu stören, verzichten wir lieber auf diesen Flußabschnitt und beginnen unsere Kanuwanderung unter der Straßenbrücke der B 432 am Gasthof Naher Furt, bei dem wir auch gleich einen Parkplatz vorfinden.

Eine Treppe erleichtert das Einsetzen, und der Pegel zeigt fast das ganze Jahr einen guten Wasserstand an. Zuerst geht es gerade durch eine Pappelallee, doch bald schwingt die Alster von Schleife zu Schleife, und Teppiche von Teichrosen überwuchern die Wasserfläche. Blühende Weißdornbüsche ziehen vorbei, und an den frisch gemähten Wiesen finden wir schöne Plätze zum Ausruhen. Eine Halbinsel mit sieben Pappeln markiert den nördlichsten Punkt unserer Fahrt; ab hier orientieren wir uns südwärts der Sonne entgegen.

Mächtige Weiden säumen jetzt die Flußufer, und vor uns tauchen die großen Gebäude des alten Guts Stegen auf. Oberhalb der Straßenbrücke mündet die Alte Alster, vor vielen Jahrhunderten als Alster-Trave-Kanal ausgebaut, doch bald danach versandet und heute unbefahrbar. An der Brücke müssen wir aufpassen, denn wegen des weidenden Viehs hat man hier in Kopfhöhe über dem Fluß zwei Lagen Stacheldraht gespannt (Sommer 1986), die recht spät zu erkennen sind.

Die nachfolgenden, weit ausholenden Mäander wurden mit grobem Steinwurf etwas verflacht, um die Erosionsschäden in Grenzen zu halten; ein Weidegeflecht wäre natürlicher gewesen. Das Wehr vor Heidkrug (nettes historisches Wirtshaus) ist meist offen und problemlos befahrbar. Ab hier ändert sich fast schlagartig der bisherige Wiesenflußcharakter – die Alster ist jetzt ein Wald- und Parkfluß, ein Fluß der tausend Spiegelungen. Jede Kehre überrascht mit neuen Bildern, bei Sonnenschein glitzern unendlich viele kleine Lichter auf der Wasserfläche, und wir tauchen in ein grünes, alles durchdringendes Zwielicht ein. Langsam lassen wir uns treiben, um diese Stimmung einzufangen.

Drei Wehre unterbrechen unsere Fahrt, gute Umtrageanlagen erleichtern das Weiterkommen. Nach dem ausgedehnten Rade-Wulksfelder Forst, in dem alte Eichen an steilen Uferhängen bis an die Alster reichen, mündet links die Wohldorfer Au, danach folgt ein Wehr. Wir steuern unsere Boote rechts unter die Straßenbrücke, eine Rolltreppe mit Bootssteg ermöglicht es, auch beladene Faltboote oder die breiten, schweren Holzkanadier mühelos ins Unterwasser zu schieben.

Bevor wir unsere Fahrt fortsetzen, schauen wir uns noch den schönen Fachwerkbau des Schleusenmeisterhauses an, das seinen Ursprung im 16. Jh. hat. Die Schleusenanlage selbst ist 100 Jahre älter, wenn auch natürlich schon vielfach umgebaut.
Die Alster hat sich jetzt tief eingegraben, und alte Pfahlregulierungen befestigen die Ufer. Die ersten Villen der reichen Hamburger Bürger lugen hinter der Waldkulisse hervor, manche Gärten grenzen bis an den Fluß. Herrlich blühende, mächtige Rhododendronbüsche leuchten im Frühjahr wie rote, violette und gelbe Inseln im Grün der Buchen- und Eichenwälder. Bald legen wir am hübschen, etwas versteckten Campingplatz Haselknick, dem Ziel dieser Tagesetappe, an. Abends können wir durch die Gartenstraßen von Ohlstedt spazieren oder mit der Bahnlinie U 1 in die Stadt hinunterfahren.
Am nächsten Morgen paddeln wir durch das Naturschutzgebiet Rodenbeker Quellental, das mit vielen Wasserläufen, Quellteichen und schönem Auwaldbestand sehr ursprünglich wirkt. Unter mehreren Brücken hindurch steuern wir zu einer Rechtsschleife; hier mündet der Mühlbach. Ein paar Meter weiter liegt das sehenswerte Mühlenhaus mit einer malerischen Gastwirtschaft. Die folgende Mellingburger Schleuse mit Anlegestegen, Rolltreppen und dem alten Schleusenmeisterhaus ist eine Sehenswürdigkeit für sich, ganz wie aus den Zeiten der Oberalsterschiffahrt. Der steile Umlaufberg der Großen Alsterschleife diente vor 1000 Jahren als Fluchtburg und war mit Erdwällen befestigt. Der Alsterwanderweg, auf ehemaligen Treidelwegen geführt, quert mit niedrigen Stegen den Fluß, helle Wiesen lockern den Wald auf. Wir paddeln immer weiter in einer gepflegten Parklandschaft. Vor dem Poppenbütteler Wehr erweitert sich die Alster seeartig, und viele Enten beleben die Ufer.
Wir tragen die Boote um, rechts hinauf, dann über die Straße und die Bootsschleppe ins Unterwasser. Ein einladender Biergarten lockt zum gemütlichen Umtrunk, der Lohn für eine lange Paddelstrecke. Nach der Erfrischung geht es weiter, an Spielwiesen, Gärten, Teichen, Sportplätzen vorüber zur Schleuse Fuhlsbüttel, die wir wieder rechts über eine Rollenrampe bewältigen. Ab hier ist die Alster kanalisiert, begradigt und für die »Weiße Flotte« der Ausflugschiffe befahrbar.
Hamburg tritt jetzt ins Rampenlicht, schöne Anlagen schmücken die Alsterufer. In Eppendorf liegt rechts versteckt hinter einer Halbinsel der Mühlenteich, das Winterquartier der unzähligen Alsterschwäne. Es folgt das Gelände des Alster-Canoe-Clubs. Vorbei an der St.-Johannis-Kirche und dem landsitzähnlichen Kloster erreichen wir die Krugkoppelbrücke, die uns den Zugang zur fast 200 ha großen Außenalster öffnet. Wie ein übergroßes blaues Juwel, eingefaßt mit Grünanlagen, liegt der See inmitten der Stadt. An Wochenenden tummeln sich hier Hunderte von Seglern, Surfern und Kanuten; es sieht aus, als ob ganz Hamburg auf dem Wasser wäre. In der schönen Parkanlage des Alstervorlandes beenden wir unsere Wanderung; am großen Parkplatz am Fährdamm können wir die Kanus aufladen.

Kopfweiden säumen die Ufer vor der Mündung der Alten Alster.

8 Stör (mit Bramau und Osterau)

Nebenfluß der Elbe

Weide-Wewelsfleth
ca. 60 km
3-4-Tage-Fahrt

Mit fast 90 km Länge und einem Einzugsgebiet von über 1700 km^2 ist die Stör mit ihren Zuflüssen einer der größten Flußläufe Schleswig-Holsteins. Gespeist von den riesigen Grundwasservorkommen der Geestlandschaft bei Neumünster, entwässert sie den hügeligen »Aukruger Naturpark« und fließt in südwestlicher Richtung bei Kellinghusen durch Wälder und Moorgebiete, wo sie die ebenfalls wasserreiche und heute regulierte Bramau aufnimmt, um weiter westlich, schon unter dem Gezeiteneinfluß, in mehreren schwungvollen Schleifen die alte Garnisons- und Festungsstadt Itzehoe zu erreichen.
Vor der historischen Klappbrücke in Heiligenstedten knickt die Stör in südliche Richtung und windet sich, seit vielen Jahrzehnten eingedeicht, durch die grünen Elbmarschwiesen, um nördlich von Glückstadt bei Wewelsfleth in die Unterelbe zu münden. Unsere Kanufahrt führt über drei gänzlich verschiedene Flüsse: die urwüchsige, abwechslungsreiche Osterau, die schon begradigte, doch noch gut strömende Bramau und endlich die noch weit pendelnden, langsamen Mäander der Stör. Mit Einern ist die Osterau zwar schon ab Heidmühlen befahrbar, es ist aber besser, den Wildpark Eekholt zu Fuß zu durchwandern und den vielen dort lebenden Tierarten, weißen Hirschen, Rehen, Sikas, Ottern u.a., einen Besuch zu machen.
Danach können wir nicht weit vom Hof Weide an der Osterauer Brükke flußabwärts vom Wildpark die Boote ins Wasser lassen. Es erwartet uns eine schattige Waldstrecke mit überhängenden Ästen, kleinen Schnellen, engen Durchfahrten und ruhigen Abschnitten, wo sich Baumstämme und das grüne Kronendach im dunklen Wasser spiegeln. An kleinen Waldwiesen säumen gelbe Schwertlilien und blühende Holunderbüsche das liebliche Flüßchen. Es macht Spaß, mit den wendigen Booten durch dieses fischreiche, zwar moorbraun gefärbte, aber saubere Wasser zu paddeln.
Nach der einsamen Strecke signalisiert ein niedriger Steg mit leicht befahrbarem Schrägabfall die Nähe von Bimöhlen. Hier finden wir vor der Straßenbrücke eine schöne Anlegestelle mit Tisch und Bänkchen, nur ein paar Schritte von einem netten Wirtshaus entfernt. Vor der tunnelartigen Durchfahrt unter der Autobahn hüpfen unsere Boote nochmals über eine niedrige Stufe. Die letzten Häuser verschwinden, und rechts nach der Autobahn winkt das kleine Vereinsheim der Bimöhler Kanuten mit einem Holzanlegesteg und einer Wiese, wo wir nach Anfrage auch zelten dürfen. Entlang der etwas lauten Autobahn schlängelt sich die Osterau durch ein schönes Waldstück. Eine riesige umgefallene Buche versperrt fast das ganze Flußbett;

Stör

Anfahrt
BAB 7 Hamburg–Kiel, Ausfahrt Bad Bramstedt, auf der B 206 bis Hasenmoor, von hier Richtung Bimöhlen und Hof Heide, dann links zur Brücke über die Osterau.

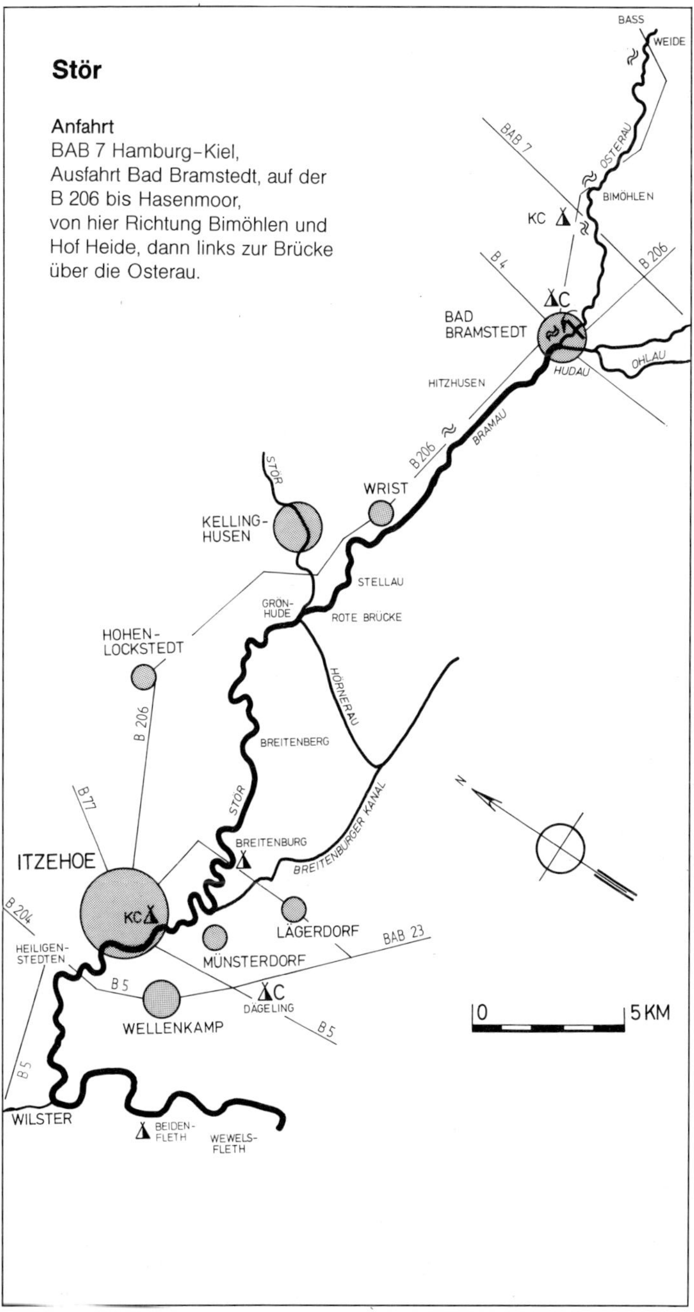

mühsam mogeln wir uns rechts vorbei. Die Ufer werden wieder niedrig, und wir blicken auf blumenbedeckte Wiesen mit einzeln stehenden Weiden und Erlen. Von links mündet die aus dem Hasenmoor kommende Holmau. Nach der Eisenbahnbrücke sorgt ein spritziger Schwall für etwas Sportlichkeit, und am Bramstedter Mühlenwehr tragen wir ca. 40 m rechts um. Ein Spaziergang durch den ausgedehnten Kurpark sowie die Besichtigung des herrlichen Schnitzaltars in der Magdalenenkirche sind empfehlenswert.

Charakter, Tips

Die drei Gewässer, die wir durchpaddeln, haben verschiedene Merkmale. Als recht ursprüngliches und abwechslungsreiches Wald- und Wiesenflüßchen mit vielen Mäandern und flotter Strömung zeigt sich die Osterau.

Mehrere Grundschwellen und geschleifte Wehre sind problemlos befahrbar, nur am Mühlenwehr in Bad Bramstedt tragen wir kurz rechts um. Die Bramau fließt teilweise mit noch guter Strömung und ein paar Schwällchen zwischen regulierten Ufern durch weite Wiesen und ehemalige Moore. Ab Bad Bramstedt oft Gegenwind. Die letzten Kilometer ab Wrist werden durch die Gezeiten beeinflußt, hier nur wenig Strömung. Ab Grönhude hindernisfreie Fahrt bis nach Wewelsfleth. Es lohnt, bei Stördorf einen Abstecher nach Wilster machen. Für Faltboote kann die Einsatzstelle in Bad Bramstedt, am letzten Brückchen vor der Hudaumündung im Park, empfohlen werden, wo wir auch genügend Parkplätze finden. Mit Polyesterbooten ist die vorgeschlagene Strecke ganzjährig ohne Schwierigkeiten befahrbar, an manchen Stufen kommt es zu Grundberührungen, oberhalb Bramstedt ist etwas Paddelerfahrung gefragt. PKW-Kontakt bis Itzehoe nur an Brücken möglich, nachher PKW-Begleitung problemlos. Busverbindungen von Itzehoe und Bramstedt.

Zeltmöglichkeiten

Bimöhlen (nach Anfrage am Kanuheim), Camping Bramstedt (nicht am Fluß), Breitenburg am Gasthaus Fähre (anmelden), Itzehoe Kanu-Club und Camping in Dägeling (flußabseits).

Sehenswertes

Bad Bramstedt: Wildpark Eekholt beim Hof Weide, Maria-Magdalenen-Kirche mit reichgeschnitztem Flügelaltar (14. Jh.), Torhaus – Museum, Roland, Solequelle, Kurpark.
Kellinghusen: Fayencenfabrik, Heimatmuseum, mächtige Wehrkirche, Stellauer Feldsteinkirche (13. Jh.) mit schöner Kreuzgruppe und Messingkronleuchter, Aussichtsturm Hermannshöhe, Hotel »Altdeutsches Haus«, Norddeutsches Schießsportzentrum.
Itzehoe: Barocke St.-Laurentius-Kirche (prachtvolle Ausstattung, Sarkophage) mit Klosterhof und Fachwerkhäusern, Rathaus, Ständesaal, St.-Jürgen-Kapelle (Sandburg), Palais Prinzeßhof – Heimatmuseum, Germanengrab (12. Jh. v. Chr.); südlich der Stadt Schloß Breitenburg; Heiligenstedten – Klappbrücke über die Stör.
Wilster: Altes Rathaus, Bürgermeisterhaus, Apotheke, St.-Bartolomäus-Kirche.
Beidenfleth: Kirche, Windmühle, kleiner Hafen.
Wewelsfleth: Speicherhäuser am alten Hafen, beim Bäcker Störkringel.

Karten, Kanu-Literatur

Generalkarte 1:200000, Blatt 2; Deutsche Idealkarte 1:100000, Blatt 5 und 6. – Deutsches Flußwanderbuch; Kanuwanderbuch für Nordwestdeutschland.

Einsatzstelle in Bimöhlen.

Wieder in den Kanus sitzend, paddeln wir durch das Städtchen. Von links ergießt die durch den Kurpark fließende Hudau (Schmalfelder Au) ihr Wasser und bildet mit der Osterau die Bramau. Zwar reguliert, doch gut strömend wird sie uns 15 km weit zur Stör tragen. Zwei längere Schwälle und ein ehemaliges Wehr lassen die Boote noch einmal schaukeln, dann wird es ruhiger. Bei etwas Glück können wir Graureiher auffliegen sehen, und an den Wiesenufern überraschen wir manche Bisamratte.

Nach der Wrister Eisenbahnbrükke lohnt es sich, links anzulegen und zu der alten Stellauer Feldsteinkirche hinüberzuwandern. Der freundliche Pfarrer informiert uns gern über dieses Gotteshaus aus dem 13. Jh.

Die bis jetzt noch leicht hügelige Landschaft bleibt nun zurück, und die weiten Feuchtwiesen des ent-

Bei Ebbe zeigen sich diese Uferbefestigungen an der Bramau bei Grönhude.

Die barocke St.-Laurentius-Kirche – oder Spiegelungen in Itzehoe.

wässerten Breitenburger Moores prägen das Flußbild. Bis zur Roten Brücke oberhalb Grönhude reicht der Gezeiteneinfluß, bei Niedrigwasser ragen entlang der Ufer die für die Stör und untere Bramau so typischen Holzverbauungen heraus.

An der von rechts kommenden Stör können wir problemlos flußaufwärts paddeln, um auf eigenem Kiel Kellinghusen zu erreichen. Vor der Straßenbrücke mündet die Hörnerau. Einsam fließt nun die Stör, ihre früher so weit schwingenden Schleifen wurden vor fast 100 Jahren teilweise begradigt. Es lohnt sich, öfter aus den Booten zu steigen und von den Deichen einen Blick auf die flache Niederung mit ihren weit auseinanderliegenden Höfen zu werfen. Dort, wo einmal eine Fähre die Verbindung zwischen dem weiß leuchtenden Schloß Breitenburg und der Stadt Itzehoe ermöglichte, spannt sich heute zwar eine moderne Betonbrücke, doch das alte Wirtshaus aus dem Jahre 1817 liegt noch immer einladend am Störufer und bietet neben hervorragender Küche auch einen netten Kanuzeltplatz.

Fast urwüchsig mäandert jetzt die Stör, nimmt bei Münsterdorf den Breitenburger Kanal auf (schöne Rundpaddeltour durchs Breitenburger Moor über die Hörnerau nach Grönhude) und durchfließt die alte Handels- und Garnisonsstadt Itzehoe. Rechts vor der Stadt können wir als Mitglieder des DKV am Gelände des Kanuclubs die Gastfreundschaft genießen und unsere Zelte aufbauen (PKW-Zufahrt durch den Park am Landgericht). Nach der längsten Spannbetonbrücke Norddeutschlands, auf der die B 5 den Fluß überquert, bewundern wir als nostalgisches technisches Bauwerk die Klappbrücke in Heiligenstedten, wo sich auch die älteste erhaltene Kirche Schleswig-Holsteins befindet.

Die Stör biegt nun nach Süden ab, mehrere Windmühlen säumen als Überbleibsel der technischen Kinderzeit den Fluß, auf dem heute überwiegend Freizeitkapitäne entlangschippern. Hinter der kleinen Ortschaft Beidenfleth, deren berühmte Walfänger ihre Reviere bis hinauf zur Grönlandküste hatten, folgt bald unser Endziel, das liebliche Wewelsfleth, wo wir beim Yachthafen unsere Wanderung beenden.

9 Oste

Sittensen–Bremervörde (Königshof)

Nebenfluß der Elbe

55 km
3-Tage-Fahrt

Die Oste, ein 145 km langer Nebenfluß der Elbe, entspringt nicht weit von Tostedt in der Lüneburger Heide und durcheilt in ihrem Oberlauf die einsamen Heide- und Moorlandschaften der Stader Geest, um dann im Gezeitenbereich nördlich von Bremervörde als eingedeichter Marschfluß bei Neuhaus linksufrig in die Unterelbe zu münden. Ein mächtiges Sperrwerk, das kurz vor der Ostemündung errichtet wurde, schützt viele tausend Hektar eingedeichtes Land vor den Sturmfluten der Nordsee.

Bei unserer Kanuwanderung befahren wir den landschaftlich und auch wassertechnisch reizvolleren Oberlauf. Außerhalb der Sperrzeit vom 1. März–15. Juli finden wir eine geeignete Einsatzstelle in der Nähe des Waldheim-Spielplatzes in Königshof (großer Parkplatz), keine 2 km westlich von Sittensen, wo die Ramme unter einem kleinen Stufenwehr in die Oste mündet.
Zwischen hohen, mit Kiefern und Eichen bewachsenen Sandufern paddeln wir im schmalen, kaum 5 m breiten Flußbett mit rotbrau-

Charakter, Tips
Ab Weertzen bis Bremervörde auf 39 km mit allen Bootstypen ganzjährig leicht befahrbares Zahmwasser. Im Oberlauf von Sittensen mehrere kleine, halbzerfallene Wehre, die mit Kunststoffbooten unproblematisch zu befahren sind. Mit Faltbooten Vorsicht auf etwaige Eisenpfähle an diesen Wehren sowie auch unter mancher Brücke. Der Oberlauf bis nach Volkensen ist für Kanufahrer vom 1. März–15. Juli aus Naturschutzgründen (Vogelbrutzeit) gesperrt; in dieser Zeit erst an der Brücke zwischen Kuhmühlen und Volkensen einsetzen. Das Wasser der Oste ist rotbraun, nur mäßig belastet, doch leider werden die Ufer im Oberlauf an mehreren Stellen von den Anliegern als Bauschuttabladeplätze benutzt. Eine Befahrung ist landschaftlich sehr lohnend, der Fluß ist auf weite Strecken völlig einsam und unreguliert. PKW-Kontakt nur an wenigen Brücken möglich.

Zeltmöglichkeiten
Camping Brauel »Ostetal«, Zeltplatz der Kanuabteilung TSV Bremervörde, nach Anfrage auf gemähten Wiesen.

Sehenswertes
Heeslingen: Feldsteinkirche (10. Jh.), eine der ältesten im Lande.
Zeven: Romanische Findlingskirche mit Rundturm (12. Jh.), Christinenhaus.
Sandbostel: Schöne Höfe, NSG Huvenhoopsmoor mit Seen.
Bremervörde: Herrliche Parkanlagen, Stadtsee, St.-Liborius-Kirche, Amtsgebäude – heute Verwaltung, Kreismuseum.

Karten, Kanu-Literatur
Generalkarte 1:200 000, Blatt 5; Deutsche Idealkarte 1:100 000, Blatt 5. – Deutsches Flußwanderbuch; Kanuwanderbuch für Nordwestdeutschland.

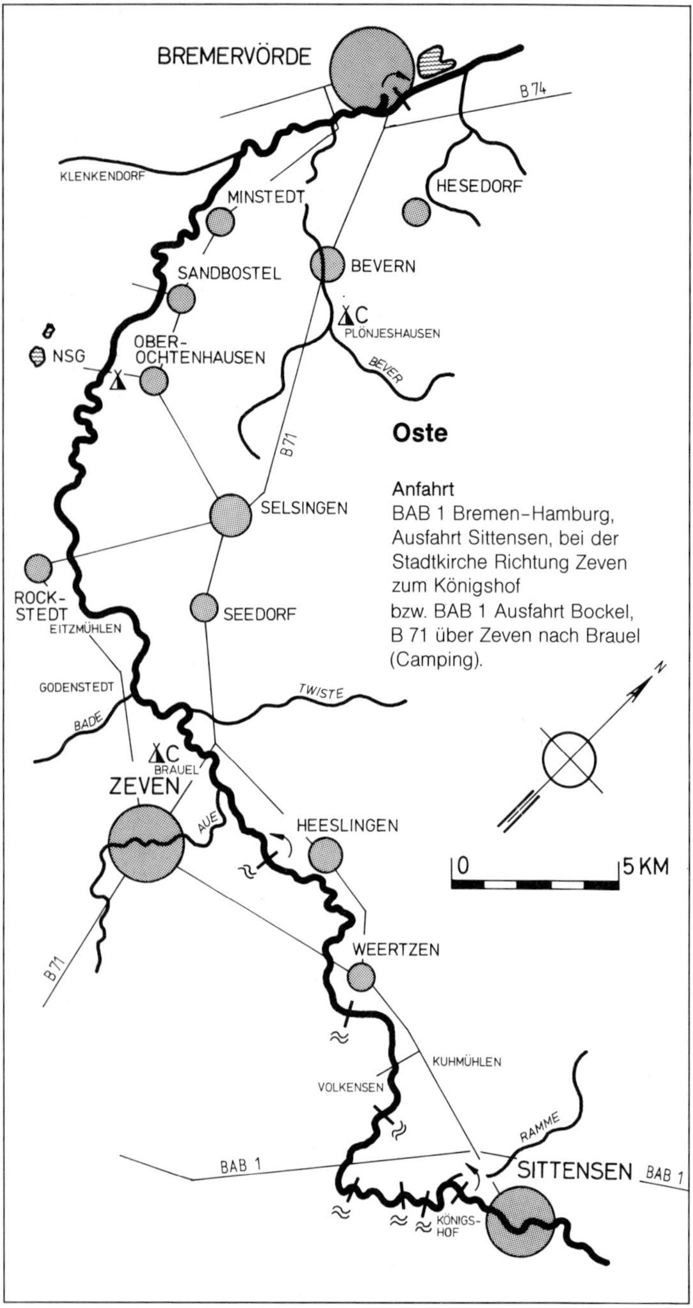

Oste

Anfahrt
BAB 1 Bremen–Hamburg, Ausfahrt Sittensen, bei der Stadtkirche Richtung Zeven zum Königshof
bzw. BAB 1 Ausfahrt Bockel, B 71 über Zeven nach Brauel (Camping).

nem Moorwasser an verstreuten, abgerundeten Findlingen vorbei und erreichen bald einen Fußgängersteg. Wir steuern vorsichtig heran und achten auf die aus dem Wasser ragenden Eisenpfähle. Vor der Autobahnbrücke wendet sich die Oste nach Nordwesten; vorher unterqueren wir noch mehrere, teils mit Treibgut verstopfte Wegebrücken.
Zwischen Wald, Wiesen, Kiesinseln und Sandufern pendelt der Fluß in rhythmischen Kurven zur Straßenbrücke bei Kuhmühlen. Wir können hier die Fahrt unterbrechen und zur alten, im tiefeingeschnittenen Tal versteckten Klostermühle (mit Gaststätte) hinaufwandern. Eine schöne Waldstrecke, auf der uns öfter die weißbrustige Wasseramsel und gelbe Schafstelzen begegnen, führt uns unter die hohe Eisenbahnbrücke.
Rechts mündet der Knüllbach, es folgen Wegebrücken, und bald lugt der spitze Kirchturm einer der ältesten norddeutschen Findlingskirchen, der romanischen Kirche von Heeslingen, durch die Bäume. Hier verbreitert sich das Flußbett und wird entsprechend flach. Es kann vorkommen, daß wir im Hochsommer die Zweier-Boote ein paar Meter weit über den sandigen Grund treideln müssen. Nach dem Freibad des alten Heidedorfes läuft die Oste im fast geraden Bett durch Wiesen und an Sandhügeln wieder flotter vorüber. Kurz nach der Straßenbrücke der B 71 liegt links der kanufreundliche Campingplatz »Ostetal«, an dessen westlichem Ende wir anlegen, um die Tagesetappe zu beenden. Wir sollten uns noch Zeit für eine Wanderung nach Zeven nehmen, um die romanische Wallfahrtskirche mit ihrem runden Findlingsturm zu besichtigen.

Steil stürzen die hohen Geestrücken ins Wasser.

Am nächsten Morgen paddeln wir zuerst durch den Zevener Forst, nehmen von links die Bade auf, fahren an Wiesen mit malerischen Baumgruppen vorbei und erreichen nach der Godenstedter Brücke das verträumte Eitzmühlen, wo alte Bauernhöfe mit grün gestrichenen Bogentoren unter mächtigen Bäumen stehen. Das rote Pegelhäuschen bei Rockstedt leitet eine völlig einsame, langsam fließende Flußstrecke entlang des Huvenhoopsmoors ein. Links vor der Brücke bei Ober-Ochtenhausen können wir auf der Übungswiese der Feuerwehr für eine Nacht unser Zelt aufschlagen. Es lohnt sich, spätnachmittags in westlicher Richtung zu den schwarzen Moorseen (NSG) zu wandern. Ein Sonnenuntergang über dem See ist sehr eindrucksvoll.

Zögernd löst sich am nächsten Morgen der Nebel über dem Fluß auf, wir nehmen noch ein erfrischendes Bad, bevor uns die Oste durch Moorwiesen, an flachen Hügeln, Kiefern und Birkengruppen vorbei, bis nach Sandbostel trägt. Schade, daß die alte Windmühle am Berg langsam vergammelt; dafür sind die breiten Höfe mit ihren weisen Sprüchen über den Hauseingängen um so gepflegter.

Die Oste wird zum reinen Wiesenfluß, pendelt mit drei, vier ausholenden Schleifen zwischen Ost und West und nimmt mehrere Entwässerungsgräben auf. In einen linksufrigen steuern wir hinein und fahren im schmalen, halb verwachsenen Gewässer nach Klenkendorf, einem der typischen Reihendörfer dieser Gegend. Vielleicht ist der Graben noch weiter befahrbar; eigentlich führt er in den Oste-Hamme-Kanal zur Wümme. Doch wir kehren um und erreichen bald die ausgedehnten Parkanlagen vor Bremervörde, deren Teiche voller Seerosen mit der langsam fließenden Oste eine Einheit bilden.

Links ragt hoch über dem Fluß das rote Gebäude des Kreiskrankenhauses auf. Nach der Eisenbahn- und einer Holzbrücke finden wir gleich rechts eine gute Aussetzstelle, nur ca. 200 m vom flußabwärts liegenden Parkplatz entfernt. Doch vorher paddeln wir noch in den linken Stichkanal; hier liegt die romantische Insel »Neues Helgoland«, die wir zum Abschluß unserer Wanderung umrunden.

In Bremervörde umrunden wir die idyllische Insel »Neues Helgoland«.

10 Luhe

Grevenhof–Winsen/Luhe

41 km

Nebenfluß der Ilmenau 2-Tage-Fahrt

Von ihrer Quelle im Bispinger Forst windet sich die Luhe quirlig zuerst in östlicher Richtung durch die reizvollsten Gebiete der nördlichen Lüneburger Heide. Nur wenige kleine Dörfer berühren ihren einsamen Lauf zwischen ausgedehnten Birken- und Erlenhainen der dünnbesiedelten Landschaft. Doch es war nicht immer so einsam an den Luheufern – ausgedehnte Stein- und Hügelgrabfelder begleiten heute als stumme Zeugen einer längst verschwundenen Kultur den Oberlauf zwischen Soderstorf und Putensen. Nach einem Nordknick mäandert das Flüßchen malerisch durch den herrlich angelegten Lobkepark, um danach beim Gut Schnede mit einem Teil seines Wassers Europas größte Forellenzuchtanlagen zu speisen. Als einziger größerer Ort bezieht die alte Herzogstadt Winsen das grüne Luheband in ihre Kulisse ein, um es weiter nördlich der regulierten Ilmenau zu überlassen.

Charakter, Tips

Flottes Heideflüßchen mit sportlicher Note, im Oberlauf in vielen Windungen urwüchsig durch dichte Buchen-, Erlen- und Birkenhaine fließend. Im Unterlauf bekommt die Luhe Merkmale eines lieblichen und einsamen Wiesenbaches.
Ganzjährig auch mit wendigen Zweier-Booten befahrbar. Wegen mehrerer steiniger Flachstellen sind Kunststoffboote dem Faltboot vorzuziehen. Wehre teilweise verfallen, dann gut befahrbar, sonst kurze Umtragestellen. Vorsicht am Luhdorfer Wehr, hier stärkerer Sog! Wasser sehr sauber mit großem Fischreichtum. Auf Forellenteichanlagen achten, diese nicht unnötig betreten! PKW-Kontakt nur an Brücken möglich. An Zeltplätzen keine Wohnwägen abstellen! In Winsen-Roydorf Kanu-Slalomstrecke.

Zeltmöglichkeiten

Camping Hützel (nur für Dauercamper), sonst Zeltplätze Oldendorf und Luhmühlen, Camping Winsen-Lassrönne.

Sehenswertes

Bispingen: Wehrkirche (14. Jh.), aus Feldsteinen erbaut.
Soderstorf: Alte Mühle.
Amelinghausen: Im August Wahl der Heidekönigin; Oldendorf – Totenstadt, Steingräber, Hügelgräber, Zinnfigurensammlung.
Salzhausen: Johanniskirche mit Rundturm (11. Jh.); Luhmühlen – Pferdezucht, Military- u. Reitturniere.

Winsen/Luhe: Alte Herzogstadt mit Wasserschloß (13. Jh.), Marstall, zweischiffige Marienkirche, Heimatmuseum im Stift St. Georg, Blaufärberhaus.

Karten, Kanu-Literatur

Generalkarte 1:200000, Blatt 5; Deutsche Idealkarte 1:100000, Blatt 6 und 9. – Deutsches Flußwanderbuch; Kanuwanderbuch für Nordwestdeutschland; Faltblatt Wasserwandern Lüneburger Heide.

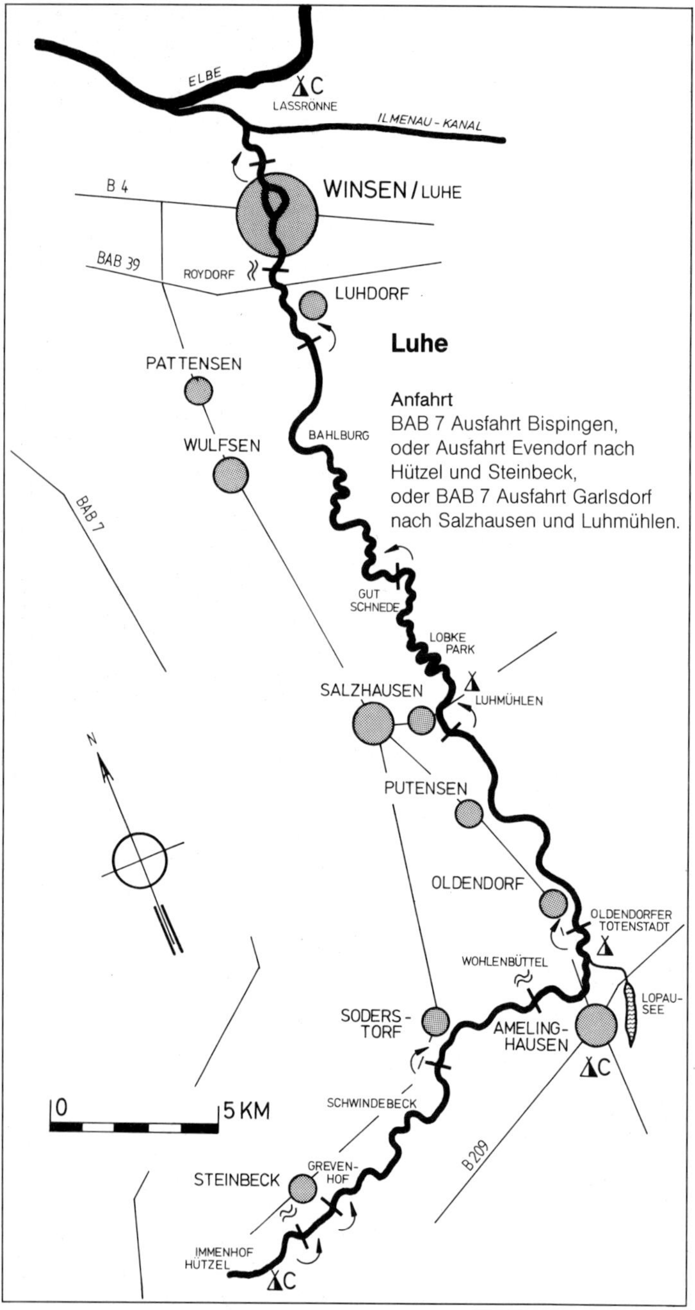

Luhe

Anfahrt
BAB 7 Ausfahrt Bispingen, oder Ausfahrt Evendorf nach Hützel und Steinbeck, oder BAB 7 Ausfahrt Garlsdorf nach Salzhausen und Luhmühlen.

An der Oldendorfer Mühle bleibt Zeit für ein Schwätzchen.

Früher hat man die Kanus schon am Wehr der Hützel-Mühle eingesetzt, jedoch aus Naturschutzgründen empfehlen wir, erst unter der Straßenbrücke beim Grevenhof die Boote ins Wasser zulassen, zudem sparen wir uns dabei noch zwei unbefahrbare Wehre. Hier ist auch immer genug Wasser unter dem Kiel. An schönen Wacholdergruppen vorbei erreichen wir bald einen schattigen Erlenwaldabschnitt. Riesige Farnblätter reichen bis ins Wasser, niedrige Ufer wechseln mit hohen Sandhügeln, an denen mächtige Eichen, Birken und Föhren wurzeln. Wir paddeln unter zwei verfallenen, wackeligen Holzstegen hindurch. Das verlassene Trafohäuschen und ein Rauschen signalisieren das in der Mitte gut befahrbare, geschleifte Wehr. Sandige Ufer locken uns zum Verweilen.

Es folgt eine sportlich anspruchsvolle, kurvenreiche Strecke mit sehr schneller Strömung und als Kontrast zu dem Teil nach den Eisenbahnbrücken ein elendlanges, begradigtes Stück bis zur Mühle in Soderstorf.

Nach einem Schwätzchen mit dem freundlichen Müller tragen wir die Boote links um, und schon verschwinden wir im hohen Erlenwald. Der Fluß bleibt auch weiterhin sehr sportlich, aber nicht zu schwierig; auch wenig erfahrene Kanufahrer haben hier gute Chancen. Befahrbare Wehre wechseln mit kurzen Umtragestellen, und eine etwas tückische Querströmung vor der alten steinernen Bogenbrücke zwingt uns zum vorsichtigen Manövrieren. Es folgt Schwällchen auf Schwällchen, manchmal ganz schön spritzig; dies ist sicher eines der sportlichsten und lieblichsten Gewässer Norddeutschlands.

Vor dem Oldendorfer Wehr liegt links ein kleiner Zeltplatz der Hamburger Kanuten, den wir als Gäste eine Nacht benutzen dürfen. Von hier ist es nicht weit zur sagenumwobenen altgermanischen »Totenstadt von Oldendorf«. Die großen Hügel- und Steingräber stimmen uns nachdenklich. Zurück an der Mühle tragen wir die Boote links herum, um nachher doch im rechten Unterwasserarm wieder einzusetzen. Nach mehreren Rutschern über befahrbare Stufen und verfallene Wehre landen wir unter der Brükke in Luhmühlen. An den Wochenenden herrscht Hochbetrieb, viele Paddler stellen an der Straßenbrücke ihre Autos ab und beenden hier die Wanderung. Eine kleine Wiese bietet sich als Zeltmöglichkeit an. Abends wandern wir dann noch zu den Pferdekoppeln, denn in Luhmühlen werden Pferdezucht und -sport groß geschrieben.

Am nächsten Morgen fahren wir das stark mäandernde Flüßchen hinunter und steuern in den linken Luhearm und durch den schönen Lobkepark. Am Wehr geht es wieder zurück nach rechts, sonst würden wir in den großen Forellenteichen landen. Teilweise dichter Erlenbewuchs umsäumt die Ufer, Wiesen wechseln mit kleinen Hainen, viele Brücken überqueren die noch immer sehr liebliche Luhe. Es folgt ein etwas unangenehmes Wehr mit Sog, und bald zeigt sich Winsen, wo unsere Kanufahrt endet.

11 Ilmenau

Uelzen–Lüneburg

Nebenfluß der Elbe

56 km
2–3-Tage-Fahrt

Geographisch und hydrologisch betrachtet ist die Ilmenau mit ihrem fast 3000 km^2 umfassenden Einzugsgebiet der größte Heidefluß. Er wurde schon vor Jahrhunderten schiffbar gemacht, um den Lüneburgern als vielgenutzte Wasserstraße zu dienen. Genau betrachtet hat die Ilmenau keine eigene Quelle; erst am Zusammenfluß zweier Heidebäche – der Stederau und Gerdau – bei Uelzen bekommt das neu entstandene Flüßchen den Namen Ilmenau. Man nannte sie auch Ulmenfluß, vielleicht wegen der zahlreichen Ulmenhaine, die in alten Zeiten den vielgewundenen Wasserlauf begleiteten und später unter den Salzsiedepfannen der Lüneburger Saline verheizt wurden. Das flache, von niedrigen Waldhügeln umrahmte Ilmenautal hat durch intensive landwirtschaftliche Nutzung schon lange seinen ausgeprägten Heidecharakter verloren. Durch eine liebliche Wiesen-, Feld- und Parklandschaft schlän-

Die regulierte Ilmenau bei Jastorf.

Ilmenau

Anfahrt
BAB 7 Ausfahrt Soltau Ost,
B 71 nach Uelzen, oder
BAB 1 Kreuz Maschen,
B 4 nach Lüneburg und Uelzen.

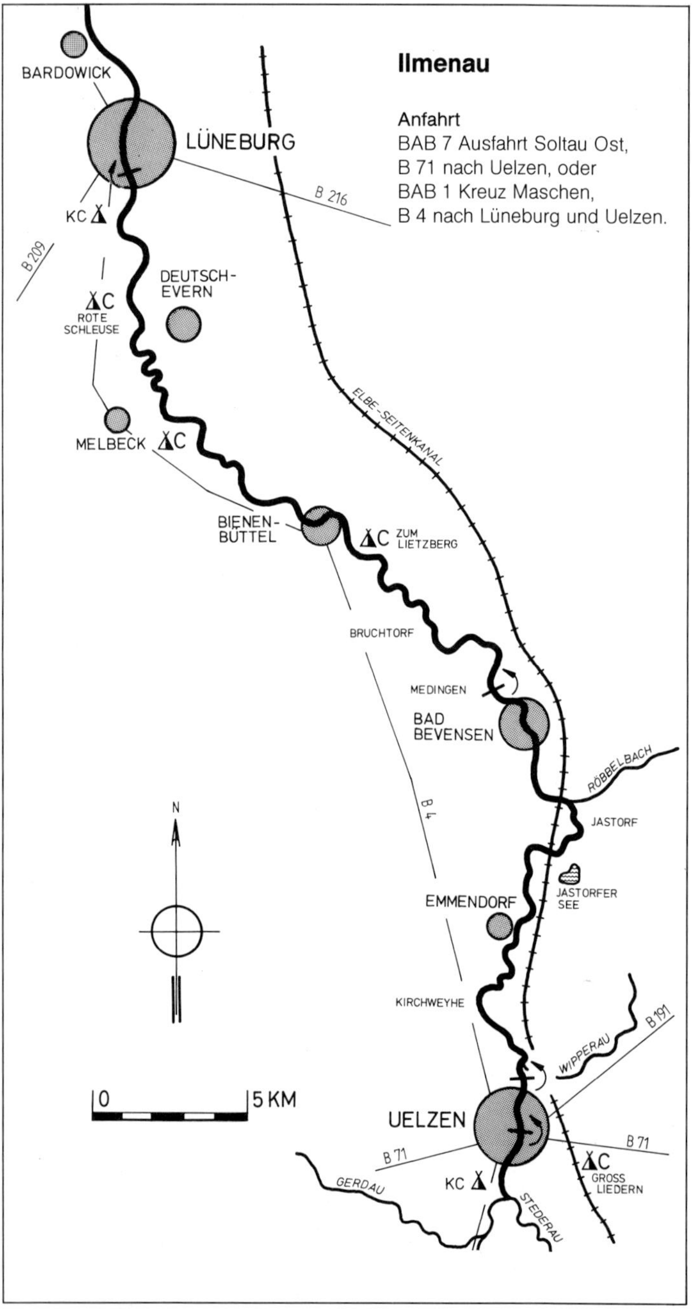

gelt sich heute der noch wenig regulierte Oberlauf von Uelzen über Bad Bevensen, Bienenbüttel nordwärts nach Lüneburg.
Zweimal unterquert er dabei den in den siebziger Jahren fertiggestellten, manchmal hoch über die Talsohle führenden Elbe-Seitenkanal, den »Heide-Suez«, wie ihn die Anwohner scherzhaft nennen. Ein paar Kilometer flußabwärts von Lüneburg berührt die Ilmenau den mächtigen Bardowicker Dom. Bei Wittorf übernimmt der Ilmenau-Kanal das ganze Wasser und nähert sich, zwischen Weiden und Wiesen fließend, in westlicher Richtung der Elbe. Nördlich von Winsen wird noch ein Juwel unter den Heideflüssen, die flotte Luhe, aufgenommen. Kurz danach in Hoopte, wo ein Hochwasser-Sperrwerk den Unterlauf vor bedrohenden Sturmfluten schützt, mündet die Ilmenau nach fast 88 km Flußlänge in die Elbe.

Charakter, Tips

Zügig fließendes Wanderflüßchen, das ein liebliches, von niedrigen Moränenhügeln gesäumtes Flachtal durchquert. Ganzjährig von Uelzen mit allen Bootstypen problemlos befahrbar. Durch ihre parkähnliche Auenlandschaft, das saubere Wasser und die vielen Sehenswürdigkeiten bietet die Ilmenau eine genußvolle Wanderfahrt, für die man sich ca. 3 Tage Zeit nehmen sollte.
Etwas erfahrene Kanufahrer können bis in den Vorsommer auf einem der Quellbäche, der Stederau, schon ab Bodenteich ganze 22 km bis Uelzen an einem Tag als schöne Fahrt hinunterpaddeln (hier jedoch fünf teilweise nicht befahrbare Wehre!). PKW-Kontakt nur an Brücken möglich. Die Eisenbahnstrecke Lüneburg–Uelzen erlaubt das Abholen der abgestellten Autos mit der Bundesbahn.

Zeltmöglichkeiten

Stederau – Bodenteich; Ilmenau – Uelzen-Großliedern, KC Uelzen für DKV-Mitglieder, Camping Westerweyhe, Wichmannsburg, Campingplatz Melbeck, Rote Schleuse, Kanuclub Lüneburg.

Sehenswertes

Uelzen: Gepflegte Altstadt, backsteinerne Marienkirche (13. Jh.), gotische St.-Gertruden-Kapelle, Heiliggeistkapelle mit Flügelaltar und schönen Glasmalereien, im Stadtteil Oldenstadt ehemaliges Benediktinerkloster (12. Jh.), Hügelgräber, Ulenköper-Denkmal, Schiffschleuse.
Jastorf: Elbe-Seitenkanal – lohnender Aufstieg an der Brücke, NSG Jastorfer See.
Bad Bevensen: Thermalquellen, Kurzentrum, Kloster Medingen (Damenstift), Gestüt Klosterhof, gotisches Brauhaus (13. Jh.), Hügelgräber.
Bienenbüttel: Kirche mit Altar von 1520 (Wichmannsburg).
Lüneburg: Alte Salzstadt und Hansestadt, herrliche Straßenzüge mit reichgeschmückten Giebelhäusern, Rathaus, ehemaliges Schloß, Ratsbücherei, ehemalige Ritterakademie, (Landratsamt), Naturdenkmal Kalkberg, spätbarocke St.-Benedikt-Kirche, St.-Johannis-Kirche mit 105 m hohem Backsteinturm, gotische Basilika St. Nikolai, Hafen mit altem Kran, 1000jährige Saline, Kloster Lüne u. v. a.
Bardowik: Gewaltiger Dom mit Schnitzaltar und schönem Chorgestühl, Ilmenauschleuse, Gildehaus.

Karten, Kanu-Literatur

Generalkarte 1:200 000, Blatt 5; Deutsche Idealkarte 1:100 000, Blatt 6 und 9. – Deutsches Flußwanderbuch; Kanuwanderbuch für Nordwestdeutschland; Faltblatt Wasserwandern Lüneburger Heide.

In der Stadt der »Eulenkäfer«, in Uelzen, beginnt unsere Kanuwanderung. Nach der Stadtbesichtigung lassen wir die Autos am großen Parkplatz neben der alten Ilmenaubrücke stehen; von hier sind es knapp 100 m über die Straße zur Einsatzstelle, wo ein kleines »Hafenbecken« unsere Boote aufnimmt.
Nach den ersten Paddelschlägen, die uns an der Stadt entlang führen, trauen wir unseren Augen nicht: Links voraus sehen wir ein Storchennest!? Leider ist es nur ein weißer Blechstorch, der den lebendigen Adebar ersetzt. Wahrscheinlich sind die Feuchtwiesen in der Umgebung bereits entwässert und bieten keine Nahrungsgrundlage mehr. In der Kleingärtneranlage am Fluß entlang machen wir noch mehrere Windmühlenmodelle aus. Ein paar hundert Meter nach der modernen Straßenbrücke sperrt ein unbefahrbares Steilwehr die Ilmenau. Rechts winkt eine gut angelegte Rampe; wir legen an, tragen 50 m um, und schon sitzen wir wieder in den Booten. In weit ausholenden Schleifen, leicht im Terrain eingeschnitten, zieht uns die Strömung zwischen Holunderbüschen, Pappeln und Weiden unter der neuen Eisenbahnbrücke hindurch und an den vielen Hügelgräbern bei Kirchweye vorbei.
Vor Emmendorf versperren zwei umgestürzte Weiden den halben Flußlauf; mit etwas Geschick steuern wir die Kanus durch das Schlupfloch. Die nun flachen Flußufer ermöglichen einen schönen Ausblick auf die verstreuten, niedrigen Bauernhöfe, alte Holzbrükken überspannen das Flüßchen; eine angenehme ländliche Stimmung begleitet uns. Gemütlich paddeln wir durch die liebliche Landschaft. Nach einer Rechtsschleife nähern wir uns der ersten hohen Brücke des neuen Elbe-Seitenkanals, der seit 1976 die Elbe mit dem Mittellandkanal verbindet. Wenn wir Glück haben, surrt im Kanaltrog der Brücke gerade ein Schiff; wir legen an und steigen die steilen Treppen hinauf. Es ist schon seltsam, wie hoch diese mächtige künstliche Wasserstraße über der ursprünglichen

Im Canadier nach dem Medinger Wehr.

Talsohle fließt, fast schnurgerade in der Nord-Süd-Achse. – Noch ein kurzer Blick auf Jastorf; unweit von hier unterquert die Ilmenau nochmals den »Heide-Suez«. Ab der zweiten Brücke ist der Kanal nicht mehr in Sicht.

Durch eine parkähnliche Landschaft paddelnd, nähern wir uns in regelmäßigen Flußschlingen Bad Bevensen. Von den blumengeschmückten Brücken aus beobachten uns Kurgäste. Am alten Mühlenwehr in Medingen tragen wir die Kanus rechts über die Wiese ins Unterwasser. Die Besichtigung der reich ausgestatteten klassizistischen Klosteranlage sollten wir uns nicht entgehen lassen. Pferdenarren kommen im anschließenden Klostergestüt auf ihre Kosten.

Nach Medingen folgt bei guter Strömung über mehrere Kilometer eine schöne, abwechslungsreiche Waldstrecke. Birken, mächtige Eichen und Buchen begleiten den Flußlauf, Sandbänke laden bei heißen Sommertemperaturen zum Faulenzen ein. Ein stetiger Wechsel von Wald und Wiesen bestimmt die weitere Szenerie. Große Findlinge knapp unter dem Wasserspiegel erfordern unsere Aufmerksamkeit; im glitzernden Gegenlicht der Nachmittagssonne sind sie leicht zu übersehen. Mehrere Terrassenhäuser auf niedrigem Moränenhügel und die Campingzelte signalisieren Wichmannsburg, wo es eine Feldsteinkirche mit einem Schnitzaltar aus dem 16. Jh. zu bewundern gibt. Kurz danach finden wir im Erholungsort Bienenbüttel an der Straßenbrücke zu Vastorf eine gute Anlegestelle mit Treppen und Bänkchen.

Eine bequeme Tagesetappe trennt uns noch von Lüneburg. In mehreren sanften Schleifen, von Waldstreifen begleitet, nähert sich der Fluß dem komfortablen Campingplatz in Melbeck. Durch die Flachwiesen vor Deutsch-Evern mäandert die Ilmenau sehr stark; immer wieder pendeln wir mit unseren Kanus von Ost nach West und umgekehrt. Im kanufreundlichen Campingplatz Rote Schleuse bei der Häcklinger Holzbrücke finden wir einen idealen Ausgangsort für viele Flußwanderungen in der Heide.

Von hier ist es nicht mehr weit zu unserem Ziel, der 1000jährigen Salz- und Hansestadt Lüneburg, die uns mit ihren vielen Sehenswürdigkeiten mindestens einen Tag in Anspruch nimmt. Am Stadtrand, links vor dem Lösegrabenwehr, finden wir auch einen günstigen Abbauplatz.

Wer weiterpaddeln will, trägt links in den Lösegraben um; jedoch erschwert manchmal eine längere Treidelstelle das Weiterkommen. Der folgende Flußabschnitt ist kanalisiert, mit gebührenpflichtigen Schleusen versehen und landschaftlich nicht mehr so reizvoll wie der Oberlauf.

12 **Aller** — Wolfsburg–Celle

Nebenfluß der Weser

ca. 90 km
(bis Verden ca. 190 km)
Ferienfahrt

Die Aller ist der wichtigste Nebenfluß der Weser. Von ihrer Quelle bei Seehausen am Rande des Lappwaldes fließt sie in nördlicher Richtung und entwässert im Oberlauf die fruchtbare Magdeburger Börde. Vor Wolfsburg wendet sich die Aller in westliche Richtung und durchquert als sauberer Wiesenfluß den Drömling, um weiter im eiszeitlichen Urstromtal über Gifhorn und Celle die vielen Flüßchen der Lüneburger Heide aufzunehmen. Nach über 260 km langem Lauf mündet die Aller, zuvor noch kräftig mäandernd, bei der historischen Stadt Verden in die Weser.

Unsere Wandertour beginnen wir in einer der weitläufigsten und modernsten Städte Deutschlands, in Wolfsburg. Am Allersee, einem großen Sport- und Badesee, finden wir am Südufer einen Cam-

Charakter, Tips
Ganzjährig ab Vorsfelde mit allen Kanutypen leicht befahrbarer Wanderfluß, an dessen Wehren problemlos umgetragen werden kann. Das sandige Flußbett und sauberes Wasser laden zum Baden ein. Viele Zeltplätze erlauben eine Ferienfahrt mit Gepäck.
Nach Wolfsburg bieten sich zwei Befahrungsmöglichkeiten an: Südlich in den Allerkanal; dieser ist zwar reguliert, doch landschaftlich anziehend und mit guter Strömung. Oder nördlich in die vielgewundene Alte Aller durch die Stadt Gifhorn. PKW-Kontakt an Brücken, gute Bahnverbindung zwischen Wolfsburg und Gifhorn.

Zeltmöglichkeiten
Wolfsburg (am See Kanuclub), Gifhorn, Breneckenbrück, bei Schwachhausen, Langlingen, Wienhausen, Celle (Kanugelände), Winsen/Aller.

Sehenswertes
Vorsfelde: Altstadt.
Wolfsburg: Renaissanceschloß mit Galerie (Alt Wolfsburg), St.-Annen-Kirche (13. Jh.), Kulturzentrum, moderne Kirchen, Planetarium, Volkswagenwerk u. a.
Weyhausen: Rundlingsdorf.
Gifhorn: Schloß (16. Jh., Kreisheimatmuseum), Torhaus, Schloßkapelle, Wind- und Wassermühlenmuseum, Nikolaikirche, schöne Bürgerhäuser.
Wienhausen: Ehemaliges Zisterzienserinnenkloster mit herrlichem Nonnenchor und berühmten Sammlungen (Wienhäuser Teppiche).
Celle: Altstadt mit vielen schönen Fachwerkhäusern, Altes Rathaus (16. Jh.), Stadtkirche mit Holztonnendecke, Schloß, Parkanlage, Schloßtheater (ältestes Theater in Deutschland) u. a.

Karten, Kanu-Literatur
Generalkarte 1:200000, Blatt 7; Deutsche Idealkarte 1:100000, Blatt 9. – Deutsches Flußwanderbuch; Kanuwanderbuch für Nordwestdeutschland.

Aller

Anfahrt
BAB 2 Hannover-Berlin,
AB Kreuz Wolfsburg/Königslutter,
BAB 39 nach Wolfsburg,
B 188 nach Vorsfelde.

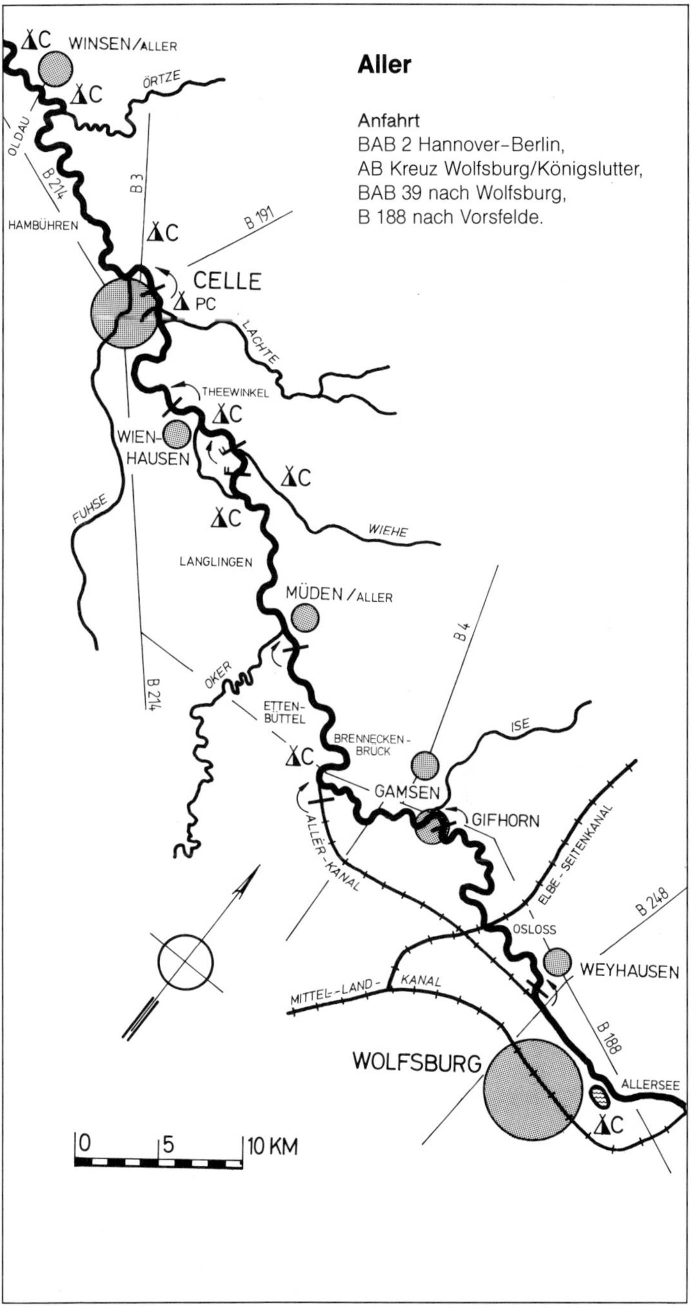

In Fahrtrichtung ragt das neue Kraftwerk des VW-Werkes auf.

pingplatz und das schöne Zeltgelände der Wolfsburger Kanuten (Mitglieder des DKV sind willkommene Gäste). Vor Antritt der Fahrt lohnt es sich, an einer Führung im großen Volkswagenwerk teilzunehmen sowie die moderne Stadt zu besichtigen (am besten mit dem Fahrrad). In Alt Wolfsburg erweckt das große Renaissanceschloß mit seinen Sammlungen und der Kunstgalerie unser Interesse.

Am südlichen Sandufer des langgestreckten Allersees lassen wir unsere Boote ins Wasser und steuern in Richtung des neuen, gelbleuchtenden Eispalastes. Neben dem Freischwimmbad legen wir an der Bootsrampe an und tragen die Kanus über den Wanderweg zum Fluß. Man kann auch 2 km flußaufwärts in dem sehenswerten Städtchen Vorsfelde einsetzen. Durch eine weitläufige Parkanlage, die moderne Eissporthalle hinter uns lassend, paddeln wir unter der breiten Straßenbrücke hindurch und am Wolfsburger Schloß vorbei. Es

folgt ein langer, begradigter Flußabschnitt am VW-Werk vorbei. Lange sehen wir die hohen Schornsteine des neuen Kraftwerkes Ost voraus. Wir können froh sein, in diesem Abschnitt keinen starken Gegenwind zu haben.
Endlich, kurz vor Weyhausen, einem wendischen Rundlingsdorf, zweigt am niedrigen Schützenwehr die Alte Aller nach rechts ab, gerade weiter führt der Aller-Kanal. Bei gutem Wasserstand und genügend Zeit ist das Befahren des mäandernden und engen, doch sehr ursprünglichen Flußbetts der Alten Aller zu empfehlen, obwohl der neue Kanal auch seine landschaftlichen Reize hat und zudem noch 10 km kürzer ist. Mit seinen vielen Schleifen führt uns der alte Flußlauf durch die Gärten von Weyhausen und unter niedrigen Brücken hindurch. Pferde weiden am flachen Flußufer, und niedrige Sandhügel, bewachsen mit kleinen Kiefernhainen, bestimmen das Landschaftsbild.
Nach Osloß erreichen wir die Kastenbrücke des Elbe-Seitenkanals; wir legen an und klettern die 15 m hinauf, um den Schiffsverkehr, der sich hier hoch über dem Tal abspielt, zu beobachten. In weitausholenden Schlingen windet sich die Aller weiter durch das Clausmoor und den Gifhorner Stadtwald. Vor der Stadt liegt das bekannte internationale Mühlenmuseum, wo Wind- und Wassermühlen, aus ganz Europa zusammengetragen, einen würdigen Platz gefunden haben. Bis hier reicht auch der Stau des Entlastungswehrs; bei gutem Wasserstand fahren wir im rechten Stadtarm weiter, bei Niedrigwasser müssen wir die Boote links über die Rampe in den Umleitungskanal umtragen.
Unterhalb der Stadt mündet die wasserreiche Ise in die Aller. Durch die Fahle Heide paddeln wir in westlicher Richtung weiter. Vor der »Breneckenbrück« der B 188, wo ein Campingplatz und das einladende Wirtshaus »Im Wiesengrund« liegen, schließt sich uns mit einem Schwall fast rechtwinklig der Aller-Kanal wieder an. Ein kleiner Bootshafen und eine Minigolfanlage befinden sich links von der Stahlbogenbrücke in Ettenbüttel. Pferdekoppeln und eine Parklandschaft begleiten den nun ca. 15 m breiten, mäßig strömenden Fluß. In Dieckhorst-Müden nehmen wir den linken Flußarm und tragen am Wehr links über die Straße um. Kurz danach mündet im spitzen Winkel über ein Steilwehr die Oker.
Etwas reguliert wird das Flußbett vor dem 1971 erbauten Langlinger Wehr. Leider ist die automatische Bootsgasse nicht immer in Betrieb, denn dann würde ein Knopfdruck genügen, um die Gasse öffnen und ins Unterwasser hinunterrutschen zu können. So müssen wir die Kanus über einen Holzsteg umtragen. Wir nutzen die Gelegenheit für eine Pause, trinken ein kühles Bier oder essen Eis gleich daneben im gemütlichen Wirtshaus »Allerparadies«. Im sanft regulierten Fluß mit schönen Ausblicken in die Landschaft geht es zur Oppershausener Bootsgasse (die 1987 leider auch nicht funktionierte). Rechts steht das adrette Bootshaus der Flotwedeler Kanuten.
Vor der Wienhausener Brücke können wir anlegen, um das ehemalige Zisterzienserkloster (heute ein Damenstift) mit seinen bedeutenden Kunstschätzen aufzusuchen. Begleitet von einzelnen mächtigen Eichen, weidenden Kühen und Pferden erreichen wir das »Theewinkelwehr«, tragen

über die Treppchen rechts um und lassen danach die Kanus ohne Hindernisse nach Celle treiben. An Alten-Celle vorbei, die kristallklare Lachte von rechts aufnehmend, trägt uns die Aller in die Stadt. Wir halten uns links, finden, geführt von der Kastanienallee am Ufer, die Einfahrt in den Magnusgraben und steigen am Anleger des Celler Paddler Clubs aus den Booten. Das Vereinsgelände auf der Ziegeninsel ist ein idealer Aufenthaltsort, und nach Anfrage sind wir hier gern gesehene Gäste.

Mindestens einen freien Tag muß man Celle widmen. Die alte Residenzstadt wirkt mit ihren vielen schönen Straßenzeilen voller farbiger Fachwerkhäuser, dem prächtigen Rathaus sowie dem Schloß und den Marktplätzen wie ein großes, lebendiges Freilichtmuseum.

Unsere Kanuwanderung können wir auch unterhalb Celle problemlos fortsetzen. Die Aller ist hier zwar Binnenwasserstraße, doch mit nur sehr geringem Schiffsverkehr. Am Celler Wehr tragen wir vor dem Wehrhaus rechts um, um nach 20 km gemütlicher Fahrt (Vorsicht auf Ausflugsschiffe!) das sehenswerte Winsen zu erreichen. Der schöne Campingplatz am rechten Allerufer bietet sich als Etappenziel an.

Bis zur Mündung bei Verden (noch ca. 80 km) erwarten uns dann noch vier Schleusenanlagen, die alle leicht zu umgehen sind.

An der Bootsgasse in Langlingen legen wir an.

13 Lachte

Steinhorst-Celle

28 km

Nebenfluß der Aller

1-2-Tage-Fahrt

Das Quellgebiet der Lachte liegt in der südlichen Lüneburger Heide, nicht weit von Sprakensehl. Als schmaler, sandiger Heidebach schlängelt sich der kristallklare Fluß einsam in südwestlicher Richtung durch die dichten Waldbestände des Naturparks Südheide. Kurz vor Jarnsen mündet der genauso saubere, doch für Kanuten gesperrte Perlmuschelbach Lutter. Nach dem Lachendorfer Wehr entschwindet das Flüßchen wieder in der einsamen Heidelandschaft und durcheilt das geschleifte Mühlenwehr in Lachtehausen, um sich bald danach in einer verlandeten, flachen Mündung mit der Aller zu vereinigen.

Die Lachte ist bis weit in den Vorsommer, nach Regenperioden auch später, befahrbar. Im Heidedorf Steinhorst, im Park beim Feuerwehrhaus, finden wir eine geeignete Einsatzstelle. Der Wasserstandspegel sollte mindestens 40 cm anzeigen, damit wir überall gut durchkommen. Die Lachte ist hier auf den ersten Kilometern ein kaum 2–3 m schmaler Heidebach mit sandigem Flußbett und führt in unzähligen kleinen Kehren durch dichte, urwaldähnliche Buchen-, Eichen- und Erlenbestände. Oft müssen wir uns unter niedrigen Stegen durchzwängen; bei höherem Wasserstand würde man hier nicht durchkommen.

Nach der grünen Eisenbahnbrükke folgt ein flaches, steiniges Stück, gleich danach zwingt eine scharfe Rechtskehre das Bächlein zwischen hohe Ufer. Wir ver-

Charakter, Tips

Herrlich einsamer, schmaler, etwas sportlicher Heidebach, der bei Wasserstand 40 cm ab Steinhorst auf einer Länge von 28 km befahrbar ist.

Bis Jarnsen viele niedrige Stege, kleine Stufen, umgestürzte Bäume. Nachher auch für Zweier-Boote leicht befahrbar. Das Wiesenwehr vor Lachtehausen ist überwiegend offen. Aus Naturschutzgründen sollte man die Lachte, wie auch andere kleine Flüsse, höchstens zu zweit oder in kleinen Gruppen befahren. Für die Lutter besteht absolutes Befahrungsverbot.

Zeltmöglichkeiten

Celle (DKV Mitglieder beim Paddler-Verein), Camping am Silbersee (nicht am Fluß) oder Campingplätze an der Aller (Wienhausen, Langlingen).

Sehenswertes

Celle: Altstadt mit vielen Fachwerkhäusern, Rathaus, Schloß, Stadtkirche mit Holztonnendecke, Schloßtheater.

Karten, Kanu-Literatur

Generalkarte 1:200000, Blatt 7; Deutsche Idealkarte 1:100000, Blatt 9. – Deutsches Flußwanderbuch; Kanuwanderbuch für Nordwestdeutschland; Faltblatt Wasserwandern Lüneburger Heide.

Lachte

Anfahrt
BAB 7 Braunschweig-Hannover, Ausfahrt Braunschweig-West, B 214 bis Celle, von dort auf der Straße nach Eldingen und Wittingen bis Steinhorst.

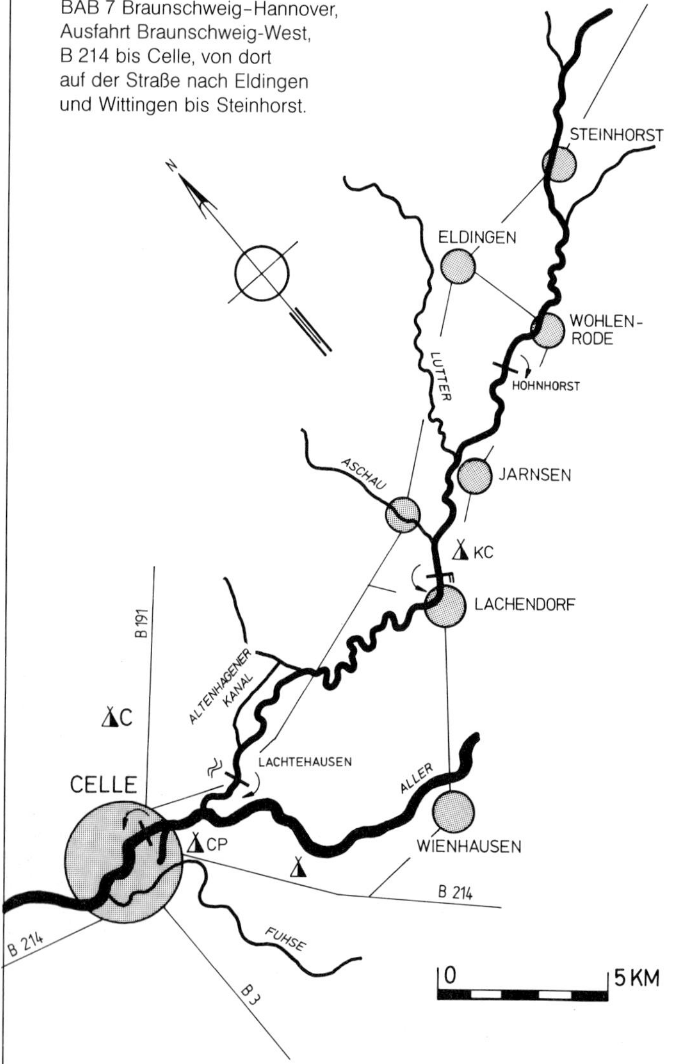

schwinden zwischen mächtigen Farnbüscheln, deren Filigranblätter bis ins Wasser reichen. Nur ein fahles grünes Licht dringt durch das dichte Baumkronendach. Wir steuern unsere Einer zwischen den phantasievoll gewachsenen Wurzeln der mächtigen Bäume, über manche niedrige, harmlose Stufe. Umgestürzte, querliegende Bäume zwingen uns zum Aussteigen. Wir schieben die leichten Boote über die Hindernisse. Bei der Wohlenroder Brücke macht uns ein Schild darauf aufmerksam, daß auf der Lachte ein Befahrungsverbot für Boote über 6 m Länge und 1 m Breite besteht. Solche würden hier im Oberlauf sowieso nicht durchkommen.

Im aufgestauten kleinen See bei Hohnhorst spiegelt sich die kleine Dorfkirche; wir legen links an und tragen ca. 150 m über die Straßenbrücke zur Einsatzstelle um. Der nächste Abschnitt ist nicht minder schön, die Strömung zügig, eine sichere Bootsbeherrschung ist angesagt.

In kleinen dunklen Tümpeln spiegeln sich die schlanken, hellen Stämme der Eschen wie Säulen. Nach ca. 3 km phantastischer Waldstrecke mündet von rechts die Lutter, ein Kleinod unter den Heideflüssen. In ihrem kristallklaren, sauerstoffreichen Wasser leben noch die letzten Flußperlmuscheln Deutschlands. Um sie zu bewahren, steht die Lutter unter strengem Naturschutz. Flußabwärts, an der Straßenbrücke in Jarnsen, können wir am Bootssteg der Einsatzstelle auch die Zweier-Kajaks und Canadier ins Wasser lassen; ab hier ist der Fluß auch für Anfänger ganzjährig problemlos befahrbar. Bis zur Mündung in die Aller sind es noch 16 km, also bis Celle eine gemütliche Tagesfahrt.

Das Flüßchen wird nun breiter, und die Landschaft wechselt zwischen Wald und Wiesen. An der

Flott fließt die Lachte durch Hohnhorst.

Stauwurzel des Lachendorfer Wehres liegt der Zeltplatz der hiesigen Kanuten. An der Wehrkrone wartet eine herrliche Holzrutsche auf uns, deren Befahrung viel Spaß macht (Spritzdecke schließen!). Als kurzes Intermezzo zieht sich am linken Ufer die lange Front einer Kartonfabrik hin, doch nachher schwingen wir wieder einsam in rhythmischen Schleifen durch ein urwaldähnliches Waldgebiet.

Nach der Straßenbrücke Celle-Wittingen folgt kontrastreich eine regulierte gerade Flußstrecke, von rechts schließt sich der verkrautete Altenhagener Kanal an. Das Mühlenwehr in Lachtehausen ist leicht befahrbar (man kann auch kurz links umtragen). Nach einem kurzen Waldabschnitt schieben sich Ufer mit gepflegten Gärten und schönen Häusern vorbei. Vor der Mündung wird die Lachte flach, teils versandet, und ein Schilfgürtel begleitet uns unter den Fußgängersteg, der die Mündung in die Aller anzeigt. Auf der Aller lassen wir uns noch 2 km flußabwärts bis in die alte Herzogstadt Celle treiben, wo links im Magnusgraben am Bootssteg der Celler Paddler unsere Wanderung auf einem der schönsten Heideflüsse zu Ende geht.

Brückchen und kleine Schwälle sorgen für Sportlichkeit einer Lachtefahrt.

14 Örtze

Müden/Ö.–Winsen/A.

Nebenfluß der Aller

43 km
2-Tage-Fahrt
(oder 1 Tag bis Eversen)

Die aus der Großen Heide um Munster entspringende und zum Süden fließende, fast 50 km lange Örtze bietet auf 4/5 ihrer gesamten Länge eine sehr schöne, erlebnisreiche Kanufahrt, die wir auch im trockensten Sommer unternehmen können. Gespeichert von vielen kleinen Moorbächen – der größte davon ist die wasserreiche Wietze –, bahnt sich die Örtze, nach Hermann Löns der »echteste Heidefluß«, leicht schwingend im flachen Urstromtal durch die vielfältige Landschaft des Naturparks Südheide ihren Weg.
Vorbei an typischen, jahrhundertealten Heideorten wie Müden, Her-

Charakter, Tips
Problemloses, sehr sauberes Wanderflüßchen, das durch eine der schönsten Landschaften der Lüneburger Heide fließt. Von Müden bis Eversen angenehme, leicht beherrschbare Strömung, im Abschnitt Eversen – Mündung gewinnt das Flüßchen durch viele Spitzkehren und guten Stromzug an Sportlichkeit.
Ein sehr ausgeglichener Wasserstand erlaubt ganzjähriges Befahren mit Kunststoff- und Faltbooten (Befahrungsregelung: Boote bis 6 m Länge, 1 m Breite – aufblasbare Gummiboote sind nicht gestattet), auch für Anfänger. An Wochenenden und Feiertagen sind oberhalb Eversen viele Leihboote auf dem Wasser (Bootsverleih in Müden).
Eine Visite der alten Residenzstadt Celle, obwohl sie nicht am Fluß liegt, ist sehr zu empfehlen. Mit ihren farbigen Fachwerkbauten, dem herrlichen Renaissance-Rathaus und dem Schloß bietet sie ein vollkommenes Bild spätmittelalterlicher Städtebaukunst.

Zeltmöglichkeiten
Camping Kreutzen, Müden (Sonnenberg), Oldendorf und Winsen/A.

Sehenswertes
Munster: St.-Urbani-Kirche (12. Jh.), alte Wassermühle, Panzermuseum.

Müden/Ö.: St.-Laurentius-Kirche (urspr. 13. Jh.), Bauernhäuser, Wietzer Berg (Lönsdenkmal, Aussicht!), mächtige Tilly-Linde.
Hermannsburg: Kirche St. Peter und Paul, Misionssammlungen im Ludwig-Harms-Haus, Hiesterhof.
Oldendorf: Gemäldegalerie im Bauernhausmuseum, kleiner Vogelpark.
Eversen: In Sülze Afrika-Museum.
Winsen/Aller: St.-Johannis-Kirche, Junkerntor, Kötnerhaus.
Celle: Ehemalige Residenzstadt, Straßenzüge mit Fachwerkbauten, Renaissance-Rathaus, Schloß mit Anlagen und Schloßtheater, Bomann-Museum (Heimatmuseum), Stadtkirche, Blumenlägerkirche, Landgestüt u. v. a.

Karten, Kanu-Literatur
Generalkarte 1:200 000, Blatt 5 und 7; Deutsche Idealkarte 1:100 000, Blatt 9. – Deutsches Flußwanderbuch; Kanuwanderbuch für Nordwestdeutschland; Faltblatt Wasserwandern Lüneburger Heide.

Örtze

Anfahrt
BAB 7 Hamburg–Hannover,
Ausfahrt Soltau-Ost,
B 71 über Munster, in Dethlingen
rechts nach Müden, oder
BAB 7 Ausfahrt Soltau-Süd,
B 3 bis Bergen, nach
Hermannsburg und Müden.

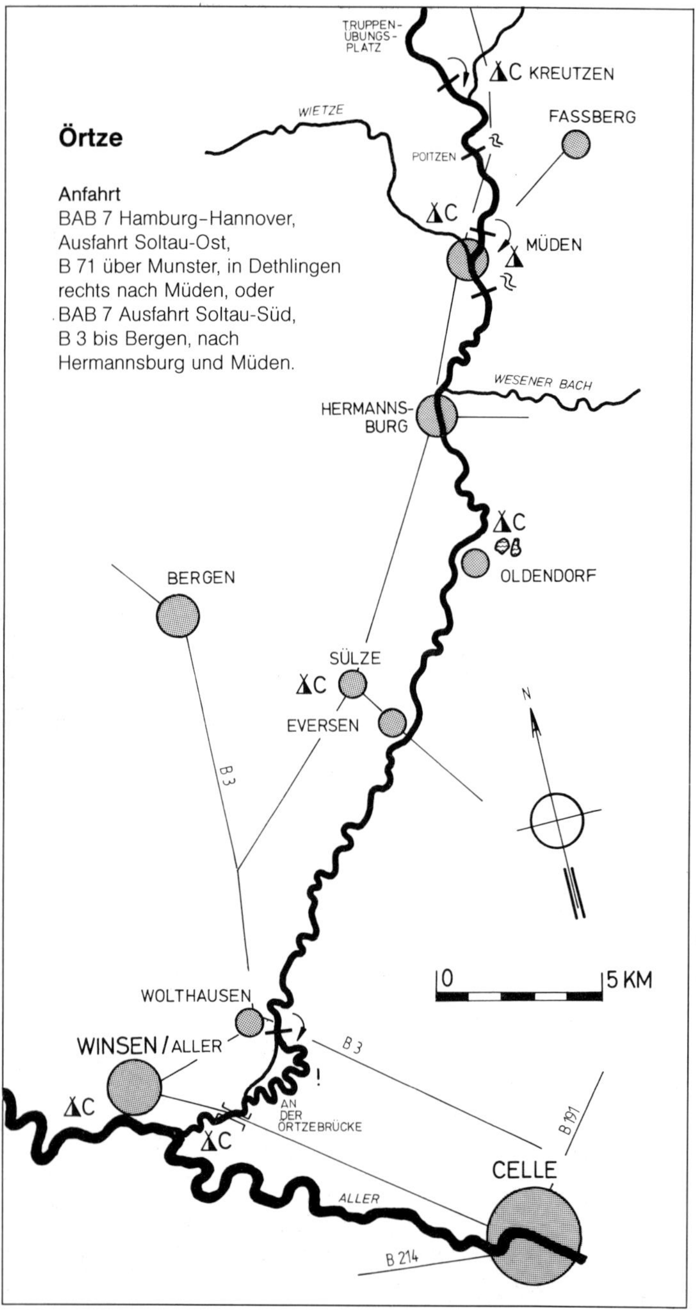

mannsburg, die Höfe von Oldendorf und Eversen hinter sich lassend, beginnt die Örtze nach dem Wolthausener Wehr kräftig zu mäandern, bevor sie die niedrigen Randhügel des Allertals durchbricht und bei Winsen ihre Gewässer mit denen der Aller vereinigt. Die ersten Kilometer von Munster bis Kreutzen wären zwar gut befahrbar; da sie jedoch durch das Truppenübungsgelände Munster führen, ist eine Befahrung nicht gestattet. Geübte können also erst in Kreutzen an der Straßenbrücke über die Kleine Örtze ihre Einer ins Wasser setzen; ein Wanderflüßchen ist die Örtze aber erst in Müden.

Bei der alten Mühle (bald wird diese in Eigentumswohnungen umfunktioniert) finden wir eine schöne Einsatzstelle mit Bootsrampe, Bänken und Tischen. Daneben liegt auch die Bootsverleihstelle. An sommerlichen Wochen-

Mit Kanu und Zelt auf der Örtze.

enden und Feiertagen »wuselt« es hier von Kajakfahrern, organisierten und »wilden«; sogar Zelten wird für eine Nacht geduldet. Das Ganze erinnert an die fränkische Wiesent. Doch während der Woche ist es am Flüßchen ruhig, und wir begegnen nur gelegentlich Gleichgesinnten.

Kaum in den Booten, zieht uns eine flotte Strömung unter die Straßenbrücke, verfolgt von neugierigen Blicken zuschauender Touristen. Überhängende Bäume beengen das noch recht schmale Flußbett, doch bald bringt die von rechts mündende Wietze die gleiche Wassermenge. Ein halb zerfallenes Wehr unterm Steg befahren wir ohne Schwierigkeiten. Links begleitet uns ein Kiefernwäldchen, am Sandsteilhang tummeln sich Kinder, hier wird am Fluß noch gebadet! Nach mehreren Schleifen durch Wiesen sehen wir die erste Straßenbrücke und am Ufer einen Wanderrastplatz mit einer schönen Grillstelle. Kurz danach paddeln wir durch den gepflegten Park von Hermannsburg. Vor der Straßenbrükke hat die Ortsverwaltung beidseitig schöne Anlegestellen ausgebaut. Wir steigen aus den Booten, schlendern durch den lieblichen Ort und besuchen die 1000jährige Peter- und-Paulskirche.

Wälder und Wiesen umranden weiter die Örtze; linksufrig gibt es schöne Kiefernbestände, die zum Westrand des Naturparks gehören, durch den ausgedehnte Wanderwege führen. Wer hier länger bleiben will, findet im Campingplatz von Oldendorf freundliche Aufnahme. In Eversen beenden die Ausleihboote ihre Fahrt, der folgende Flußabschnitt gehört uns nun allein. Mit erhöhter Strömung zieht das nunmehr einsame Gewässer in eine Wildnis von Eichen und Erlen hinein. Wie mit Hunderten von kleinen Füßchen sind die vielen Erlen in den Ufern verankert, und ein dichtes Baumkronendach schirmt uns in dieser grünen Röhre völlig von der Außenwelt ab.

Rhythmische Kehren wechseln mit geraden Abschnitten. Nach der alten Holzbrücke folgt eine einladende Kiesbank. Wir legen an und vespern. Vor dem Wolthausener Wehr paddeln wir an der Flußverzweigung links (rechts liegt ein Balken im Wasser) zum Wehr und tragen hier die Kanus kurz um. Eine Tafel warnt vor der automatischen Wehrbedienung und bittet um Mitnahme etwaiger Abfälle.

Es geht unter der B 3 hindurch, der Fluß verengt sich etwas und gewinnt an Gefälle und Geschwindigkeit. Mit unzähligen scharfen Spitzkehren, die schon etwas Bootsbeherrschung verlangen, beginnt ein sportlicher und landschaftlich sehr ansprechender Teil: überhängende Weiden, hohe Sandufer und immer wieder viele Schleifen. Als möchte sich die Örtze noch austoben, bevor sie von der Aller verschluckt wird. Nach mehreren Kilometern erblikken wir die ersten Wochenendhäuschen, der Fluß beruhigt sich.

Über uns wölbt sich die »Blaue Brücke« der Straße Celle–Winsen. Hier könnten wir abbauen und beim gemütlichen Gasthaus an der Örtzebrücke die Fahrt beenden. Es lohnt sich aber, weiterzupaddeln, vorbei am versteckten »Camping im Ruhigen Winkel« bis in die Aller. Nach ca. 2 km zeigt sich am regulierten Aller-Flußbett Winsen, wo uns kurz nach der Brücke beim Campingplatz »Auf der Hude« die abgestellten Autos erwarten.

15 **Böhme** Dorfmark–Böhme

Nebenfluß der Aller

43 km
2-Tage-Fahrt

Die Böhme hat es uns angetan. Vielleicht wegen des spielerischen Wechsels zwischen ruhigem und plätscherndem Wasser oder den sich ideal ergänzenden Wald- und Wiesenpartien. Vielleicht sind es die überraschend hohen, bewaldeten Hügel, die malerisch den Fluß begleiten, oder das von der Sonne durchflutete, zum Süden geöffnete Tal, von dessen Randhöhen sich so mancher reizvolle Blick auf die pendelnde Böhme bietet. Auf jeden Fall ist es ein zauberhaftes Heideflüßchen, das von seiner Quelle irgendwo im Pietzmoor bei Schneverdingen durch die alten Ortschaften Soltau, Fallingbostel und Walsrode in südlicher Richtung eilt und schließlich nach 70 km Flußlänge im flachen und einsamen Wiesental zwischen der Schneeheide und Ahrensheide beim winzigen Flecken Böhme die Aller ansteuert.

Für erfahrene Kanufreunde in Kunststoff-Einern besteht die Möglichkeit, bereits an der Eisenbahnbrücke in Soltau die Befahrung (mit manchen Hindernissen) zu beginnen. Wanderfahrer in Kunststoff-Zweiern oder Faltbooten finden in Dorfmark, oberhalb des naturnah gestalteten Bürgerparks, eine geeignete Einsatzstelle mit kleinem Parkplatz. Es lohnt sich, vor der Kanufahrt die alte Kirche mit ihrem gelbgestrichenen hölzernen Glockenturm zu besichtigen und im idyllischen Bürgerpark zwischen Seen und kleinen Bächlein einen Spaziergang zu machen.

Danach paddeln wir noch einmal in vielen Schleifen durch diesen Park, unterm Holzbogenbrücklein hindurch und am Moränenhügel vorbei, auf welchem hochwassersicher der uralte Friedhof liegt. Weit vor der Bömmelmühle läßt die Strömung nach, das Wehr

Durch eine schmale Rinne bewältigen wir im Einer das schräge Wehr in Fallingbostel.

Böhme

Anfahrt
Auf der BAB 7
Hamburg-Hannover,
Ausfahrt Soltau Süd
oder Ausfahrt Dorfmark.

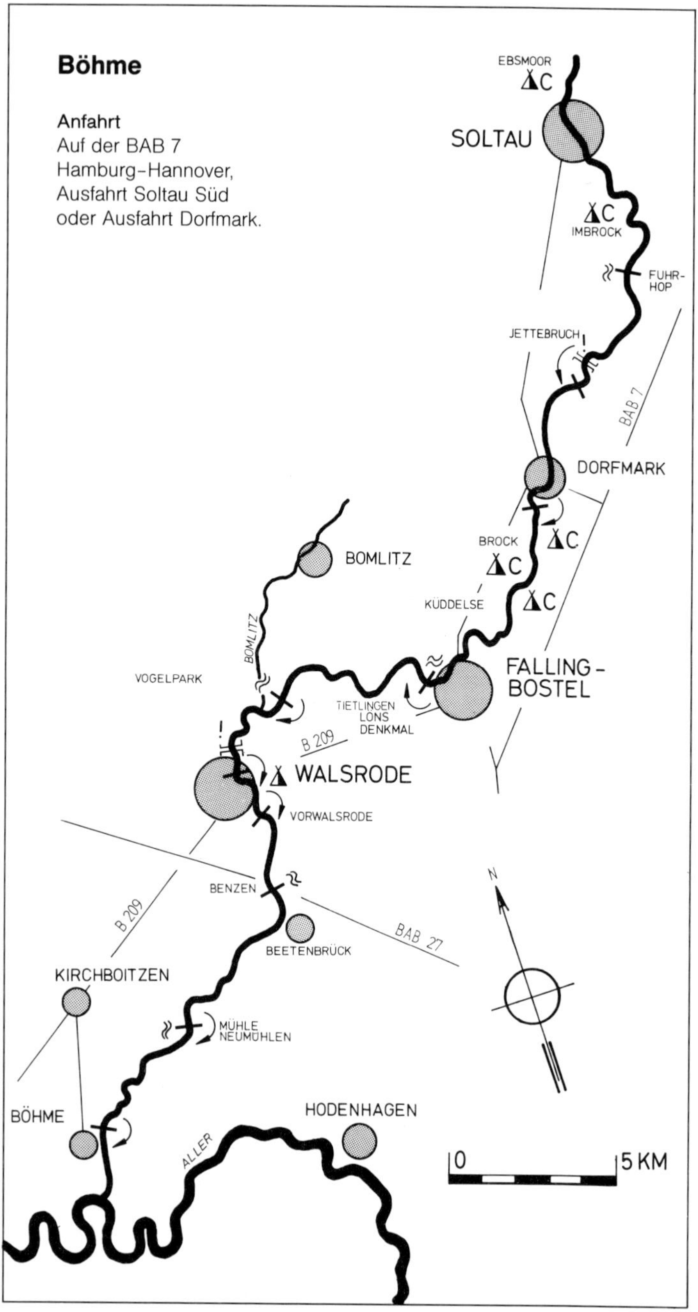

kommt in Sicht. Links setzen wir aus und tragen die Boote über den Weg, am hohen Holzzaun entlang ca. 60 m hinter der Mühlenanlage zum Unterwasser. Es folgt eine wunderschöne, schattige Waldstrecke. Nach der Brücke des Autobahnzubringers (günstige Einsatzstelle) kommen wir am romantisch gelegenen »Gasthaus zum Böhmegrund« vorbei.

Bald lugt ein großer Bauernhof durch die Bäume, dann sind es die Zelte eines am Fluß liegenden Campingplatzes und mehrere kleine Wochenendhäuschen, die sich unweit der 1000jährigen Linde aneinanderreihen. Überraschend tief sägt sich hier die Böhme in die Moränenzüge ein. In hüpfenden Wellen umfahren wir ein paar runde Findlinge, die verstreut im Flußbett liegen. Der Wald lichtet sich mehr und mehr.

Vor dem Campingplatz Küddelse wartet glitzernd die nächste Schwallstrecke, eine Kiesbankinsel lädt zum Pausieren ein. In sanften Bögen pendelt jetzt der Fluß durch grüne, leicht ansteigende Wiesen, abgegrenzt im Nordwesten durch steile, fast 50 m hohe Waldhügel, die die Talsohle vor den kalten Winden schützen.

Ein Schwimmbad signalisiert die Nähe von Fallingbostel. In farbigen Tretbooten kommen uns Sommerfrischler entgegen; für einen saftigen Obolus können sie hier herumschippern. Am kleinen Terrassencafé legen wir an und lassen uns mit riesigen Eisportionen verwöhnen.

Charakter, Tips

Landschaftlich vielleich der eindrucksvollste Heidefluß, der tief eingegraben zwischen relativ hohen, bewaldeten Heidehügeln in südwestlicher Richtung fließend auch mehrere sehenswerte Ortschaften berührt.

Das heute wieder fast sauber gewordene Gewässer können wir ohne Schwierigkeiten ab Dorfmark ganzjährig auch mit Faltbooten befahren; dabei sorgen ein paar leichte Schwälle für Abwechslung auch im sportlichen Sinne. Alle Wehre leicht umtragbar. In Walsrode Vorsicht an der niedrigen Straßenbrücke vor der Mühle. PKW-Kontakt an vielen Brükken möglich. Die sehr gute Eisenbahnverbindung zwischen Walsrode und Dorfmark (bzw. Soltau) ermöglicht ein problemloses Zurückholen der abgestellten Autos.

Zeltmöglichkeiten

Camping in Soltau (Ebsmoor, Hof Imbrock u. a.), Dorfmark, Brock, Vierde, Küddelse, Walsrode (für DKV-Mitglieder, Kanuvereinsplatz an der Mühle, 3 Zelte).

Sehenswertes

Soltau: Johanniskirche mit alten Grabplatten, Heldenhain, Heimatmuseum, Stöhrkreuz, Heide-Park.
Dorfmark: Kirche mit gotischem Schnitzaltar und hölzernem Glokkenturm, 1000jähriger Friedhof, Bürgerpark.
Fallingbostel: Kneipp-Heilbad, Lönsgrab und Lönsdenkmal im Wacholderhain Tietlingen, Freilichtmuseum – Hof der Heidmark.
Walsrode: St.-Johannis-Kirche, Klosterchor mit herrlichen Glasfenstern, Heidemuseum mit Hermann-Löns-Zimmer, phantastischer Vogelpark.

Karten, Kanu-Literatur

Generalkarte 1:200000, Blatt 5; Deutsche Idealkarte 1:100000, Blatt 8. – Deutsches Flußwanderbuch; Kanuwanderbuch für Nordwestdeutschland; Faltblatt Wasserwandern Lüneburger Heide.

Das nächste Wehr ist in der Mitte durch eine enge, von Zeit zu Zeit geräumte Fahrrinne »rumpel, pumpel« mit Einern befahrbar. Wer sein Boot schonen will, paddelt in den Obergraben, wo die Stadt eine vorbildliche Umtragestelle (und Einsatzstelle) mit Rampe, Treppen und Bootsablagemulden errichtet hat. Leider gibt es in der Nähe Parkplatzmangel. Der Strafzettel kostet 20 DM, also Vorsicht beim Auf- und Abladen der Boote!

An der schönen, renovierten Kirche vorbei fahren wir unter mehreren Brücken und Holzstegen durch. Von der niedrigen Holzbrücke unterhalb Elferdingen führt ein kurzer Wanderweg linksufrig zum herrlichen, 14 ha großen Tietlinger Wacholderhain, wo der Heidedichter Hermann Löns seine letzte Ruhestätte gefunden hat.

Ein überwiegend offenes Wiesenwehr ist für uns kein Hindernis, nur die Holzpflöcke der alten Flußregulierung ragen heute weit in das Bett hinein. Das Wasser von der rechts einmündenden Bomlitz ist nicht mehr so stark verschmutzt wie vor einigen Jahren; eine neue Kläranlage dokumentiert das gestiegene Umweltbewußtsein.

Am mächtigen Ziegelpfeiler der abgerissenen Eisenbahnbrücke wirbelt ein kurzer Schwall, doch bald verliert die Strömung an Geschwindigkeit. Wir sind in Walsrode. Am Holzponton des Schulzentrums vorüber (hier könnte man die Fahrt auch beenden), die etwas bedrückende Fassade einer Fabrik zur Rechten, zwängen wir uns unter die niedrige Straßenbrücke (Vorsicht bei höherem Wasserstand!) und umtragen am unbefahrbaren Wehr links.

Die alte Mühle wurde zu einem schönen Kanuvereinsheim ausgebaut. Nach vorheriger Absprache findet unser Zelt auf einer kleinen Wiese neben dem Mühlgraben Platz. Der Aufenthalt ist lohnend. Wir sollten uns Zeit nehmen, um mit dem Bus oder eigenen Auto zum bekannten, überaus eindrucksvollen Vogelpark zu fahren. Die Vielfalt tropischer und einheimischer Vogelwelt wird hier in einmaliger Weise gezeigt.

Durch den Walsroder Park paddeln wir dann weiter in südlicher Richtung und kreuzen die laute Autobahn. Doch bald ist es wieder ruhig; ein flaches, weites Wald- und Wiesental nimmt uns auf. Völlig einsam und unbehindert fließt der Fluß zur Aller, die Schützen der drei folgenden Wehre sind fast immer offen. Nur im winzigen Örtchen Böhme müssen wir noch links umtragen. Am Wehr, nicht weit vom schönen Herrengutshof, verabschieden wir uns schließlich von der Böhme, die uns eine so reizvolle Kanuwanderung beschert hat.

Die Walsroder Kanujugend beherrscht ihre Boote.

16 Wümme

Lauenbrück–Bremen

Quellfluß der Lesum

ca. 70 km
3–4 Tage-Fahrt

Die Wümme, ein Quellfluß der Lesum, entspringt am Südwesthang des Wilseder Berges im Herzen der Lüneburger Heide. Im großen Bogen umrundet sie das ausgedehnte Königsmoor und vereint sich in der Lauenbrücker Auenlandschaft mit der Fintau. Südlich von Scheeßel, gestärkt durch die wasserreiche Veerse, nähert sich die Wümme in zahlreichen Schleifen dem alten Ort Rotenburg, früher wie heute ein Schulzentrum des Landes. Das schöne Städtchen verläßt der Fluß in westlicher Richtung und verläuft sich bei Ottersberg in mehrere, heute leider teilweise regulierte Arme, die das malerisch auf einer niedrigen Sanddüne liegende Künstlerdorf Fischerhude umfließen und sich vor dem beliebten Ausflugsort Lilienthal wieder vereinigen. Hier berührt die Wümme das Bremer Stadtgebiet, durchfließt das große Naturschutzgebiet im Norden der

Charakter, Tips

Gemächlich fließender Heide- und Wiesenfluß, ohne Schwierigkeiten ab Lauenbrück ganzjährig befahrbar. Viele günstige Einsatzstellen (Scheeßel, Rotenburg, Ottersberg, Fischerhude) ermöglichen auch kurze Etappenfahrten.

Die Wümme fließt durch eine sehr eindrucksvolle, weite, überwiegend einsame Landschaft. Das Wasser ist sauber, oft herrliche Sandufer. Gute Bahnverbindung bis Lauenbrück. PKW-Begleitung teilweise möglich, sonst Kontakt an Brücken. Nördlich von Bremen liegt das ausgedehnte Naturschutzgebiet Blockland und Hollerland. An der Schleuse Kuhsiel wird je ½ Stunde geschleust.

Zeltmöglichkeiten

Camping in Lauenbrück, TV Scheeßel (auf Anfrage), Camping Everinghausen, Otterstedter See (nicht am Fluß), Ebbensiek (am Nordarm) Zeltplatz Höftdeich, Bremen – Am Bürgerpark.

Sehenswertes

Lauenbrück: Großer Wildpark, auf dem Campinggelände uralter Eibenhain.

Scheeßel: Barocke Saalkirche (18. Jh.), Findlingsblöcke – Heidenkultstätte, Heimatmuseum – alte Trachten, schöne Höfe.

Rotenburg: Heimatmuseum (Bauernhaus von 1695), neugotische Kirche, Bullensee (wahrscheinlich Gletscherseen), Parkanlagen.

Ottersberg: Amtshaus im ehemaligen Schloß.

Fischerhude: Reetgedeckte Bauernhäuser, Künstlerkolonie, Otto-Modersohn-Haus, Heimatmuseum.

Bremen: Prächtiges Rathaus, Ratskeller, Rolandsäule, Dom St. Petri, Schütting (Handelskammer), Schnoorviertel, Bötcherstraße mit Roseliushaus, Kunsthalle, Überseemuseum, Hafen, Park am Stadtgraben, Windmühle u. v. a.

Kartenmaterial, Kanu-literatur:

Generalkarte 1:200 000, Blatt 3/4 und 5; Deutsche Idealkarte 1:100 000, Blatt 5 und 8. – Deutsches Flußwanderbuch; Kanuwanderbuch für Nordwestdeutschland; Faltblatt Wasserwandern Lüneburger Heide.

Wümme

Anfahrt
BAB 1 Bremen Kreuz-Hamburg, Ausfahrt Sittensen nach Scheeßel und Lauenbrück.

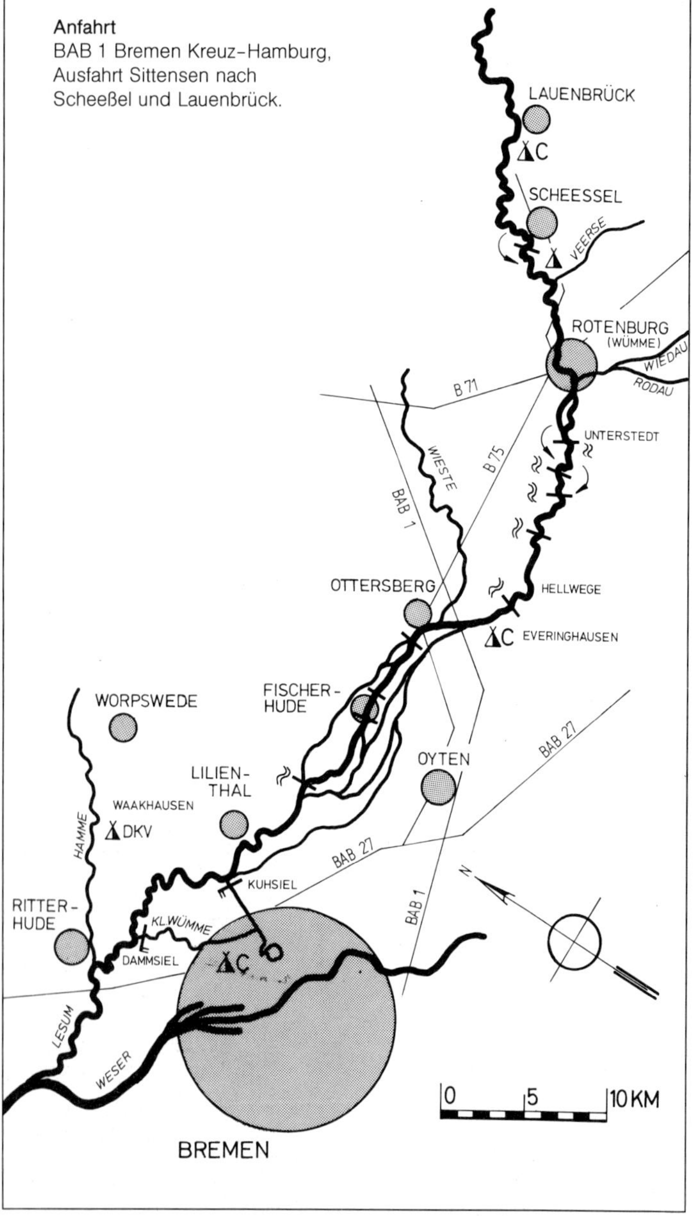

Stadt und geht bei Ritterhude mit der Hamme zusammen zur Lesum, die bei Bremen-Vegesack in die Weser mündet.
Für Kanus ist die Wümme ab Lauenbrück ganzjährig befahrbar. Unterhalb der Brücke am Camping »Alte Löweninsel«, starten auch wir zu unserer Wanderung. Über eine Sandbank schleifen wir die Boote in das rotbraune, eisenhaltige Moorwasser und paddeln zuerst durch Wald und Wiesen. An der ersten Straßenbrücke erblikken wir einen Pegel, bei Wasserstand 60 cm im Sommer können wir zufrieden sein: die Kanus laufen ohne Grundberührung. Das Flüßchen mäandert ganz schön, scharfe Spitzkehren mit Sandbänken in Innenbögen wechseln mit einigen behutsam regulierten Abschnitten.
Die nächste Brücke, Baujahr 1955, liegt in der Nähe von Scheeßel, das durch seine Volkstrachten weitum bekannt ist. Die Strömung läßt nach, ein Mühlenwehr macht sich bemerkbar. Große, niedrige Bauernhöfe stehen am Ufer, neugierige Pferde beobachten uns von den Koppeln. Der Fluß teilt sich, wir steuern links. Vor der kleinen Insel mit roten Häuschen geht es wieder rechts zur Holztreppe der Anlegestelle. Das kleine Zauntor an der Straße bitte wieder schließen! Die Boote werden links an der Mühle vorbeigetragen, und vor dem Bootshaus (eine ehemalige Schnapsbrennerei) der Kanuabteilung TV Scheeßel können wir sie wieder einsetzen.
Der nächste Flußabschnitt wirkt etwas eintönig, doch vor Rotenburg überrascht uns die Wümme mit vielen schönen Schleifen. Ab der Eisenbahnbrücke wurde das Flußbett neu reguliert und links im

Die Wümme zwischen Ottersberg und Fischerhude.

Altarm eine Anlegestelle als kleiner Hafen ausgebaut. Am Ufer gibt es genügend Parkplätze, daneben gleich das Hallen- und Freibad, und am Amtshof vorbei ist es nur knapp 1 km bis zum Bahnhof. Im weitläufigen Stadtpark befindet sich die künstlich angelegte Wildwasserstrecke, der Austragungsort mancher norddeutscher Meisterschaften. Kurz danach mündet von links die Rodau mit der Wiedau.

Über mehrere Wiesenwehre, die überwiegend offen sind oder an denen wir auch leicht umtragen können, gelangen wir zur Straßenbrücke nach Hellwege. Bei sonnigem Wetter lockt der kleine, reizende »Kaiser's Gasthof« an der Wümme zu einer Bier- oder Eispause unter bunten Sonnenschirmen. An Wochenendhauskolonien, die auf sandigen Geestrükken zwischen Kiefern hervorlugen, vorbei (Campingplatz von Everinghausen), unter der Autobahnbrücke hindurch, erreichen wir die erste Flußgabelung und nehmen den rechten Wümmearm, der uns nach Ottersberg führt. Links am Ortsanfang finden wir eine gute Anlegestelle mit Parkplätzen am neuen Sportgelände. Das ehemalige Schloß auf der Insel zwischen den Wümmearmen versteckt sich unter hohen alten Bäumen und beherbergt heute eine Internatsschule.

Nach Ottersberg wird die Landschaft flacher. Am Wehr steuern wir links den naturnahen Mittelarm an, der uns durch eine Wiesen- und Moorlandschaft von einzigartigem Reiz führt. Der weite Horizont, der hohe Himmel, die verstreut grasenden Pferde und Rinder sowie die durchsichtige klare Luft an sonnigen Sommertagen charakterisieren das Bild dieser anziehenden Gegend. Zwischen mächtigen Erlen und Eichenriesen malerisch eingebettet, liegt das Künstlerdorf Fischerhude. Ein niedriger Steg (umtragen), ein kleines befahrbares Wehr und viele hübsche reetgedeckte, auf Pfählen ruhende Entenhäuschen begrüßen uns in dieser alten Siedlung.

Am nächsten Wehr entscheiden wir uns für den linken Arm, und unter mehreren niedrigen Holzstegen hindurchzwängend, an verträumten Bauerngärten vorbei, sind wir bald am Sportplatzwehr, an dem rechts umgetragen wird (Schwimmponton). Es folgen vier niedrige befahrbare Stufen (alte Wehre), dann vereinigen sich die einzelnen Wümmearme, und wir treiben am Ausflugsort Lilienthal vorüber bis zur Schleuse Kuhsiel. Wir können links neben dem großen, reetgedeckten Gasthaus anlegen und über die Straße in den Kuhgraben umtragen oder uns schleusen lassen (nach Anmeldung beim freundlichen Schleusenwärter).

Das schöne Gasthaus mit dem bewohnten Storchennest hinter uns lassend, paddeln wir im schnurgeraden, mit Teichrosen halbverwachsenen, stromlosen Kuhgraben durch Wiesen den hohen Häusern der neuen Universität, den Fernseh- und Kirchtürmen der Stadt Bremen entgegen bis zum Bürgerpark. Nicht weit davon liegt der Städtische Campingplatz, der als Standquartier für einen längeren Aufenthalt hervorragend geeignet ist. Natürlich können wir auch auf der Wümme weiter bis an den Zusammenfluß mit der Hamme nach Ritterhude fahren. Vorher zweigt linksufrig bei der Schleuse Dammsiel die Kleine Wümme ab, die sich 9 km durch das Naturschutzgebiet auch zum Bürgerpark schlängelt.

17 Hunte

Wildeshausen–Oldenburg

Nebenfluß der Weser

43 km
2-Tage-Fahrt

Nördlich der Meller Berge entspringend, durchbricht die Hunte zwischen Huntemühlen und Barthausen den steil abfallenden Kamm des Wiehengebirges und unterquert bei Bad Essen den Mittellandkanal. Hier teilt sich der Fluß in die Alte und Neue Hunte, die bei Bohmte wieder zusammenkommen. Immer in nördlicher Richtung fließend, erreicht die Hunte die weitläufigen Moore südlich vom Dümmer See und durchquert diesen rund 18 km^2 großen, doch keine 2 m tiefen Binnensee, dessen Ufer schon in vorgeschichtlicher Zeit besiedelt waren und der heute, obwohl teilweise als Naturschutzgebiet ausgewiesen, für die erholungssuchenden Städter ein Paddler- und Segler-Eldorado ist.

Am Nordufer verläßt die Hunte als einer der drei Abflüsse den See, berührt Diepholz, das umgeben von Moor- und Bruchlandschaft noch manchen stillen Winkel in seinen Straßen erhalten hat, und erreicht, vielmals auf ihrer Strecke aufgestaut, den Luftkurort Wildeshausen, dessen 1100jährige Alexanderkirche als eine der wichtigsten Baudenkmäler des Oldenburger Landes gilt. In nordwestlicher Richtung weiter strömend, teilweise tief eingeschnitten, berührt die Hunte schließlich die ehemalige großherzogliche Residenzstadt Oldenburg, um dann als Gezeitenfluß bei Elsfleth die Unterweser zu erreichen.

Für unsere Kanuwanderung wählen wir den ganzjährig befahrbaren Flußabschnitt zwischen Wildeshausen und Oldenburg, der, nur wenig reguliert, eine schöne Knicklandschaft durchfließt und auch etliche kulturelle Sehenswürdigkeiten bietet.

Schon in Wildeshausen, wo wir die Boote zu Wasser lassen, können wir die Alexanderkirche, das gotische Rathaus mit seinem Treppengiebel und etwas südli-

Mehrere kleine Schwälle beleben die Hunte.

Hunte

Anfahrt
BAB 1 Bremen–Osnabrück, Ausfahrt Wildeshausen-Nord oder -Süd, B 213 in die Stadt.

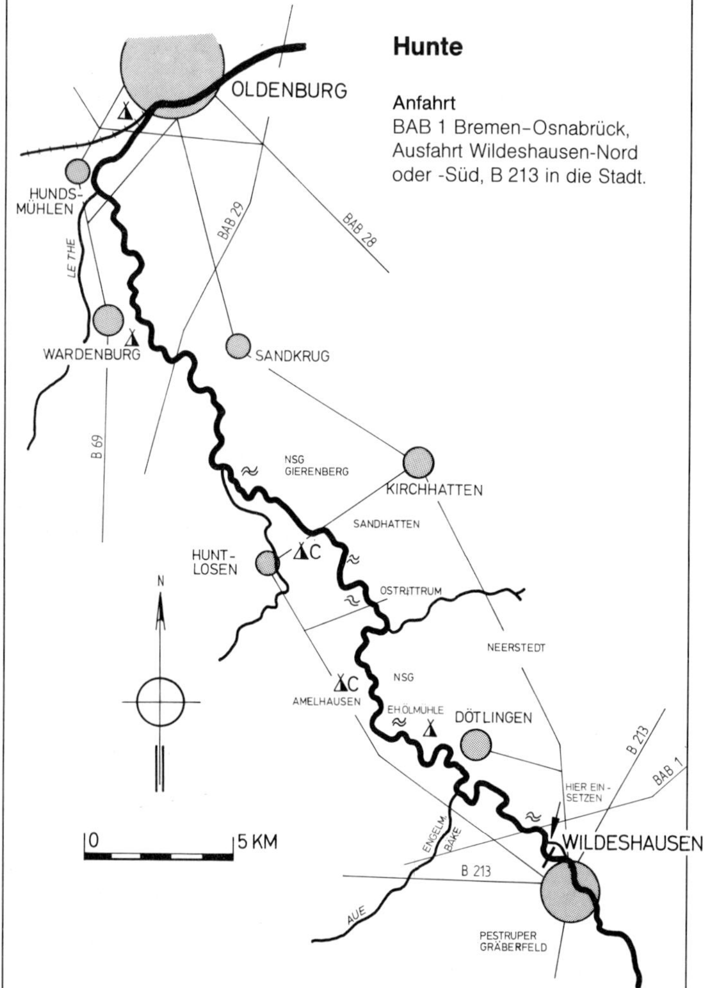

cher das bekannte Pestruper Gräberfeld, den größten Friedhof der Bronzezeit in Norddeutschland, bewundern. Im Schatten der St.-Alexander-Basilika, die als eines der bedeutendsten mittelalterlichen Baudenkmäler gilt, setzen wir am Wehrauslauf des Kraftwerks unsere Kanus ins Wasser.

Durch die Wildeshausener Geest, teilweise tief eingeschnitten, pendelt die Hunte mit überraschend zügiger Strömung in nordwestliche Richtung. Unter der Eisenbahnbrücke hüpfen die Boote durch den kurzen, spritzigen Schwall eines niedrigen Grundwehrs, bald danach folgt die breite Autobahnbrücke. Danach wird es am Wasser ruhig, keine Straße berührt mehrere Kilometer lang den Fluß, der zwischen sandigen Ufern seinen Weg sucht. Bei Wiekau zwingt ein hoher Geestrücken die Hunte zu einer scharfen Spitzkehre. Vom steilen sandigen Prallhang rutschen unterspülte, entwurzelte Bäume in den Fluß, der ein paar hundert Meter weiter unbeirrt seine ursprüngliche Fließrichtung findet.

Wenige Kilometer flußabwärts liegt rechts, hoch auf einem Hügel über der Hunte, die 700 Jahre alte Feldsteinkirche von Dötlingen, die sehenswerte Wandfresken birgt. Der wohlerhaltene, malerische Ortskern mit seinen breiten, reetgedeckten niedersächsischen Bauernhäusern ist einen Besuch wert. Wieder in den Booten, paddeln wir an der unauffälligen Mündung der Engelmanns Bäke vorbei. Bei gutem Wasserstand ist dieser Heidebach ein gern aufgesuchter Leckerbissen für sportliche Kajakfahrer.

Unter der Brücke an der ehemaligen Ölmühle können wir das zweite Schützentor von links durchfahren, eine kurze Schnelle bietet eine willkommene Einlage. Rechtsufrig steigen wir die steilen Hänge der sandigen Goldberge hinauf, von deren Buckel ein lohnender Blick ins Huntetal winkt. An der Wiese vor der Mündung des Rittrumer Mühlenbachs legen wir an; es ist Zeit zum Vespern.

Charakter, Tips

Lohnender, nur wenig verbauter Wanderfluß, ab Wildeshausen ganzjährig auch mit Faltbooten befahrbar, doch die vielen Mäander und Spitzkehren verlangen etwas Erfahrung. Die wenigen Wehre sind überwiegend problemlos.

Zeltmöglichkeiten

Campingplätze am Dümmer See, sonst auf der Strecke: Dötlingen, Glane, Sandhatten, Wardenburg, Amelhausen, Oldenburg (OYC Gelände).

Sehenswertes

Wildeshausen: St.-Alexander-Kirche, neugotisches Rathaus (15. Jh.), Brunnen am Marktplatz, Burgberg, Galerie für moderne Kunst, Pestruper Gräberfeld, bei Dötlingen – Steingrab Glaner Braut u. a.

Dötlingen: Feldkirche, schöne niedersächsische Bauernhäuser.

Huntlosen: Kirche (12. Jh.).

Oldenburg: Altes Schloß, (Residenz, heute Museum), Altes Palais, Augusteum – Kunsthalle, Hofapotheke, Hirschapotheke (17. Jh.), fünftürmige Lambertikirche, Hafen, Lappanturm, Schloßgarten, Staatstheater u. v. a.

Karten, Kanuliteratur

Generalkarte 1:200000, Blatt 3/4 bzw. Blatt 6; Deutsche Idealkarte 1:100000, Blatt 7 und 8. – Deutsches Flußwanderbuch; Kanuwanderbuch für Nordwestdeutschland.

An der Straßenbrücke zwischen Westrittrum und Ostrittrum, wo es übrigens ein Museum und einen kleinen Zoo zu besichtigen gibt, können wir zu einer gemütlichen Tagespaddeltour nach Oldenburg einsetzen. Scharf rechts unter der Brücke hindurch, dabei die Spritzdecke geschlossen, gleiten wir anschließend in weit ausholenden Schleifen durch das Naturschutzgebiet des ausgedehnten Staatsforstes Barneführer Holz, an knorrigen alten Eichen und breit ausladenden Buchen vorbei. An der vor Astrup eingedeichten Hunte befindet sich linksufrig eine Schäferei, deren Tiere die Deiche abweiden und durch ihren Biß und Tritt befestigen.
Die Strömung läßt deutlich nach. Hier begegnen wir manchmal den Oldenburger Kanuten, die in ihren schlanken Eski-Kajaks den Fluß aufwärts paddeln. Der letzte Ausläufer eines welligen Geestrükkens, die hügeligen Osenberge, begleiten uns bis zur Betonbrücke der BAB 29, links zieht das 1000jährige Wardenburg vorbei. Der Tillyhügel erinnert mit seinem Denkmal an den großen Feldherrn des Dreißigjährigen Krieges. Vor Hundsmühlen, einem Vorort der kreisfreien Stadt Oldenburg, mündet von links die Lethe, welche die ausgedehnten Teichanlagen nördlich von Ahlhorn entwässert. Am Bootssteg der Kanuabteilung des Oldenburger Yachtclubs im Süden der Stadt beenden wir unsere Wanderung.

Am Naturschutzgebiet Barneführer Holz paddeln wir zügig vorbei.

18 Fehntjer Tief Timmel–Emden

Nebenfluß der Ems

26 km
Tagesfahrt

Als einsamer, vielgewundener Marschfluß, der sich vor Jahrtausenden aus einer eiszeitlichen Schmelzrinne gebildet hat, entwässert das Fehntjer Tief die flachen, zur Nordsee kaum geneigten Moore und Geestrandgebiete zwischen Emden, Aurich und Hesel sowie den nördlichen Teil des Moormerlandes.
Unsere Kanuwanderung können wir bei überwiegend vorherrschendem westlichen Wind in Emden anfangen, an windarmen Tagen und bei günstigem Ostwind ist es zu empfehlen, die Boote in Timmelhafen ins Wasser zu bringen, um nach ganztägiger Paddeltour in Emden, dem Tor zur Nordsee, zu landen. Eine große Anzahl von Seitenkanälen und das parallel verlaufende Ayenwolder Tief erlauben auch sehr schöne Rundwanderungen verschiedener Länge.
Südlich von Aurich, der ehemaligen Residenzstadt, deren Sehenswürdigkeiten wir bei einem ausgedehnten Spaziergang kennenlernen, liegt als Gemeindeteil von Großefehn einer der ältesten Fehnesiedlungen Ostfrieslands, das Haufendorf Timmel. In seinem malerischen, heimelig wirkenden Yachthafen, am südlichen Arm des Tiefs, beginnt unsere Tour.

Charakter, Tips
Einsames Gewässer, fast ohne Strömung, in beiden Richtungen ganzjährig befahrbar (je nach Windrichtung sind hier Faltboote und schlanke Eskimo-Kajaks ideal). Motorboote sind am Boekzeteler Meer nicht erlaubt.
Wegen der vielen Abzweigungen ist zur Orientierung eine gute topographische Karte empfehlenswert. Auch zahlreiche Rundfahrten sind möglich. Eine artenreiche Vogelwelt belebt die flache Moor- und Marschlandschaft. Schöne Aussichten von den Brücken.

Zeltmöglichkeiten
Camping Timmeler Meer.

Sehenswertes
Aurich: Lambertikirche mit Glockenturm, Marktplatz, Schloß, Kanzlei- und Marstallgebäude, Ostfriesische Landschaft (Mausoleum), Staatsarchiv, Reformierte Kirche, Pingelhus, Stiftsmühle, Upstalsboom (Thingstätte) u.a.
Timmel: Boekzeteler Meer, Kirche, Frauenmeer.
Ostgroßefehn: Fehnshäuser, Klappbrücken, Mühlenmuseum, Arendshügel.
Emden: Rathaus (Rüstkammer, Ostfriesisches Landesmuseum), Hafenanlagen, Wasserburg Hinte u.a.

Karten, Kanuliteratur
Generalkarte 1:200000, Blatt 3/4; Topographische Karte 1:50000, Blatt 2708 und 2710 des Landesvermessungsamtes Niedersachsen. Karte 1:100000 mit Begleitheft Ostfriesland-Reiseland, Ferienland (Sparkassen – Ostfriesland). – Deutsches Flußwanderbuch, Kanuwanderbuch für Nordwestdeutschland.

Fehntjer Tief

Anfahrt
BAB 28 Oldenburg-Westerode, B 75 bis Hesel, B 72 Richtung Aurich nach Ostgroßefehn und Timmel, oder BAB 28 Oldenburg-Westerstede, B 75 nach Hesel, B 530 und BAB 31 nach Emden.

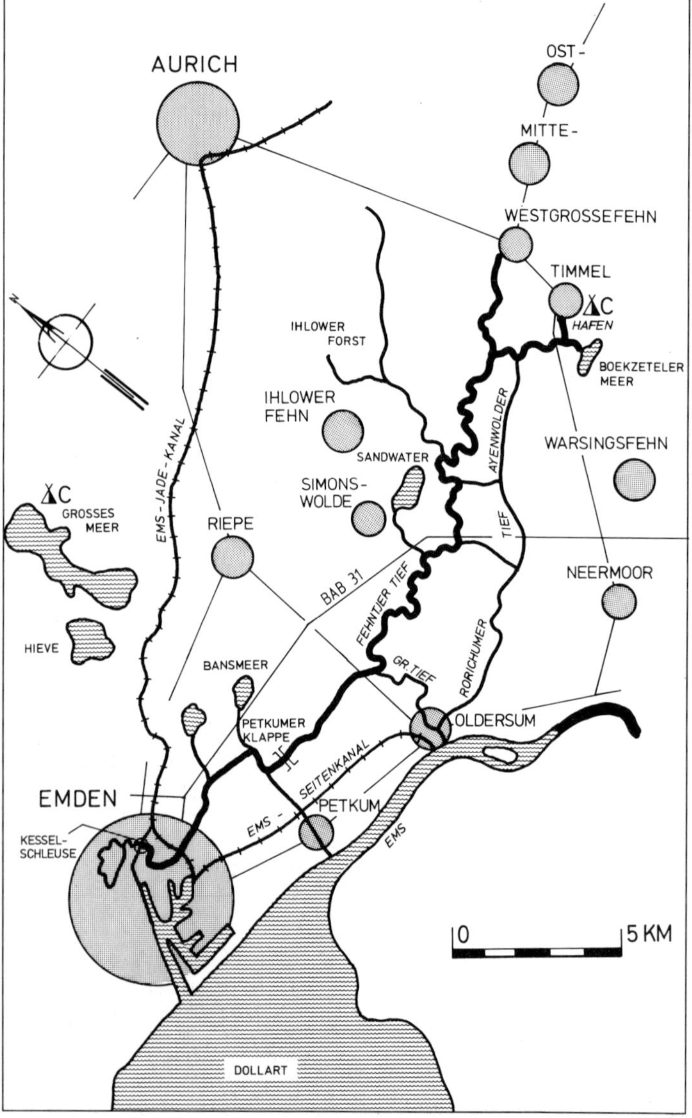

Von der schrägen Bootsrampe schieben wir die Kajaks in das dunkle, moorige Wasser. An kleinen Yachten und Jollen vorbei paddelnd, erreichen wir die Straßenbrücke. Hier gesellt sich der Abfluß vom Boekzeteler Meer zu uns, dessen ausgedehnte Wasserfläche ein bevorzugtes Ausflugsziel für viele Naturfreunde und Wassersportler ist. Am Campingplatz Timmeler Meer können wir auch zelten.

Mit kräftigen Paddelschlägen vorangetrieben, schieben sich die Kajaks im Wasser durch ehemalige Moore und Marschwiesen, die durchschnittlich ½ m unter dem Meeresspiegel liegen. Bald zweigt das fast gerade verlaufende Ayenwolder Tief nach links ab; bei dessen Befahrung dienen uns seine Brücken als ausgezeichnete Aussichtspunkte. Doch wir bleiben rechts im Fehntjer Tief, das einsam und vielgewunden, begleitet von einem mehr oder weniger breiten, raschelnden Schilfgürtel, durch die stille, flache Landschaft nach Westen zieht.

Rechts nähern sich die Gittermasten einer Hochspannungsleitung. Weit am Horizont schiebt sich langsam die dunkle Wand des ausgedehnten Ihlower Forsts entlang, den wir über das seichte Krumme Tief erreichen können. Die mehrhundertjährigen, knorrigen Eichen des fast 300 ha großen Mischwaldgebiets stehen hier als Zeugen einer Zeit, als noch inmitten des Forsts das einflußreiche Kloster Ihlow bestand, dessen Mönche die umliegenden Hoch- und Niederungsmoore urbar machten und die ersten Wege und Straßen im Lande anlegten. Heute befindet sich nur noch ein Forsthaus an der Stelle des Klosters, das im 16. Jh. abgerissen wurde.

Nach vielen Flußwindungen kommen wir zum Kattdarm, der links führend das Fehntjer Tief mit dem Ayenwolder Tief verbindet. Nach Unterqueren des neuen Autobahndamms der BAB 31 wählen wir an der nächsten Abzweigung den rechten Arm. Links fließt die schmale Heuwieke in südlicher Richtung zum Rorichumer Tief (weiter östlich in das Ayenwolder Tief übergehend). Wir nähern uns Simonswolde; hier liegt das Naturschutzgebiet Sandwater, eines der großen »Binnenmeere« Ost-

Volle Fahrt im Fehntjer Tief – Begegnung mit Gänsen.

frieslands, auf dessen nördlichem Ufer eine sorgfältig renovierte, reetgedeckte Windmühle, ein sogenannter »Galerieholländer«, steht. Der 2 km lange Sengesiel führt uns dort hin.

Eine Flußbiegung folgt der anderen. Mächtige Bauernhöfe stehen verstreut an den Ufern, bevor wir die Straße zwischen Oldersum und Riepe unterpaddeln. Nachher ist der Fluß etwas begradigt. Schon vom Boot aus bewundern wir die weiße Petkumer Klappe, eine der letzten handbedienten Klappbrücken. Das nette Wirtshaus nebenan lockt zur Einkehr.

Wieder in den Booten sitzend, blicken wir zum westlichen Horizont, wo sich die spinnenartigen Silhouetten der Emder Hafenkräne zeigen. Noch einmal wendet sich das Fehntjer Tief kurz nach Norden, um bei »Binder Klappe« endgültig Emden anzusteuern. Den Ems-Jade-Kanal erreichend, ziehen wir weiter in westlicher Richtung und kreuzen den Kanal. An der runden Kesselschleuse, nach einer wunderschönen Fahrt im Stadtgraben, vorbei an den Villengärten von Emden, steigen wir schließlich aus den Booten.

Um unsere Kanutour auch noch mit einer »Klettertour« zu kombinieren, steigen wir die vielen Stufen bis zur Spitze des neuen Rathausturms hinauf. Eine herrliche Rundsicht über die Stadt, das Gewirr der Kräne, die Schiffe im Hafen, die Marschlandschaft im Norden und Osten sowie über die Dollartbucht belohnt uns für die Mühe.

Paddelpause an der Petkumer Klappe.

19 **Oker** Schladen–Braunschweig

Nebenfluß der Aller

33 km
2-Tage-Fahrt

Hoch oben am Bergkamm des Oberharzes entspringt in mehreren Quellen beim Bergstädtchen Altenau die Oker. Im tief eingeschnittenen, engen Tal windet sich der Fluß nach Norden. Doch nur kurz springt er unbekümmert über Steine und Stufen, schon bald versperrt eine mächtige, fast 70 m hohe Betonmauer seinen Weg und staut in einem Bergsee 50 Mill. m³ Okerwasser, um es durch eine Trinkwasserfernleitung bis nach Bremen abzugeben. Unterhalb der Talsperre eilt der Fluß an der alten, geschichtsträchtigen Reichsstadt Goslar vorbei, bildet zwischen Vienenburg und Schladen die deutsch-deutsche Grenze und fließt danach ziemlich begradigt im breiten Tal durch die ehemalige Residenzstadt Wolfenbüttel und das welfische Braunschweig. Zahlreiche Windungen charakterisieren den Unterlauf des Flusses, der im Dücker eingezwängt die Schiffahrtsstraße des Mittelland-Kanals unterquert, um

Charakter, Tips
Zuerst flotter, ab Ohrum langsam fließender, ab Schladen ganzjährig ohne Schwierigkeiten befahrbarer Wanderfluß (mit Faltbooten im Sommer erst ab Dorstadt).
Manche Wehre offen, dann mit angelegter Spritzdecke gut befahrbar.
PKW-Begleitung möglich, auch gute Bahnverbindung bis nach Schladen.
Viele Sehenswürdigkeiten.

Zeltmöglichkeiten
Camping Wolfenbüttel, Braunschweig (hier auch bei Vereinen).

Sehenswertes
Goslar: Kaiserpfalz mit Ulrichskapelle, Rathaus, Pfarrkirche Peter und Paul, Klosterkirche Neuwerk, St.-Jakobi-Kirche, viele Museen, Siemenshaus, schöne Fachwerkhäuser, Stadtbefestigung u.v.a.
Schladen: Schlangenfarm, Werlaburg (nur Hügel).
Hornburg: Burgruine, herrliche Fachwerkhäuser, Pfarrkirche Mariae Virginis.
Heiningen: Basilika St. Peter und Paul (13. Jh.).
Wolfenbüttel: Alte Herzogstadt, großartige Fachwerkbauten (Rathaus), Herzog-August-Bibliothek, Lessinghaus, Ev. Hauptkirche – Marienkirche, St.-Trinitatis-Kirche, Fachwerkkirche St. Johannis, ehemaliges Residenzschloß, Lessingtheater, Zeughaus, Teile der Stadtbefestigung, schöner Park u.a.
Braunschweig: Dom (12. Jh.), Burg Dankwarderode mit dem Braunschweiger Löwen, Pfarrkirche St. Martin am Altstadtmarkt, Benediktinerkirche St. Aegidien, Landesmuseum, Altstadtrathaus mit Marienbrunnen, Gewandhaus (Giebelfassade), Schloß Richmond, Museen, Theater u.v.a.

Karten, Kanuliteratur
Generalkarte 1:200 000, Blatt 7 und 9; Deutsche Idealkarte 1:100 000, Blatt 13. – Deutsches Flußwanderbuch; Kanuwanderbuch für Nordwestdeutschland.

Oker

Anfahrt
BAB 7 Kassel-Hannover, Ausfahrt Rhüden (Harz), B 82 nach Goslar, weiter nach Schladen, oder BAB 7 AB-Kreuz Hannover Ost, BAB 2 nach Braunschweig, Ausfahrt Braunschweig Nord, B 4 über Wolfenbüttel nach Schladen.

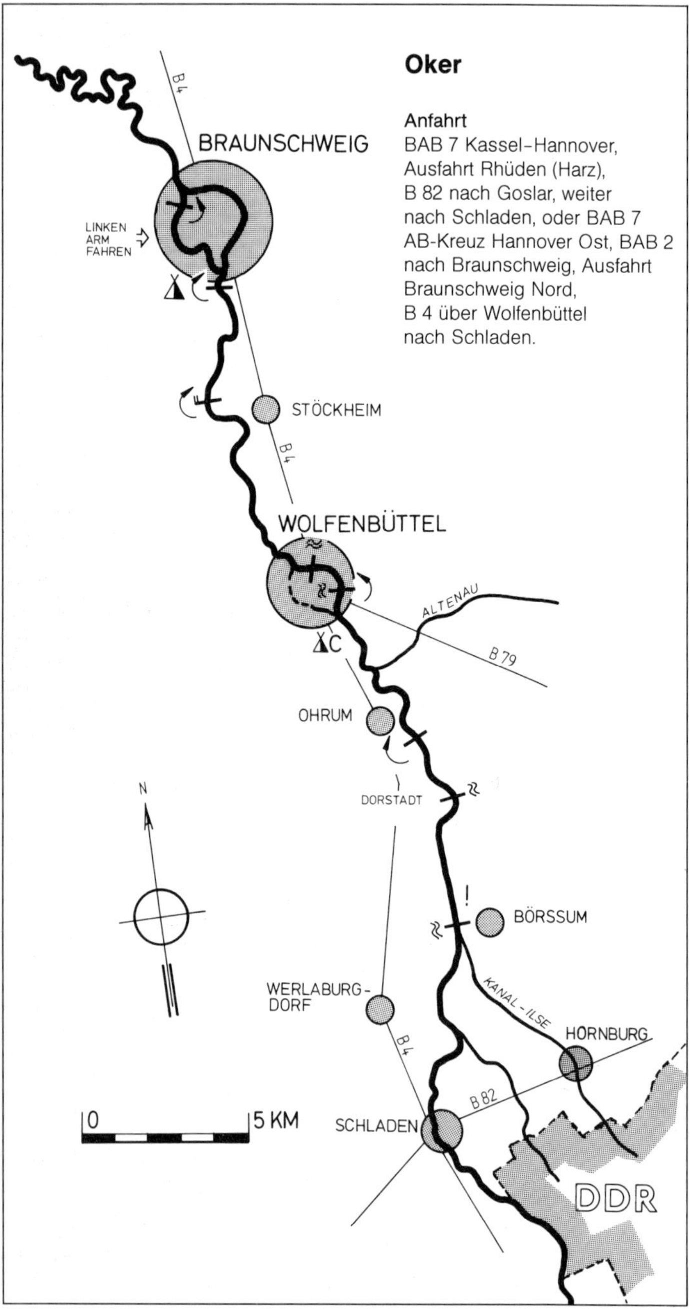

Durch eine Parklandschaft nähern wir uns Wolfenbüttel.

nachher im weiten Auental bei Müden linksufrig in die Aller zu münden.
Oberhalb der Okertalsperre ist die Oker auf kurzer Strecke ein Eldorado der norddeutschen Wildwasserfahrer; für Wanderpaddler ist der Fluß erst ab Schladen problemlos befahrbar. Vielleicht besichtigen wir auch noch das malerisch an der nahen Ilse liegende Kleinstädtchen Hornburg, aus dessen engen Gassen mit reichlich verzierten Fachwerkhäusern uns der mittelalterliche Atem anhaucht.
In Schladen, unweit der DDR-Grenze, setzen wir an der Straßenbrücke der B 82 unsere Boote in die flotte Oker. Über eine kleine Stufe hüpfend, schaukeln wir bald nordwärts durch das mit sanften Bögen regulierte Flußbett. Links begrenzen die Höhen des Oderwalds den Horizont, und vor uns erhebt sich ein steiler Erdhügel, Überbleibsel der ehemaligen Kaiserpfalz Werlaburg, an der im 10. Jh. von Heinrich I. der Ungarn-Ansturm gebrochen wurde.
Vom Wall rückblickend nach Süden, sehen wir die blaue, gewellte Silhouette des Harzgebirges mit der Bergkuppe des Brocken. Unter der niedrigen Eisenbahnbrükke hindurch erreichen wir das Wehr in Börßum. Ein spritziger Schwall trägt uns mit Schwung über die scharfkantige Steinschüttung. Man kann aber auch links umtragen. Der nächste Schwall läßt nicht lange auf sich warten, ein neuer Betonsteg mit einer Rohrbrücke kündigt ihn an. Das anschließende Wehr ist bei normalem Wasserstand mit angelegter Spritzdecke gut befahrbar. Der Fluß wird breiter, die steilen Ufer der regulierten Strecke erlauben keine Ausstiegsmöglichkeiten. Die Strömung läßt nach, und wir legen am Wehr der Hedwigsburger Zuckerfabrik an. Nachdem wir kurz rechts umgetragen haben, setzen wir unter einer mächtigen Pappel wieder ein. Bis zur Kanaleinmündung hat der Fluß wenig Wasser.
Durch eine parkähnliche Landschaft paddelnd nähern wir uns der alten Herzogenresidenz Wolfenbüttel. Die Oker teilt sich; im linken Arm steuern wir zum großen Parkplatz vor dem Städtischen Schwimmbad, der rechte Arm führt uns an der Stadt vorbei. Kurz nach der Flußgabelung liegt am Schwimmbad der schöne Campingplatz. Eine Stadtbesichtigung (auch abends) ist äußerst lohnend; ganze Straßenzüge restaurierter Fachwerkhäuser, die größte niedersächsische Schloßanlage, herrliche Kirchen, der Stadtmarkt mit dem einzigartigen Rathaus und Reste der Ringmauer verleihen der Stadt ihren Reiz.
Am nächsten Tag erwarten uns unter den Okerbrücken zwei Wehre, die wir umtragen (erste Brücke – rechtes Joch) oder befahren (Admiral-Scheer-Brücke – Rutsche). Im begradigten Flußbett (ab Klein Stöckheim) kommen wir zur Welfenstadt Braunschweig. Die Bootsrutsche in Rünningen würzt den Flußabschnitt. Rechts auf einer Terrasse über der Oker liegt das originell gebaute, spätbarokke Schloß Richmond. Es folgen mehrere Eisenbahnbrücken, und im Heinrichshafen (Wehr links umtragen) landen wir bei den Zeltplätzen der Braunschweiger Kanuten, wo unsere Wanderung zu Ende geht.
Nicht weit von hier erheben sich auf einer Okerinsel in Stadtmitte der Dom, die Burg Dankwarderode und viele andere sehenswerte Bauten, denen wir einen Besuch abstatten sollten.

20 Leine — Friedland–Hannover

ca. 160 km

Nebenfluß der Aller — Ferienfahrt

Von ihrer Quelle bei Leinsfelde im Obereichsfeld in der DDR bis zu der Mündung in die Aller legt die Leine über 280 km zurück. Zuerst in westlicher Richtung fließend wendet sich der Fluß an der bundesdeutsche Grenze vor Friedland im fast rechten Winkel nach Norden und tritt hier in das fruchtbare, von langen Bergzügen umrahmte Leinetal ein, um über die alte Universitätsstadt Göttingen nach Northeim zu ziehen. Zwischen Einbeck und Gronau

Charakter, Tips

Ab Friedland ganzjährig leicht befahrbarer Wanderfluß, der überwiegend einsam durch ein sehr abwechslungsreiches Grabental in nördliche Richtung fließt.

An allen Wehren kann man problemlos umtragen. Vorsicht bei befahrbaren Sohlabstürzen, hier bei höherem Wasserstand starker Rücksog; in diesem Fall rechtzeitig anlegen und immer umtragen! PKW-Begleitung teilweise möglich. Sehr gute Bahnverbindung auf der gesamten Streckenlänge. Sehr viel Sehenswertes im ganzen Leinetal verlangt seine Zeit – am besten eine Ferienfahrt mit Gepäck.

Zeltmöglichkeiten

Göttingen (bei Kanuvereinen), Northeim (nicht am Fluß), Freden, Gronau, Hannover, schöne Zeltmöglichkeiten auf abgemähten Wiesen nach Absprache mit den Landwirten.

Sehenswertes

Göttingen: Univeristätsstadt, Jakobikirche mit Flügelaltar. Albanikirche, Johanniskirche, Paulinerkirche, Altes Rathaus mit Ratskeller, Gänselieselbrunnen, Museen, Theater, Bismarckhäuschen, Sternwarte, Plessenburg u.v.a.

Northeim: Altstadt mit Fachwerkhäusern, St.-Sixti-Kirche, Heimatmuseum, Gutshaus, Ringmauer mit Toren, Freilichtbühne.

Einbeck: Herrliche Fachwerkhäuser, Stadtmauer mit Pulver- und Storchenturm, Ratsapotheke, Brodhaus, dreitürmiges Rathaus, Stiftskirche St. Alexandri, St.-Jakobi-Kirche, Fahrradmuseum, Biermuseum, Blaudruckwerkstatt.

Greene: Saalkirche, Fachwerkhäuser, Burgruine, Gedenkstätte für die deutschen Kriegsgefangenen.

Alfeld: Rathaus mit blauem Stein, St.-Nikolai-Kirche, Heimatmuseum (alte Lateinschule mit herrlicher Fassade), Faguswerk (moderne Fabrikarchitektur).

Gronau: Engelbrechtenscher Hof – Fachwerkhaus, St.-Mathäi-Kirche mit geschnitztem Flügelaltar und Kreuzigungsgruppe, Stadtmauer.

Nordstemmen: Neugotisches Schloß Marienburg.

Hannover: Marktkirche mit mächtigem Turm, St.-Clemens-Kirche, Leineschloß, Herrenhaus, (barocke Gartenanlage), Altstädter Rathaus, Botanischer Garten, Wilhelm-Busch-Museum, Opernhaus u.v.a.

Karten, Kanuliteratur

Generalkarte 1:200000, Blatt 7 und 9; Deutsche Idealkarte 1:100000, Blatt 12 und 16. Deutsches Flußwanderbuch; Kanuwanderbuch für Nordwestdeutschland.

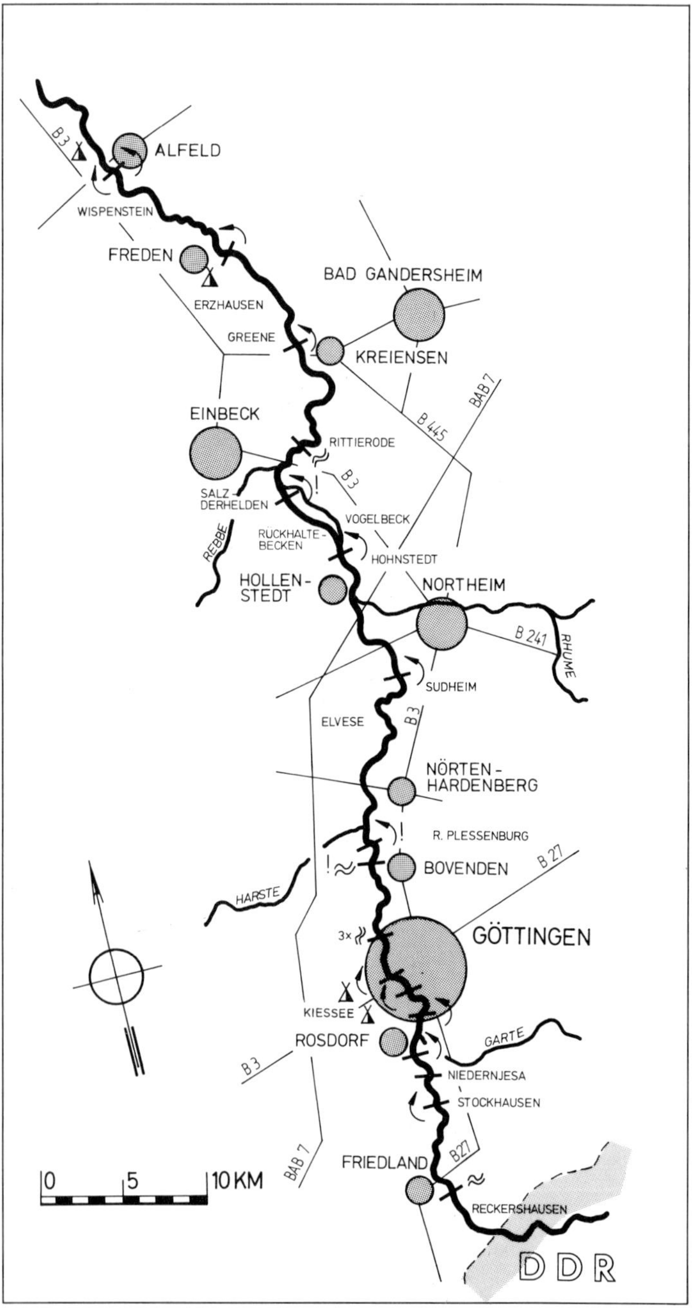
ALFELD
B3
WISPENSTEIN
FREDEN
ERZHAUSEN
BAD GANDERSHEIM
GREENE
KREIENSEN
EINBECK
B 445
BAB 7
RITTIERODE
B3
SALZ-
DERHELDEN
VOGELBECK
RÜCKHALTE-
BECKEN
REBBE
HOHNSTEDT
HOLLEN-
STEDT
NORTHEIM
B 241
RHUME
SUDHEIM
ELVESE
B3
NÖRTEN-
HARDENBERG
R. PLESSENBURG
B 27
BOVENDEN
HARSTE
3x
GÖTTINGEN
KIESSEE
GARTE
ROSDORF
B3
NIEDERNJESA
STOCKHAUSEN
BAB 7
B27
FRIEDLAND
RECKERSHAUSEN
0
5
10 KM
DDR

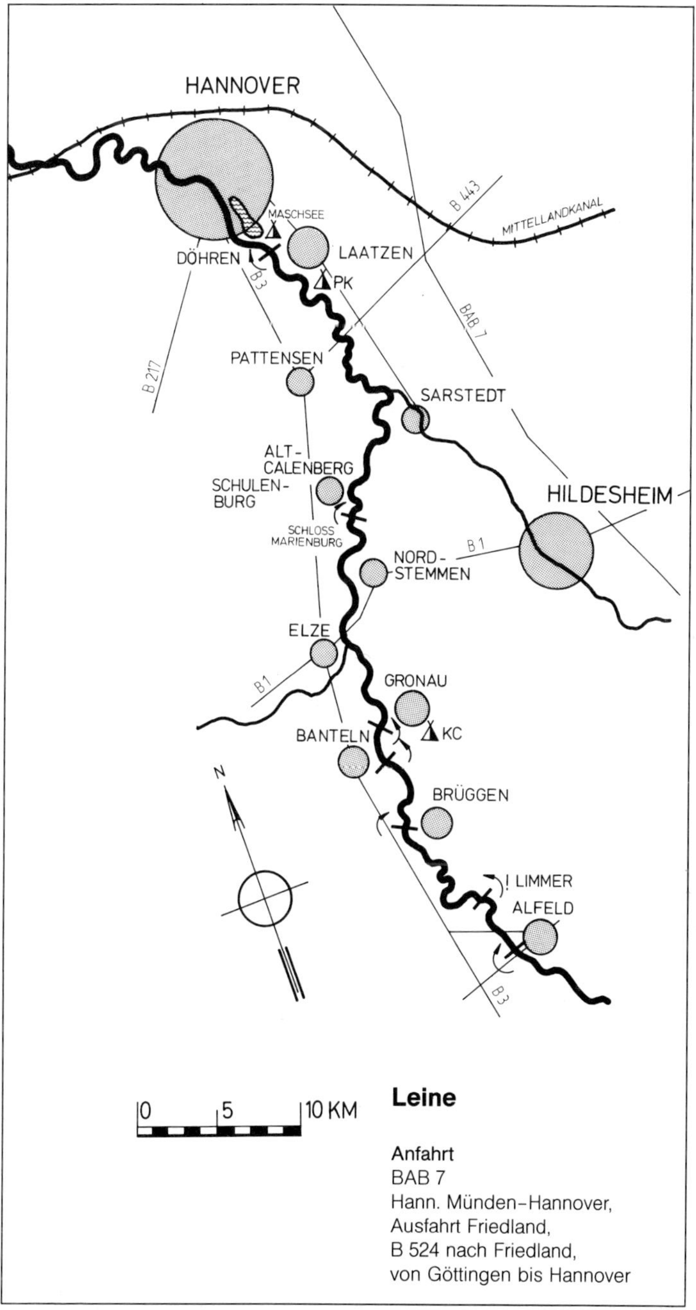

Leine

Anfahrt
BAB 7
Hann. Münden–Hannover,
Ausfahrt Friedland,
B 524 nach Friedland,
von Göttingen bis Hannover

durchbricht die Leine im reizenden Engtal das Leinebergland und quert dann weiter nördlich die flache Senke vor der niedersächsischen Landeshauptstadt Hannover. Hier nimmt sie von rechts ihren größten Nebenfluß, die Innerste, auf, um bereits als breiter Fluß die ehemalige Welfenstadt zu erreichen. Etwas verschmutzt unterquert die Leine anschließend den vielbefahrenen Mittelland-Kanal und fließt in unzähligen Mäandern am Steinhuder Meer vorbei durch die norddeutsche Tiefebene bis nach Schwarmstedt, in dessen Nähe sie sich mit der Aller vereinigt.

Südlich von Göttingen, im kleinen hessischen Dorf Friedland, wo bisher fast 3 Mill. Vertriebene und Ost-Flüchtlinge ihre ersten Tage im Westen verbrachten, beginnen wir unsere Kanuwanderung. Die Einsatzstelle liegt nicht weit vom Bahnhof, am Kanal unterhalb der Mühle beim Gasthof »Biewald«. Als noch schmaler, ruhiger Wiesenbach zieht uns die Leine durch ein weites Grabental über die ersten Wehre in den kleinen Ortschaften Obern- und Niedernjesa dem »Mathematischen Zentrum der Welt« – Göttingen entgegen. Nach der Mündung der Garte und Rase tragen wir die Boote am nächsten Wehr, nicht weit vom städtischen Sportgelände, links in den Kiessee um und paddeln hier

Wie über eine Märchenwiese paddeln wir auf der Eder bei Bergheim (Tour 25). ▷

zum Westufer, falls wir in Göttingen die erste Etappe beenden wollen.

Nach Anfrage können wir als Gäste (DKV-Mitglieder) auf dem Vereinsgelände der Göttinger Paddler auch übernachten. Von hier ist es ein schöner Spaziergang in die sehenswerte Altstadt mit dem wappengeschmückten Rathaus und dem »meistgeküssten Mädchen der Stadt«, der Gänseliesl am Marktbrunnen. Natürlich dürfen wir nicht die vielen Fachwerkhäuser, Kirchen – und Kneipen – vergessen.

Am anderen Morgen fahren wir zur Nordostecke des Kiessees und tragen die Kanus kurz über die Straße zum Fluß. Reguliert und flott fließt die Leine am Rande der Stadt, unter Brücken und durch Parkanlagen. Die Brücke des Autobahnzubringers hinter uns lassend, treiben wir bei guter Strömung über drei niedrige Stufen, die wir bei höherem Wasserstand nicht einmal bemerken. An drei höheren, mit Warnschildern bezeichneten gefährlichen Abstürzen auf der Strecke nach Nörten-Hardenberg tragen wir um. Der letzte, höchste Absturz taucht überraschend in einer Kurve auf;

Eine der drei unbefahrbaren Betonstufen an der Leine mit lebensgefährlichem Sog.

Im Holzcanadier vor dem leuchtenden, vielgiebeligen Plöner Schloß (Tour 4).

In den Grachten von Friedrichstadt (Tour 1).

An der Steinbogenbrücke in Heimbach ist eine gute Einsatzstelle (Tour 33).

Blühende Hänge und Wiesen begleiten uns bei Dasburg (Tour 39).

Am Timmeler Yachthafen beginnen wir unsere Fahrt im Fehntjer Tief (Tour 18).

David und Goliath - Begegnung im Hafen von Lübeck (Tour 5).

Unter alten Steinbogenbrücken bekommen wir oft Grundberührung (Tour 27).

In Uelzen ersetzt ein Blechstorch den lebendigen Adebar (Tour 11).

Auf der Weser verkehren, wie hier bei Wahmbeck, noch alte Fähren (Tour 24).

Von den steilen Hängen genießen wir einen herrlichen Blick ins Diemeltal (Tour 26).

An der Einsatzstelle in Brügge wird zuerst sortiert (Tour 3).

Startvorbereitungen zu einer Vereinswanderung an der Brücke in Melsungen (Tour 23).

Unter den barocken Gartenterrassen des Schlosses Malberg machen wir Rast (Tour 38).

Aufziehende Gewitterwolken an der Lippe bei Hünxe (Tour 31). ▷

Vesperpause an der Aller bei Oßlos (Tour 12).

Auf der Luhe bei Grevenhof (Tour 10).

Mächtige Farnbüsche ragen weit in die schmale Lachte bei Steinhorst (Tour 13).

Auf großer Ferienfahrt zur Nordsee (Tour 3).

Gegenseitige Neugierde am Fluß (Tour 16).

Eine lustige Rutschpartie am Lachendorfer Wehr (Tour 13).

Beim Umtragen am Wehr in Obereisenbach (Tour 39).

In unzähligen Mäandern paddeln wir durch das flache Tal der Treene (Tour 1).

An einer Sandbank bei Lauenbrück beginnt die Lünnefahrt (Tour 16).

Gelbe Wasserschwertlilien begleiten den Oberlauf der Osterau (Tour 8).

Der lange spritzige Schwall am Börßumer Wehr (Tour 19).

Eine vergnügliche Kanufahrt durch die grüne Stadt Hamburg (Tour 7).

◁ Im Zweier der Sonne entgegen (Tour 36).

wir können rechts oder auch links umtragen. Nach der nächsten Straßenbrücke kommen wir zur ersten Flußteilung. Wir steuern den rechten Arm an, dessen flache Ufer mit Kiesbänken bedeckt sind. An den Betonmasten der neuen Eisenbahn-Schnellstrecke Hannover–Kassel entlang erreichen wir eine schöne, kurvenreiche Strecke, gespickt mit mehreren umgestürzten Bäumen. An der Leinemühle bei Sudheim ist es besser, links zu umtragen, rechts reicht ein großer Kehrwasserwirbel bis zur Einsatzstelle im Unterwasser.

Flußabwärts nach der Straßenbrücke der B 241 von Northeim nach Höckelheim beginnt einer der schönsten Leineabschnitte. Kurz nach der Brücke taucht rechts das bekannte Wirtshaus »Zum Leineturm« auf. Von hier aus ist auch die Stadt Northeim, eine der vielen urbanistischen Perlen des Leinetals, auf kürzestem Weg zu erreichen (ca. 1,5 km). Der bis weit in den Sommer blühende Steilhang des Lämmerbergs begleitet uns linksufrig bis zur Autobahnbrücke der BAB 7. Bald danach, umsäumt von Pappelalleen, zweigt ein Seitenarm der Rhume ab. Wir bleiben im linken Flußarm, der uns, noch einmal herrlich mäandernd, an Hollenstedt vorbeitreibt. Unter einer niedrigen Betonbrücke hindurch erreichen wir bald den Zusammenfluß mit der Rhume und erblicken stromaufwärts den unbefahrbaren Sohlabsturz. Danach fließt die Leine gemächlich im neuen Flußbett durch die breite Niederung des vor kurzem erstellten, riesigen Rückhaltebeckens (Kapazität ca. 30 Mio. m^3), dessen feuchte Wiesen sich schon in den ersten Jahren zu einem Wasservogelparadies entwickelt haben.

Jetzt bestehen zwei Möglichkeiten einer Weiterfahrt: entweder bis zur großen Staumauer im Flußbett durch das ganze Rückhaltebekken, dort rechts oder links umtragen (schwierig, weil oft angeschwemmtes Material); oder bei Vogelbeck rechts an einer kleinen Baumgruppe aussteigen und die Boote ca. 150 m über Wiesen und Damm zu einem schmalen Umleitekanal ziehen. Hier paddeln wir vor Wind geschützt zwischen Damm und Eisenbahnstrecke unter zwei Rohrtunnels hindurch und erreichen unterhalb der Staumauer bei Salzderhelden wieder das Leinebett (günstiges Etappenziel: Bahnhof, Parkplatz). Die gute Busverbindung ermöglicht uns, das nicht weit an der Ilme liegende

Die mächtige Wehranlage in Salzderhelden staut bis zu 30 Millionen m^3 Wasser.

Einbeck, eine der schönsten deutschen Fachwerkhausstädte, zu besuchen.
Nach Salzderhalden, dessen Burgruine links über den Fluß herüberschaut, engen steile bewaldete Berghänge die Leine wieder ein. Bei flotter Strömung überwinden wir das Schrägwehr in Rittierode und kommen an der Burgruine von Greene (heute Gedenkstätte für deutsche Kriegsgefangene) vorbei. Das dortige Wehr umgehen wir rechts. Linksufrig folgt dem Flußlauf der felsige Selter, ein Dolomitrücken, unter dessen Klippen sich das Becken des Pumpspeicherwerks Erzhausen befindet; rechts fällt der Sackwald mit seinen Hängen zum Fluß steil ab. Nach der Fredener Brücke liegen links das Gasthaus »An der Leine« und ein kleiner Campingplatz. Am schrägen Wehr gegenüber vom Bahnhof erleichtern Anlegerampen das Umtragen der Boote. Bald danach nähern wir uns einem weiteren Juwel des Leinetals – dem vom Bergwäldern umgebenen Alfeld, dessen Stadtbild von den weit sichtbaren Doppeltürmen der St.-Nikolai-Kirche bestimmt wird. Ein Besuch der Stadt ist sehr lohnend. Am unbefahrbaren Knickwehr unter der Brücke tragen wir links um, bei Hochwasser rechts; Vorsicht auf Sog! In mehreren Schleifen zieht uns die Leine flott nach Brüggen, unterwegs umgehen wir den unbefahrbaren, gefährlichen Sohlabsturz bei Limmer.
In Brüggen grüßt das mit einer reichgegliederten Fassade versehene barocke Herrenhaus – ein ehemaliges Schloß, dessen englischer Park bis an die Leine reicht. Nach dem Bantelner Schrägwehr, das wir rechts umgehen, steht versteckt am steilen Hang die sehenswerte Feldberger Kapelle, umgeben von uralten, mächtigen Linden. Gleich daneben liegt der kleine jüdische Friedhof.
Vor Gronau erweitert sich das Tal beckenartig; die Stadt lag früher auf einer Insel. Nach dem Wehr (umtragen) bleiben wir im linken Flußarm, kommen an den Sportanlagen und am Schwimmbad vorbei und paddeln durch Gronau. Weit sichtbar begleitet uns lange die doppelstufige Turmhaube der St.-Matthäi-Kirche, die einen herrlich geschnitzten Flügelaltar birgt.
Unsere Kanus schaukeln nun an dem fast 1000jährigen Elze vorüber. Ein paar Kilometer nordwärts schaut am Leineübergang der B 1 von einem dunklen Felsen die Ruine Poppenburg, eine ehemalige bischöfliche Trutzburg als Gegenstück zu Alt-Calenberg, auf den Fluß hinunter. Kurz danach gesellt sich von links die Haller zu uns. Stolz über der Leine thront auf einem Berg inmitten einer vorgeschichtlichen Fliehburg das märchenhafte neugotische Schloß Marienburg. Der Balkon über dem großen Rittersaal bietet einen großartigen Rundblick in das fruchtbare Calenberger Land. Die Domäne Calenberg, umgeben von Teichen, ist noch immer der Sitz der Herzöge von Braunschweig und Lüneburg.
Vor dem Wehr der herrschaftlichen Mühle, deren Eingang der stolze Spruch schmückt »Die Julimühle bin ich genannt, dergleichen nich is in diesem Land« ziehen wir noch einmal die Kanus aus dem Wasser und tragen links um. Von der dreibogigen Steinbrücke ist es noch eine Halbtagestour bis nach Hannover, wo wir unsere Wanderung am besten am Vereinsheim des Paddel-Klubs, unweit des Maschsees, beenden.

21 **Rhume** Rhumspringe–Northeim

Nebenfluß der Leine

41 km
2-Tage-Fahrt

Dem kleinen Städtchen, in dessen unmittelbarer Nähe die Rhume entspringt, gab sie ihren Namen – Rhumspringe. Hier, abseits der vielbefahrenen Harz-Heide-Straße, finden wir im Wald versteckt einen der größten Quellteiche Europas. Im türkisblauen, klaren Wasser sehen wir die mächtigen Quellen sprudeln; es sind fast 5000 l/Sekunde, die hier, von einem riesigen Einzugsgebiet zusammengeführt, das Licht der Welt erblicken. Als munteres Flüßchen läuft die Rhume in südlicher Richtung durch die kleinen, gepflegten Gärten des Ortes.
Als erfahrene Kanufahrer sind wir natürlich hier schon in den Booten, die wir an der Brücke neben dem Schützenhaus in das kristallklare Wasser einsetzen. Am Oberlauf erwarten uns etliche kleine Biestereien. Kurz nach der Einsatzstelle entdecken wir die erste: ein knapp über der Wasserfläche gespanntes Doppelseil, das wir mit dem Paddel vorsichtig hinunterdrücken und überfahren. Gleich an der ersten Brücke im Städtchen tragen wir um, nicht einmal ein leeres Boot würde hier durchkommen. Die nächste Brücke bei der Apotheke ist schon fahrbar, doch müssen wir die Oberkörper dicht an die Bootshaut schmie-

Charakter, Tips
Ein flottes Wiesenflüßchen, dessen ausgeglichener Wasserstand eine problemlose, ganzjährige Befahrung erlaubt.
Der obere Flußabschnitt bis Gieboldehausen verlangt etwas sportliche Bootsbeherrschung, wenig Erfahrene sollten erst am Kanugelände Gieboldehausen einsetzen. Das Wasser ist sehr klar und auch im Sommer kalt. PKW-Begleitung möglich, gute Bus- und Bahnverbindungen. Aus Gründen des Gewässerschutzes nur in kleinen Gruppen fahren!

Zeltmöglichkeiten
Gieboldehausen-WSV-Gelände (nach Anfrage), Northeim (beim Bootsverleih) – Camping Seeburger See, Northeim – Sultmer Berg (beide nicht am Fluß).

Sehenswertes
Rhumspringe: Quelltopf der Rhume.
Duderstadt: Dreitürmiges Rathaus (13. Jh.), Steinernes Haus, St.-Cyriakus-Kirche, St.-Servatius-Kirche, Heimatmuseum, Altstadt.
Gieboldehausen: St.-Laurentius-Kirche (15. Jh.), Burgruine.
Katlenburg: St.-Johannes-Kirche, spätgotisches Magazingebäude, Burgruine (Siedlerschule).
Northeim: Fachwerkhäuser in der Altstadt, St.-Sixti-Kirche, Kapelle St. Fabian und St. Sebastian (Heimatmuseum), Reste der Stadtbefestigung, Gutshaus u. a.

Karten, Kanuliteratur
Generalkarte 1:200000, Blatt 9; Deutsche Idealkarte 1:100000, Blatt 12 und 13. – Deutsches Flußwanderbuch; Kanuwanderbuch für Nordwestdeutschland.

Rhume

Anfahrt
BAB 7 Kassel-Hannover,
Ausfahrt Göttingen Nord,
B 27 nach Gieboldehausen
bzw. Duderstadt, oder
BAB 7 Ausfahrt Northeim West,
B 241 Katlenburg,
B 247 durchs Rhumetal.

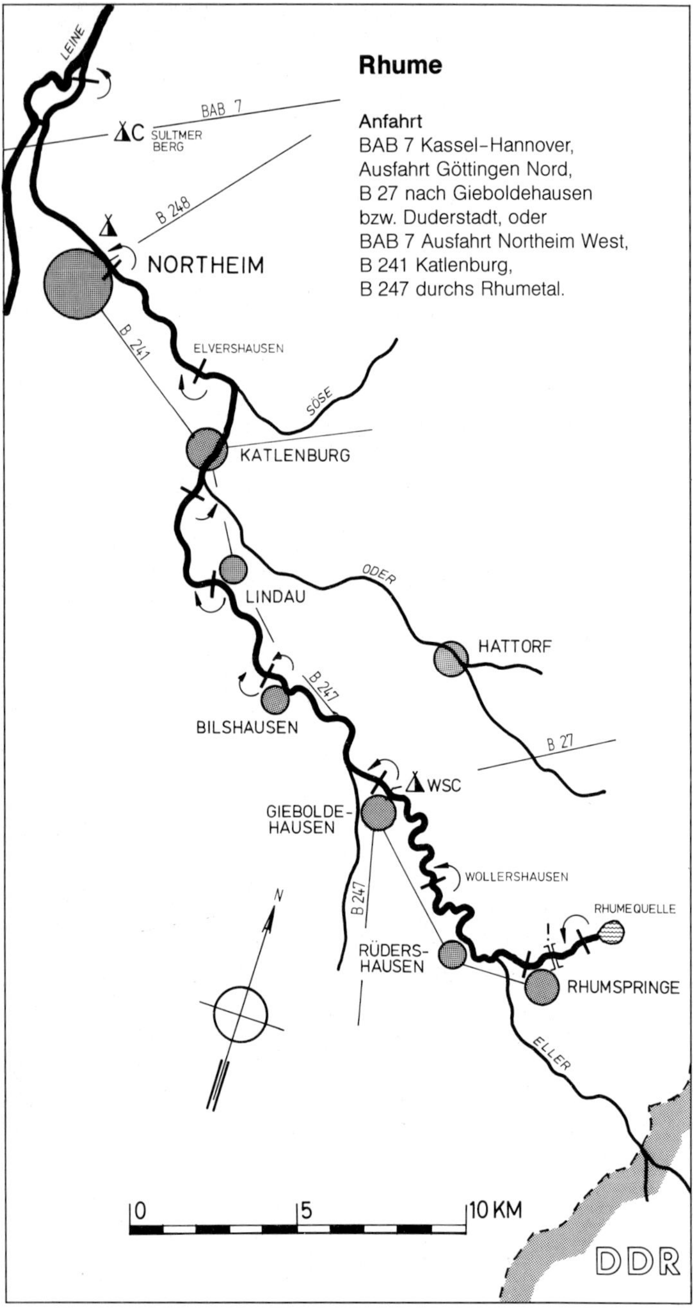

Neben dem Schützenhaus in Rhumspringe setzen wir die Boote ins grüne, glasklare Wasser.

gen. An der folgenden Brücke kommen wir ganz rechts mit Müh und Not hindurch.
Die Rhume wendet sich endgültig nach Nordwesten. Nach der Kläranlage merken wir mit Überraschung keine Wasserverschlechterung, der Fluß ist immer noch kristallklar. Das kann man etwas später von der Eller nicht sagen, die aus der DDR kommend bei Rüdershausen in die Rhume mündet. Das Flußbett wird eng, eine Reihe von umgestürzten oder überhängenden Weiden machen aus der Wanderung eine sportliche Dschungelfahrt. In schönen Schleifen umfahren wir den weit sichtbaren Rüdershausener Kirchturm und tragen am Wehr in Wollershausen rechtsufrig in den schmalen, tief eingeschnittenen Unterlauf um. Doch bald danach werden die Ufer niedriger, und wir genießen einen Ausblick auf den langgezogenen, hügeligen Rotenberger Bergkamm, der die Rhume von dem quirligen Harzflüßchen Oder abgrenzt. Das Wasser wird wieder sauber.
Beim schön angelegten Kanugelände des WSV in Gieboldehausen verfolgt uns eine ganze Entenschar; unsere Brötchen, die zur Vesper bestimmt waren, fallen der Fütterung zum Opfer. Durch den Mühlenkanal erreichen wir die Straße, tragen rechts hinüber und setzen ca. 40 m nach der Mühle wieder ein. Kurz nach der Eisenbahnbrücke mündet links die Hahle, aus Duderstadt, dem Zentrum von Untereichsfeld, kommend. Das dortige Rathaus mit seinen drei spitzhelmigen Erkern gehört zu den ältesten und schönsten in Deutschland.
Flott geht die Fahrt weiter nach Bilshausen. Schon von weitem sehen wir die hohen Schornsteine der hier ansässigen Tonwerke. Vor der Straßenbrücke legen wir rechts an, überqueren dann die Straße links, tragen die Boote nach der Trafostation über die Treppen und sitzen schließlich wieder in den Kanus im Unterwasser. Vor einer Weiterfahrt sollten wir uns noch die 1000jährige Ortskirche anschauen.
Nach Lindau, das eine Außenstelle des Max-Planck-Instituts vorweisen kann, nähern wir uns Katlenburg, wo wir die ehemalige Augustinerinnen-Klosterkirche und das spätgotische Magazingebäude besichtigen. Leider blieb von der prachtvoll über dem Rhumetal gelegenen Burg fast nichts mehr übrig. So paddeln wir bald nordwärts weiter zur Mündung der Söse, die ein paar Kilometer stromaufwärts aufgestaut als Trinkwasserreservoir dient.
Unweit der Sösemündung wartet auf uns das Elvershausener Wehr, an dem wir die Boote leicht umtragen können. Bei einer wörtlich genommenen Flußwanderung treideln wir die Kanus über mehrere flache Stellen nach dem Wehr. Mit Faltbooten ist es besser, im E-Werk-Kanal bis zum Rechen zu paddeln und links umzutragen. Anschließend genießen wir die hindernisfreie Flußstrecke entlang der steilen Hänge des Northeimer Waldes.
Vor Northeim zwängt sich die Rhume durch das Harztor zwischen zwei Bergrücken hindurch und tritt in das flache Tal, um sich bei Hollenstedt mit der Leine zu vereinigen. Unsere Wanderung beenden wir beim Wehr am Gelände des kanufreundlichen Bootsverleihers. Hier dürfen wir als kleine Gruppe auch zelten, um am nächsten Tag durch die gut erhaltene mittelalterliche Stadt zu spazieren und uns an ihren Sehenswürdigkeiten zu erfreuen.

22 Werra

Altenburschla–Münden

Quellfluß der Weser

73 km
3–4-Tage-Fahrt

An den südlichen Hängen des Thüringer Waldes bei Eisfeld entspringend, fließt die Werra, die oft als Oberlauf der Weser angesehen wird, durch ein breites Tal, von der Vorderrhön immer mehr nach Norden abgedrängt. Bei Philipsthal betritt sie kurz bundesdeutsches Gebiet, um dann wieder nach Osten zurückzukehren. Vorbei an Eisenach bleibt sie aber immer in Grenznähe und versucht, mit vollendeten Schleifen wie bei Frankenroda ihren Weg durch die abwechslungsreiche Mittelgebirgslandschaft zwischen Hainich und Schlierbachswald zu bahnen. Auf diesem Abschnitt durch die DDR wird ihr Wasser kräftig mit Kalisalzen angereichert, so daß sie bei Altenburschla, wenn sie zum zweiten Mal unser Land erreicht, noch salziger als die Nordsee ist. Viele Burgen und Schlösser begleiten den Fluß auf seinem Lauf durch die schon immer exponierte Grenzlage, wo so manche stille, gut erhaltene alte Stadt wie Wanfried, Eschwege, Bad Sooden-Allendorf und Witzenhausen ihre Gemäuer im glatt dahinfließenden Wasser spiegelt. Eingezwängt vom Kaufunger Wald in ein enges, tief eingeschnittenes Tal erreicht die Werra nach fast 300 km Flußlänge bei Münden die Fulda, um mit dieser zusammen die Weser entstehen zu lassen.

Im blumenreichen hessischen Dorf Altenburschla können wir in unsere Boote steigen. Während der ersten Paddelschläge müssen wir in der Nähe des rechten Ufers bleiben, denn linksufrig begleitet uns noch fast 1 km die DDR-Grenze. Es ist ein bedrückendes Gefühl, entlang dieses deutsch-deutschen Zauns zu paddeln.

Die nächste günstige Einsatzstelle finden wir 4 km flußabwärts an der Brücke in Wanfried, einem hübschen Fachwerkstädtchen, an dessen unbefahrbarem Wehr wir links umtragen. Hier endete erst im vorigen Jahrhundert die Weser-Werra-Schiffahrt, noch heute zeugen alte Warenspeicherhäuser vom geschäftigen Leben des damaligen Binnenhafens.

Nach einer Flußbiegung bei Frieda weitet sich das Tal kesselartig aus, rechts am Hang steht Schloß Wolfsbrunnen, vor uns der Bismarckturm am großen Leuchtberg, hinter dem sich die alte Landgrafenstadt Eschwege versteckt. Linksufrig am Bootshaus des Eschweger Kanuclubs lassen wir unsere Kajaks liegen (unweit davon können wir am Campingplatz auch übernachten), um in Ruhe die vielen malerischen Winkel dieser geschichtsträchtigen Stadt zu erkunden.

Bei der Weiterfahrt, nach Passieren des hübschen »Klein-Venedig«, müssen wir kurz nach der Straßenbrücke am Ende des schrägen Überfallwehrs die Kanus umtragen. Vorbei am Schloß, dann die letzten Gebäude des großen Industriegebiets linker Hand hinter uns lassend, erreichen wir den kleinen Ort Jestädt. Kurz nach dem Felsen des »Weinbergs« beginnt eine land-

Charakter, Tips

Durch eine abwechslungsreiche, reizvolle Mittelgebirgslandschaft gemächlich fließender Wanderfluß, ohne irgendwelche wassertechnische Schwierigkeiten mit allen Bootstypen ganzjährig befahrbar.

Besonders in der Obstbaumblütezeit (Kirschbaumblüte) ist eine Wanderfahrt zu empfehlen. Die Wehranlagen zwischen Altenburschla und Münden müssen umtragen werden, nur ausnahmsweise sind die vorhandenen Schleusen betriebsbereit. An der größeren Stauanlage »Letzter Heller« erleichtert eine Umtragerampe mit Gleiswagen das Umsetzen der Boote. Die Werra ist im beschriebenen Abschnitt zwar Bundeswasserstraße, doch findet heute kein Schiffsverkehr mehr statt. Da sie etappenweise Grenzfluß zur DDR ist, ist hier das Mitführen eines Personalausweises erforderlich. Im Grenzbereich steuern wir die Boote auf der linken Flußhälfte und legen nirgendwo an!

Infolge der Verunreinigung durch Abwasser der Kaliwerke aus der DDR ist das Werrawasser stark salzhaltig (Spitzenwerte bis 40 gr/l). Zur Zeit wird über ein Abkommen verhandelt, welches die Belastung auf ca. 1/10 der jetzigen herabsetzt. Eine fast durchgehende PKW-Begleitung ist möglich, und die im Flußtal führende Eisenbahnstrecke ermöglicht ein Zurückholen der abgestellten Autos mit der Bundesbahn. Anfang Mai findet jedes Jahr eine Grenzland-Bootsralley statt; Hunderte von Kanus, Kajaks und Ruderbooten durchqueren dann das Wasser der Werra.

Zeltmöglichkeiten

Zeltplatz Wanfried – Mühlenanger, Eschwege – beim Bootshaus des Kanuclubs Camping Eschwege, Camping bei Jestädt, Albungen – am Gasthaus »Werratal«, Camping Witzenhausen, Laubach – Zella, Münden.

Sehenswertes

Altenburschla: Kirche mit Bauernmalereien, Wohnhaus des »Propheten von Altenburschla« – Bruder Lorenz.

Wanfried: Fachwerkhäuser, Rathaus, Endpunkt der mittelalterlichen Schiffahrt, alte Speicher, Kran, Plesseturm (NSG) – schöne Aussicht.

Eschwege: Landgrafenschloß, Marktplatz mit Fachwerkfront, Altstädter Kirche mit Orgel, Nikolaiturm, Raiffeisenhaus, Bismarkturm, am Fluß »Klein Venedig«.

Albungen: Höllental, Wanderung zum Hollesee, Kasseller Kuppe, Burg Fürstenstein.

Bad Sooden-Allendorf: In Allendorf – mehrere Straßenzüge mit Fachwerkhäusern, Heimatmuseum, Heiliggeisthospital, alte Werrabrücke; Sooden – Söder Tor, Marienkirche, Salzamt, schöne Fachwerkhäuser.

Witzenhausen: »Kolonialschule« – im ehemaligen Wilhelmitenkloster, Stadtkirche, Kapelle des St.-Michael-Hospitales, Renaissance-Rathaus, Stadtmauer mit Wehrtürmen, prachtvolle Fachwerkhäuser, Völkerkundemuseum, Tropengewächshäuser.

Hedemünden: Berlepsch – Schloß, Arnstein, Ludwigstein, Mollenfelde – Europäisches Brotmuseum.

Hann. Münden: Herrlich renovierte Altstadt, Rathaus mit Portal und Freitreppe, St.-Blasius-Kirche, Werrabrücke, Weserstein u.v.a. – siehe auch Weser.

Karten, Kanuliteratur

Generalkarte 1:200000, Blatt 11; Deutsche Idealkarte 1:100000, Blatt 16. – Deutsches Flußwanderbuch, Kanuführer für Südwestdeutschland.

Werra

Anfahrt
BAB 7 Kassel-Göttingen, Ausfahrt Hann. Münden-Werratal, B 80 bis Witzenhausen, durchs Werratal B 27, ab Eschwege B 249 und B 250.

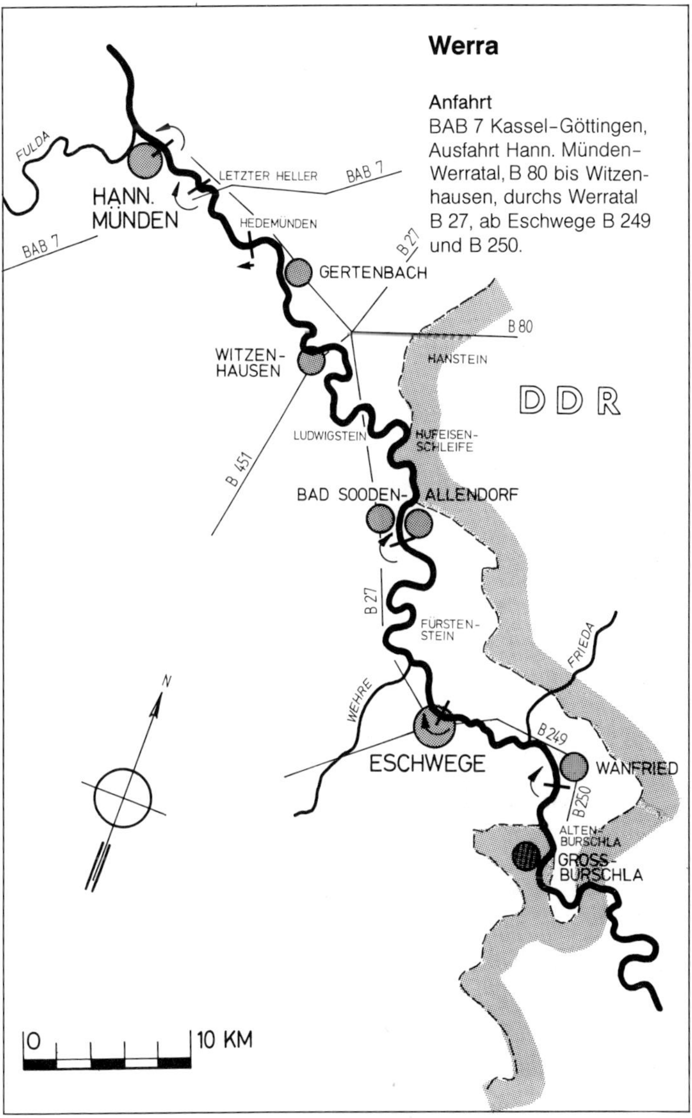

schaftlich sehr ansprechende Talstrecke. Burg Fürstenstein, die Andreaskapelle und Schloß Rothestein begleiten die romantischen Flußschleifen.
Bei langsamer werdender Strömung erwarten uns das erste und zweite Allendorfer Wehr; wir paddeln jeweils rechts im Fluß weiter. Vor der alten Steinbrücke liegt das dritte Wehr; hier tragen wir die Boote über die neue Treppenanlage links um. Ein Parkplatz bei der Brücke erleichtert das Abla-

den der Kanus beim Ein- oder Aussetzen. Wir könnten natürlich auch rechts die alte, selbstbedienbare Schleuse ansteuern. Die Fahrt entlang der farbigen mittelalterlichen Häuserkulisse lohnt sich. Die Schleusenanlage ist jedoch nicht immer in Betrieb. Auf jeden Fall empfiehlt es sich, die Doppelstadt an den Salzquellen zu besuchen. In beiden Stadtteilen finden wir eine Fülle von Fotomotiven.

Kurz nach Bad Sooden-Allendorf nähert sich der graue Grenzzaun noch einmal dem Flußufer; auf ca. 10 km müssen wir unsere Boote am linken Ufer entlangsteuern. Nach der ausgeprägten Hufeisenschleife bei Lindewerra durchbricht die Werra den Bergriegel zwischen Ludwigstein und der Hasenkanzel. Das Tal öffnet sich, und in der Flußbiegung bei der Flachsbachmühle können wir beim Zurückschauen den berühmten Zweiburgenblick erhaschen – links am Horizont die Burg Hanstein in der DDR und rechts über uns die zu einer Jugendherberge umgebaute Burg Ludwigstein.

Das nun flache Tal ertrinkt im Frühling in der weißen Farbe der blühenden Kirschbäume, welche die sanft ansteigenden Hänge rings um Witzenhausen bedekken. Im Sommer, nach der Ernte, dreht sich das ganze Gemeindeleben in dieser alten Stadt um die süßen Kirschen. Alljährlich wird das Kirschfest gefeiert, eine Kirschkönigin wird gekrönt, und aus dem Stadtbrunnen am Marktplatz fließt statt Wasser Kirschsaft. Natürlich gibt es auch viele andere Sehenswürdigkeiten. Tropengewächshäuser und umfangreiche Sammlungen im Völkerkundemuseum erwecken unsere Aufmerksamkeit.

Weiter flußabwärts nähern sich links die Ausläufer des Kaufunger Waldes, und bei guter Strömung paddeln wir an den alten Fachwerkdörfern Gertenbach und Blikkershausen vorüber. Vor dem Städtchen Hedemünden steuern wir an der Flußgabelung unsere Boote in den linken Flußarm, »die Lache«; dadurch umfahren wir das Hedemünder Wehr. Die Strömung läßt bald nach; langsam paddeln wir in ein bewaldetes Engtal hinein. Erst kommt ein Campinplatz, dann eine Bootsanlegestelle und hoch über dem Fluß die schlanke, 400 m lange Autobahnbrücke. Noch ein paar hundert Meter, und wir legen links vor der Schleuse neben dem mit Türmchen versehenen Wehr des Kraftwerks »Letzter Heller« an.

Jetzt heißt es aussteigen, Boote auf die Gleislore, dann kräftig bremsen – es geht steil hinunter zum Unterwasser. Wir lassen uns für die letzten Kilometer durch das grüne Tal viel Zeit. Die ersten Häuser der malerisch gelegenen Stadt Münden ziehen an unseren Booten vorbei, unter der Eisenbahnbrücke halten wir uns rechts und erreichen so unter der alten Steinbogenbrücke hindurch die kleinen Insel vor der Bootsschleuse. Ein Gleiswagen erleichtert uns wieder das Umtragen. Nach wenigen Paddelschlägen sehen wir links auf der Inselspitze den Weserstein; hier, am Zusammenfluß der Fulda und Werra, beginnt die Weser. Zum äußerst lohnenden Aufenthalt in Münden müssen wir aufwärts in den Schleusenkanal fahren, wo wir neben dem Campingplatz an der Schleuse anlegen können.

Hoch über der Werra blickt Ludwigstein ins Tal.

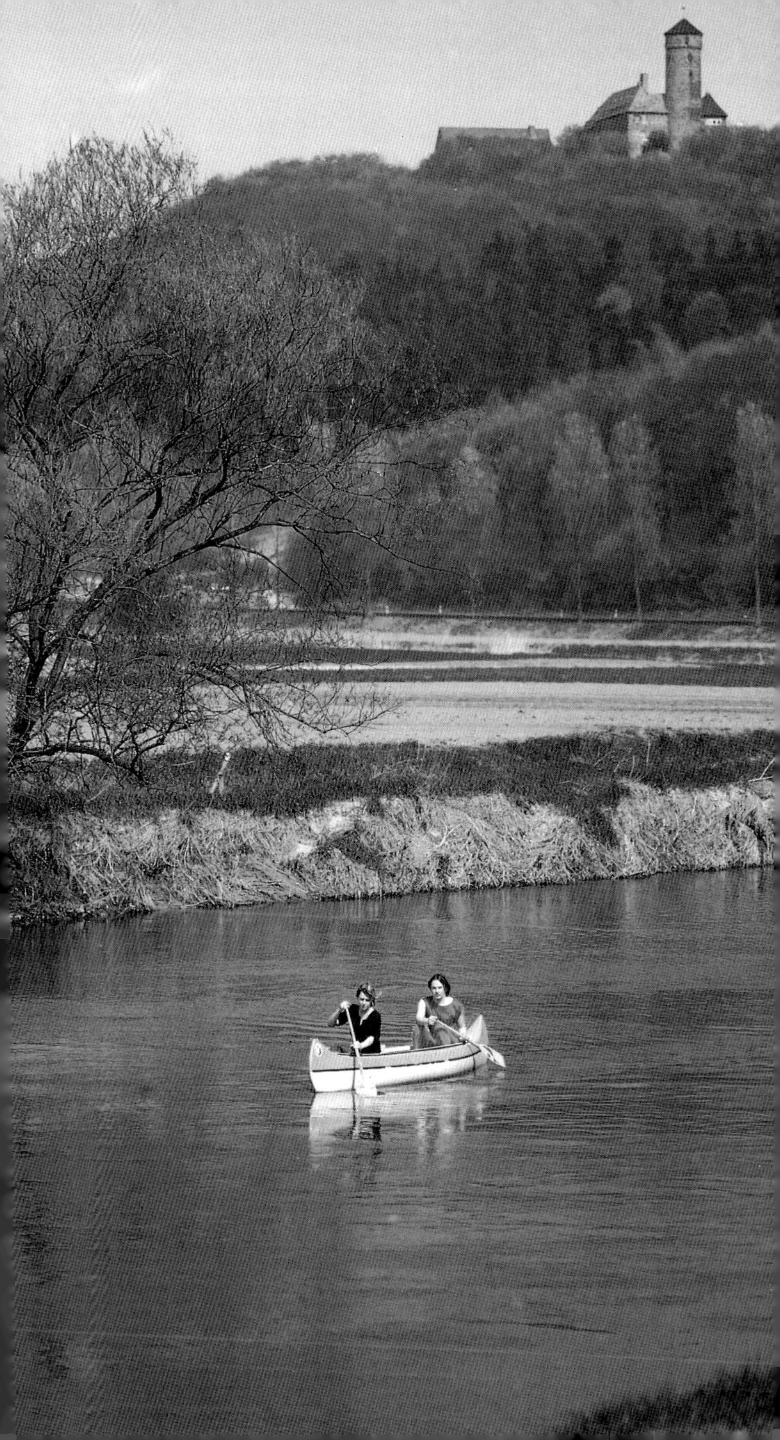

23 Fulda

Bad Hersfeld–Hann. Münden

Quellfluß der Weser

118 km
Ferienfahrt

Fast 180 km legt die Fulda von ihrer Quelle an der Wasserkuppe in der Rhön bis zum Weserstein in Münden zurück. Auf dem vielfach gewundenen Weg durchquert sie, in nördlicher Richtung fließend, das geschichtsträchtige Land zwischen Rhön und Vogelsberg und verbindet dabei die barocke Bischofsstadt Fulda mit Bad Hersfeld, dessen romanische Stiftskirche jahrhundertelang die größte nördlich der Alpen war. Bei Bebra knickt der Flußlauf nach Nordwesten ab, um eingeengt im lieblichen, von steilen Waldhängen umsäumten Tal von der schmukken Residenzstadt Rotenburg durch die Enge von Beiseförth nach Melsungen zu eilen. Nach der großen Schleife bei Büchenwerra lockern die schroff abfallenden Berghänge ihre enge Umarmung, und die Fulda, von links gestärkt durch das klare Wasser der Eder, tritt in die Talweite von Kassel ein. Ein reizvoller architektonischer Teil der schönen Großstadt geworden, durchsägt sie nördlich die letzten Ausläufer des Kaufunger Waldes, um am Weserstein in Münden durch den berühmten »Kuß« mit der Werra die Weser entstehen zu lassen.
Unsere Flußwanderung beginnt in Bad Hersfeld, wo schon im frühen Mittelalter die dort ansässigen Benediktinermönche mittels Einbäumen einen Bootsverkehr zwischen ihrem Kloster und dem in Fulda aufrecht erhielten. Nach der Stadtbesichtigung finden wir eine gute Einsatzstelle am Hersfelder Kanuclub oder beim Reit- und Fahrverein. Am nahen Steilwehr erleichtert ein Treppchen das Umtragen der Boote.
Unter mehreren Brücken hindurch

An der Einsatzstelle nach dem Hersfelder Wehr.

Fulda

Anfahrt
BAB 7 Fulda-Kassel,
vom Kirchheimer Dreieck
auf die BAB 4,
Ausfahrt Bad Hersfeld.

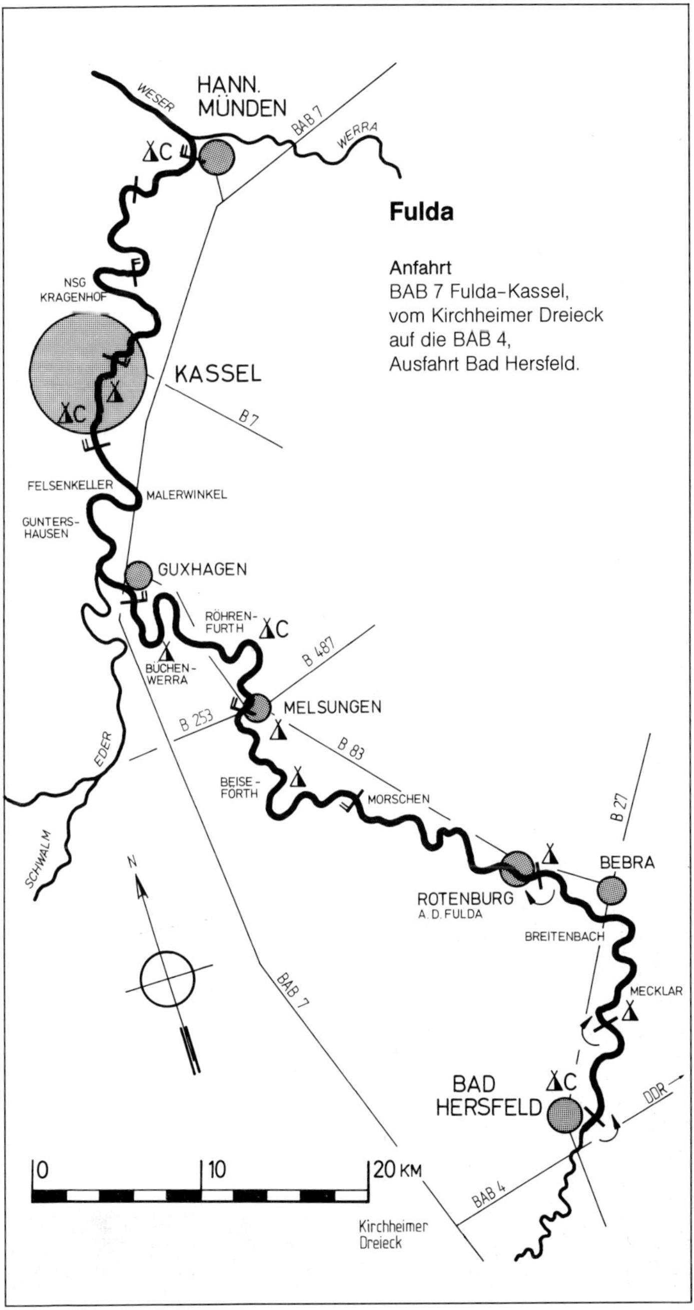

Charakter, Tips

Geruhsam fließender Wanderfluß, ab Bad Hersfeld ganzjährig auch mit Faltbooten befahrbar. Landschaftlich eindrucksvoll, steil abfallende Waldhänge begleiten in langen Abschnitten den Flußlauf, nur bei Kassel weitet sich das Tal kesselartig aus.

Ab Mecklar Bundeswasserstraße, teilweise mit Kilometrierung versehen, wenig Bootsverkehr. Unterhalb Kassel an Feiertagen verstärkter Motorbootbetrieb, von Kassel bis Spiekershausen Personenschiffahrt. Alle Wehre unterhalb Rotenburg sind mit Schleusenanlagen versehen. Flußaufwärts von Kassel sind die Schleusen für Selbstbedienung eingerichtet, flußabwärts werden sie von Personal bedient (Schleusenzeiten täglich 8–16.30 Uhr, gebührenfrei). Ein Teil der Schleusen ist jedoch außer Betrieb; in diesem Fall stehen zum Umfahren der Boote Gleisloren zur Verfügung (diese bitte wieder zum Oberwasser zurückschieben!). Das Fuldawasser ist bis Kassel nur mäßig belastet, nachher leider stärker verschmutzt.

PKW-Begleitung und Bootsabholung mit der Bundesbahn gut möglich. Straße und Eisenbahnstrecke ziehen sich durch das Flußtal. Wegen der vielen Sehenswürdigkeiten, der schönen Landschaft und des ruhigen Flußverlaufs ist die Fulda als Ferienfahrt zu empfehlen. Viele Zeltplätze ermöglichen ein problemloses Aufteilen der Tagesetappen.

Zeltmöglichkeiten

Bad Hersfeld, Camping im Geistal, Camping Rotenburg, Beiseförth, Obermelsungen, WSV Melsungen, Wagenfurth, Büchenwerra, mehrere Plätze in Kassel, Münden.

Sehenswertes

Bad Hersfeld: Stadtmauer mit Wehrturm, Rathaus mit herrlicher Renaissancefassade, Ruine der riesigen Stiftskirche (9. Jh.), Katharinenturm mit Lullusglocke, gotische Stadtkirche, schöne Fachwerkhäuser, Duden-Denkmal, Kurpark, Schloß Eichhof u. a.

Bebra: Biberbrunnen.

Rotenburg a. d. Fulda: Ehemalige Residenzstadt, mittelalterliches Stadtbild, Renaissanceschloß, Rathaus mit Freitreppe, Stadtkirche St. Jakob, Stadtmauer mit Hexenturm, Gut Elingerrode u. a.

Altmorschen: Zisterzienserkloster Heydau mit gotischem Kreuzgang und Engelsaal, schöne Fachwerkhäuser, Orangerie.

Melsungen: Malerische Altstadt, ehemaliges Landgrafenschloß, Rathaus, Stadtkirche (15. Jh.), Marktplatz mit Brunnen, sechsbogige Fuldabrücke (Bartenwetzerbrücke).

Kassel: Eine der schönsten und grünsten deutschen Städte, Stadt der Kirchen, Museen, Galerien und Parks, Brüderkirche (13. Jh.), Martinskirche mit Grabstätten der Hessischen Landgrafen, Landesmuseum, Deutsches Tapetenmuseum, Brüder-Grimm-Museum, Staatstheater, Ottoneum, Neue Galerie, Murhard-Park, Park Schönfeld mit Botanischem Garten, Karlsaue, Wilhelmshöhe mit Schloß und Park, Herkules, Kaskade u. v. a.

Hann. Münden: Siehe Tour 24.

Karten, Kanuliteratur

Generalkarte 1 : 200 000, Blatt 11; Deutsche Idealkarte 1 : 100 000, Blatt 16. Deutsches Flußwanderbuch, Kanuführer für Südwestdeutschland.

trägt uns die Fulda zuerst im ausgebauten, regulierten Flußbett zum Mecklarer Wehr, an dem wir links umtragen. Kurz danach folgt Bebra, heute ein wichtiger Eisenbahnknotenpunkt im Grenzverkehr zur DDR. Hier ändert die Fulda in einem Linksbogen ihre Fließrichtung nach Nordwesten. Rechts unweit des Flusses liegt

das 1200jährige Lispenhausen mit seiner Wasserburg. Nach der Haselbachmündung paddeln wir am Rotenburger Campingplatz vorbei und steuern links vor der Stadtbrücke zur ehemaligen, heute verschütteten Schleuse, wo wir gut umtragen können.
Bei der Weiterfahrt begleitet uns entlang des Flusses eine schöne Fachwerkfront. Wir haben nun eine reizvolle Strecke durchs wiesenreiche Fuldatal vor uns, das beiderseits von bewaldeten Höhenzügen eingefaßt ist. In Morschen lugt die gotische Kirche des sehenswerten ehemaligen Zisterzienserklosters hervor. Die links liegende Schleuse der Stauanlage können wir selbst bedienen, doch schneller geht das Umtragen über die Schleuseninsel. Mit Faltbooten achten wir auf die Untiefen und spitzen Steine unter der nächsten Brücke sowie unter der neuen Eisenbahnbrücke der Schnellstrecke Hannover–Würzburg.
Das Tal verengt sich noch weiter, es folgt der Durchbruch von Beiseförth. Über kleine Schwälle und Schnellen paddeln wir durch die bewaldete Engstrecke, die bis Guxhagen mit vielen schönen Flußschlingen aufwartet. Nur das Wehr in der Alten »Bartenwetzer-

In der Fuldaschleife bei Schwarzenberg.

stadt« Melsungen unterbricht die flotte Strömung. Es wäre fast eine Sünde, hier nicht aus den Booten zu steigen, um die Altstadt zu besuchen. Vor der Selbstbedienungsschleuse an der sechsbogigen Steinbrücke nisten manchmal Schwäne, deshalb bitte im weiten Bogen anfahren. Ebenso treibt sich ein Schwanenpärchen an der Anlegestelle am großen Parkplatz herum; doch ist es recht zahm und friedlich.

Am Schwall unter der Grebenauer Brücke beginnt dann die einzigartige große Fuldaschleife, in welcher der langgestreckte Umlaufberg von Büchenwerra den Fluß mehrere Kilometer in südliche Richtung abdrängt, bis er sich in einer scharfen Kurve wieder seinen Weg nach Norden zurück erkämpft.

Am Auslauf der Guxhagener Schleuse, an die wir eng am rechten Ufer ansteuern, beachten wir bei Niedrigwasser die flachen Stellen, da eine Grundberührung mit dem Faltboot meist nicht ohne böse Folgen bleibt. Nach der Autobahnbrücke gesellt sich unauffällig die Eder zu uns, deren grünes, klares Wasser sich lange mit dem dunklen der Fulda mischt. Nach Guntershausen (guter Abbauplatz in Bahnhofsnähe) leuchtet am Hang links oben das Hotel »Felsgarten«. Dann treiben die Kanus in die schöne, ebenmäßige Malerwinkel-Schleife.

Die nächste Autobahnbrücke sagt uns das neue Mühlenwehr an. Hier stehen wir vor der Wahl: entweder links schleusen und dabei sehr auf den Wehr- und Turbinensog achten oder einfach rechts vor der Wehrkrone an Treppen anlegen und leicht die Kanus mit einem Gleiswagen zum Unterwasser weiterbefördern (für Anfänger zu empfehlen).

Danach zieht uns schon die Großstadt Kassel in ihren Bann. Linksufrig am Städtischen Campingplatz oder an einem der vielen Vereinsplätze finden wir sicher eine Möglichkeit zum Aufstellen unserer Zelte, um mindestens einen Tag den historischen Gebäuden, Museen, Schlössern oder Kirchen zu widmen. Großzügig angelegte Grünanlagen verschaffen der Stadt eine angenehme Atmosphäre, so daß wir am nächsten oder übernächsten Tag erholt weiterpaddeln können.

Am Städtischen Walzenwehr schleusen wir oder fahren die Kanus rechts mit dem Gleiswagen um. Das wieder sehr enge Flußtal überrascht mit immer neuen Landschaftsbildern, die sich nach jedem Bogen kulissenartig vorbeischieben.

Ein Teil der herrlichen Kragenhofener Schleife steht unter Naturschutz (Befahrungsverbot von 15. Oktober–31. März); wir halten die Boote streng in der Außenkurve, um das geschützte Gebiet nicht zu gefährden. Es folgen noch die Schleusen von Wahnhausen und Wilhelmshausen. Bei Bonaforth gibt es ein befahrbares Wehr; vor dem Schwall schließen wir lieber die Spritzdecke, obwohl er sich als recht harmlos erweist.

Bald darauf erblicken wir die ersten Häuser der wunderschön am Zusammenfluß mit der Werra liegenden Stadt Münden. Das den linken Flußarm sperrende Wehr ist bei gutem Wasserstand von erfahrenen Kanuwanderern befahrbar. Doch zum Zelten und für eine Stadtbesichtigung steuern wir zur Schleuse hinüber und legen auf der Insel »Tanzwerder« an. Dort erwartet uns ein kanufreundlicher Campingplatz; unsere Wanderfahrt ist zu Ende.

24 Weser

Hann. Münden–Minden

203 km

Nordseestrom

Ferienfahrt

Bei ihrer Entstehung durch den Zusammenfluß von Werra und Fulda in Hann. Münden ist die Weser schon ein stattlicher, ausgewachsener Fluß, der mit ruhiger Strömung in vielen unregelmäßigen Schleifen die landschaftlich ungemein reizvollen norddeutschen Mittelgebirgszüge durchquert, an der Porta Westfalica bei Minden das norddeutsche Tiefland erreicht und nach 430 km Flußlänge bei Bremerhaven von der Nordsee aufgenommen wird.

Auf ihrem Wege zeigt uns die Weser viele, manchmal sehr verschiedene Gesichter. Ohne Hindernisse gemächlich strömend, ist sie ein Fluß der Ruhe, gleichzeitig ein Tummelplatz der Wassersportler, wenn an Wochenenden Hunderte der verschiedensten Boote die Fluten beleben. Sie ist auch ein Fluß der Märchen und Sagen – erinnern wir uns nur an Doktor Eisenbart, der in Münden lebte, oder an das Märchen vom Dornröschen. Die im geheimnisvollen Reinhardswald versteckte Sababurg lieferte sicher den Brüdern Grimm die Kulisse für ihre Erzählungen. In Bodenwerder gab der »Lügenbaron« Freiherr von Münchhausen seine phantastischen Geschichten zum besten. Auch Hameln mit seiner Rattenfängersage sowie die Bremer Stadtmusikanten dürfen hier nicht vergessen werden.

Die Weser ist aber auch ein Fluß der deutschen Geschichte. Viele Klöster wurden um die Jahrtausendwende an ihren Ufern gebaut und beherbergen heute unschätzbare historische Kunstwerke. Auch mehrere mittelalterliche Städte mit gut erhaltenen, reich gezierten Fachwerkhäusern und Schlössern der Weserrenaissance säumen den Strom und laden zum Aufenthalt ein. Das alles, zusammen mit der beschaulichen Landschaft, macht aus einer Kanuwanderfahrt auf der Weser ein unvergeßliches Erlebnis.

Doch leider hält die Weser auch einen negativen Rekord: Sie ist einer der meistbelasteten Flüsse in Deutschland! Außer Abwassern der Zellstoff- und Chemieindustrie werden jährlich über die Werra der Weser fast 8 Mill. t Kalisalze aus der DDR zugeführt. Wenn diese Versalzung so weitergeht, wird die vielbesungene Weser zu einem Gewässer, in dem sich höchstens noch Nordseefische wohlfühlen. In Kürze sollen »nur« noch 1 Mill. t Salz eingeleitet werden; das wäre schon ein Fortschritt.

Wenn wir nicht bereits im Boot sitzend von der Fulda oder Werra ankommen, beginnen wir unsere Wanderfahrt am besten in Münden, oft noch Hannoversch Münden genannt. Malerisch auf einer Landzunge zwischen Fulda und Werra liegend, bietet diese alte Stadt soviel Sehenswertes, daß ein Tag zur Besichtigung kaum ausreicht.

Im paddlerfreundlichen Campingplatz auf der Flußinsel vor den Toren der Stadt sind wir gut aufgehoben; von hier aus setzen wir unsere Boote unterhalb der Schleuse ins Wasser. Vorbei am berühmten Weserstein mit der so oft zitierten Inschrift »Wo Werra sich und Fulda küssen . . .« führen uns die ersten Paddelschläge in den ruhigen, doch zügig strömenden Weserfluß. Wenn wir keinen Gegenwind haben, können wir ab jetzt in den Kanus herrlich faulenzen, uns an der vorbeiziehenden Landschaft erfreuen und brauchen nur hie und da mit dem Paddel oder Ruder ein wenig die Richtung zu korrigieren.

Die nächsten 40 km sind wahrscheinlich die reizvollsten; doch die Weser überrascht uns auch weiter flußabwärts immer wieder mit neuen, prächtigen Landschaftsbildern. Über weite Strekken reichen jetzt die steilen Buntsandsteinhänge des Bramwaldes, des Sollings und des sagenumwobenen Reinhardswaldes rechts und links bis an den Fluß. Zwischen den vielen kleinen Dörfern, die die Weserufer schmücken, verkehrt noch wie in alten Zeiten so manche handgetriebene Hochseilfähre. Hier heißt es aufpassen, denn so eine Fähre hat natürlich Vorfahrt!

Gimte, Hilwartshausen und Vaake mit seiner schönen Häuserfront hinter uns lassend, verbringen wir anschließend im einladenden Veckerhagener »Brauhaus« eine

Charakter, Tips

Ganzjährig befahrbarer, ca. 50 m breiter Wanderfluß, der im regulierten Flußbett in vielen weiten Schleifen durch ein teils enges, teils breiteres, landschaftlich sehr schönes Tal mit guter Strömung fließt.

Für alle Bootstypen geeignet, bietet der Fluß die einzigartige Möglichkeit, die 200 km von Hann. Münden bis Minden nur mit einem Wehr (Bootsgasse) zu bewältigen. Die Strömung treibt uns dabei prächtig an; 40–50 km am Tage zu paddeln, ist kein Problem, doch für die unzähligen Sehenswürdigkeiten sollte man sich Zeit lassen und mindestens eine Woche für die Strecke planen.

Obwohl der Fluß ab Hann. Münden als Bundeswasserstraße eingestuft ist (Bootsbezeichnung, DKV-Ausweis, Binnenschiffahrtsstraßenordnung!), herrscht auf der Oberen Weser bis Hameln so gut wie kein Frachtverkehr; nur eine Personenschiffahrtslinie verbindet Münden mit Hameln. Unangenehm kann der rege Motorbootverkehr an Wochenenden werden, wenn so mancher rücksichtslose Bootsrowdy unsere Kanus gefährlich zum Schaukeln bringt und mit einem Wasserskifahrer im Schlepp knapp an uns vorbeiflitzt. Darum ist es wichtig, mit Wanderbooten stets in der Nähe des rechten Ufers zu fahren. Zu beachten sind bei Niedrigwasser die unzähligen Buhnen, die dann weit in die Flußmitte ragen. Auch manche Hochseilfähre ist noch als Verbindung zwischen den Ufern in Betrieb (auf die Bewegung der Fähre achten). Trotz dieser Gebote und des von der Industrie stark belasteten Wassers ist eine beschauliche Wanderfahrt auf der Weser äußerst lohnend. – Kanuverleih am Campingplatz Hann. Münden.

Zeltmöglichkeiten

Städt. Campingplatz Hann. Münden, hier auch DKV Zeltplatz, weitere Campingplätze in Hemeln, Oedelsheim, Gieselwerder, Karlshafen, Beverungen, Fürstenberg, Höxter, Holzminden, Polle, Rühle (Rühler Schweiz, An der Himmelspforte), Grohnde, Hameln, Rinteln KC, Borleffzen, Porta, Minden. Zwischen Hann. Münden und Bursfelde nicht frei zelten, hier rechtsufrig Naturpark Münden.

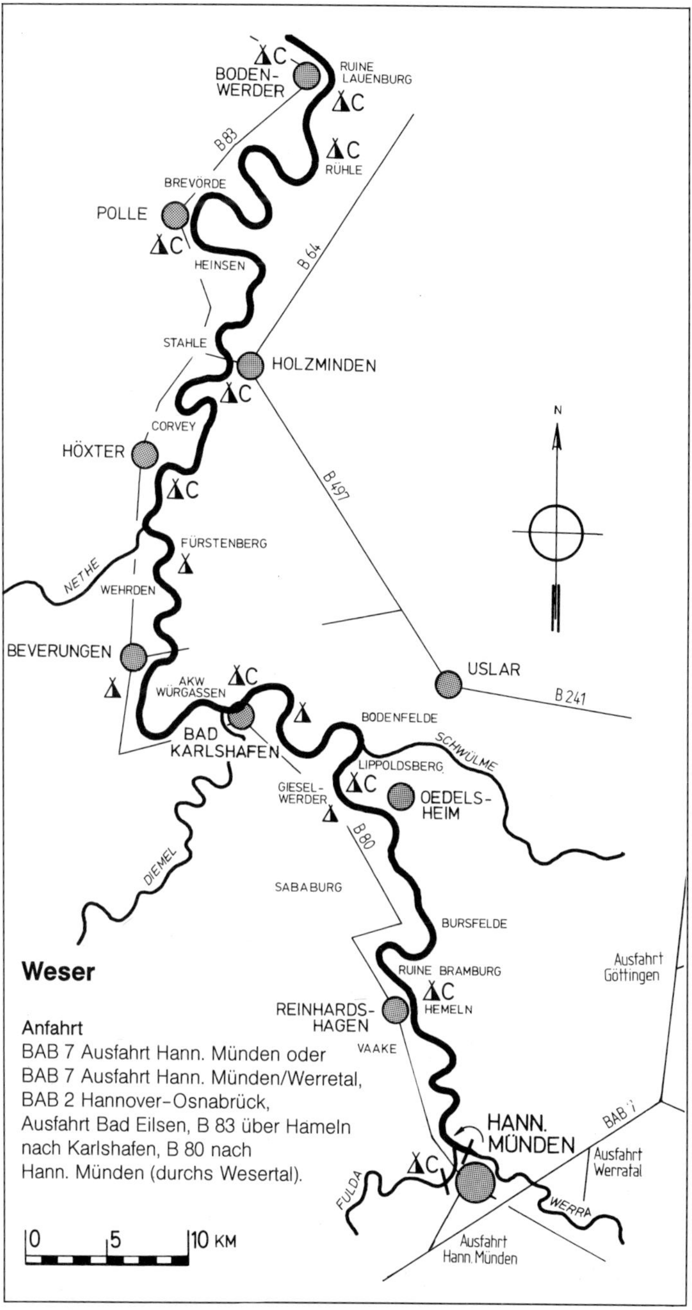

Weser

Anfahrt

BAB 7 Ausfahrt Hann. Münden oder BAB 7 Ausfahrt Hann. Münden/Werretal, BAB 2 Hannover-Osnabrück, Ausfahrt Bad Eilsen, B 83 über Hameln nach Karlshafen, B 80 nach Hann. Münden (durchs Wesertal).

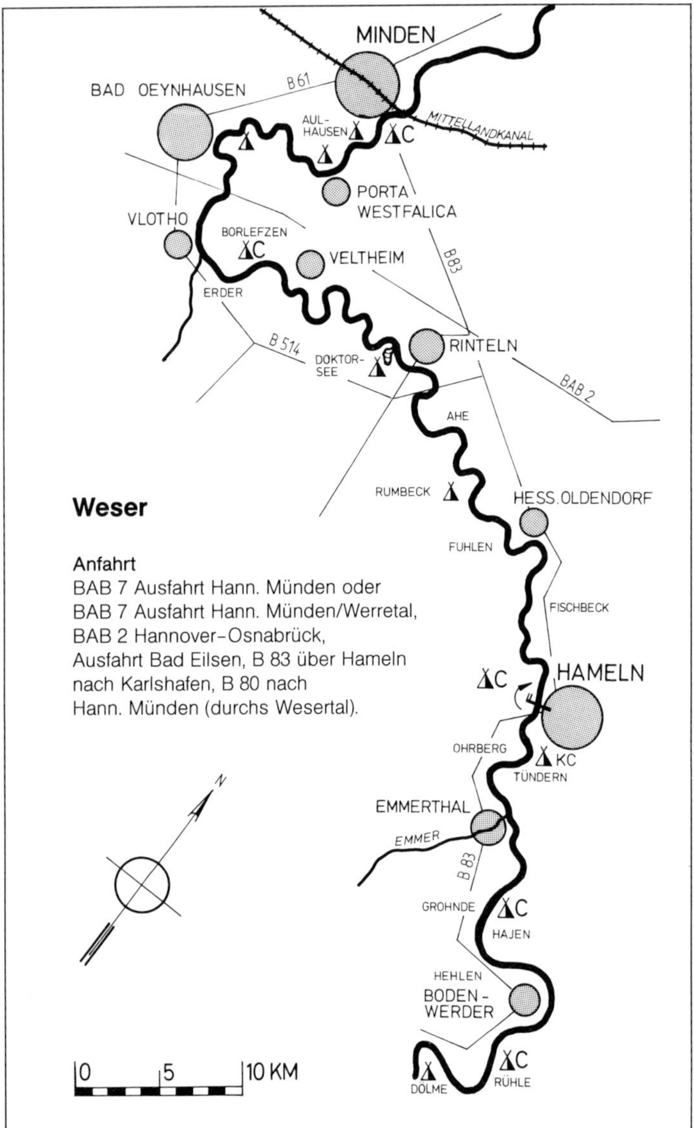

Weser

Anfahrt

BAB 7 Ausfahrt Hann. Münden oder
BAB 7 Ausfahrt Hann. Münden/Werretal,
BAB 2 Hannover-Osnabrück,
Ausfahrt Bad Eilsen, B 83 über Hameln
nach Karlshafen, B 80 nach
Hann. Münden (durchs Wesertal).

angenehme Vesperpause. Am gegenüberliegenden Ufer, am Fuße des Bramwaldes, liegt Hemeln. Kurz danach, in einer scharfen Rechtskurve hoch über dem Fluß, versteckt sich im Wald die Ruine Bramburg, von der wir eine prächtige Aussicht ins Wesertal genießen können. Die Burg wurde zum Schutze des Benediktinerklosters

Bursfelde errichtet, dessen weit emporragenden Türme wir zuerst vom Fluß aus erblicken. Nachher bewundern wir die kostbaren Fresken in der dreischiffigen Klosterkirche. Von Gieselwerder, heute ein Ortsteil von Oberweser, kommen wir nach einer Wanderung durch urwaldähnlichen Forst zu einem Dornröschenschloß – der Sababurg.

Wieder zurück in den Kanus, paddeln wir nach Lippoldsberg in einem großen Bogen nach Süden, um anschließend in einer vollendeten Schleife am Umlaufberg Kalberg vorbeizuziehen. Das Tal ist sehr eng; eine einsame Strekke, der sogenannte Sollingdurchbruch, führt uns nach Karlshafen, wo wir am großen Campingplatz rechtsufrig gegenüber der Stadt anlegen. Über eine der wenigen Weserbrücken spazieren wir in die 1699 gegründete Hugenottenstadt. Im alten Hafenbecken spiegelt sich die weiß leuchtende Barockfassade des Rathauses. Der Hafen ist ein Überbleibsel des ehrgeizigen Schiffskanal-Projekts, das die Weser über das Diemeltal mit Kassel verbinden sollte. Wenn wir etwas Zeit haben, scheuen wir nicht den steilen Aufstieg zum Hugenottenturm; der Ausblick auf die symmetrisch angelegte Stadt und ins Wesertal ist sehr hübsch.

Von links mündet knapp unterhalb der Stadt die Diemel, ein lohnendes Wanderflüßchen. Weiter flußabwärts säumt das rechte Ufer eine Felsgalerie – die Hannoverschen Klippen. Das enge Tal öffnet sich, vor uns liegt der Große Weserbogen. Unverhofft ragen wie riesige antike Amphoren die Kühltürme des Kernkraftwerks Würgassen, das rechtsufrig Wasser entzieht, hoch über dem Fluß auf. Wir paddeln links im Außenbogen vorbei und spüren, daß dieses technische Monstrum nicht in die liebliche Weserlandschaft hineingehört. Es dauert lange, bis unterhalb des reizvollen Städtchens Beverungen die drohenden Ungetüme am Horizont verschwinden.

In weiten, rhythmischen Schleifen teilt jetzt die Weser die hellen Kalksteinschichten des Lipper Berglandes vom rötlichen Buntsandstein des Sollings. Der flache Auboden des nunmehr breiten Tals ist von Kiesgruben zerwühlt und mancher Berghang durch Steinbrüche verwundet. Von den übriggebliebenen Weideflächen entlang der Ufer beäugen uns Schafe und gescheckte Kühe, die an heißen Tagen ins kühlende Wasser steigen. Rechts gegenüber der Nethemündung ragt hoch über dem Fluß das auf einem Felssporn erbaute Schloß Fürstenberg auf, seit fast 250 Jahren Sitz einer weltberühmten Porzellanmanufaktur. Eine Besichtigung des interessanten Museums und die Werksführung geben einen Einblick in die Geschichte der Porzellanherstellung.

Nach der nächsten Flußbiegung erblicken wir weit voraus Höxter, eine über 1100 Jahre alte Stadt, deren Kern noch immer mittelalterliche Züge trägt. Trotz der unglücklichen Verkehrsführung – der ganze Wesertaler Verkehr strömt mitten durch die Altstadt – finden wir hier manches Kleinod der Weserbaukunst: reichgeschnitzte, renovierte farbige Fachwerkhäuser mit ihren typischen »Fächerrosetten«, die romanische Kilianikirche, die Dekanai, das Rathaus mit seinem reizenden Erker. Ein Spaziergang am Weserufer führt uns zur berühmten Benediktinerabtei Corvey, die über viele Jahrhunderte hinweg als religiöses, politisches und kulturelles Zentrum des Nor-

dens Deutschlands wirkte. Es lohnt sich, hier eine Tagespause einzuplanen. Auf dem geräumigen Campingplatz rechtsufrig vor der Brücke oder auch im Zeltgelände des Wassersportvereins Höxter sind wir gut aufgehoben.
Bei der Weiterfahrt können wir vom Kanu aus noch einmal die majestätisch vorbeiziehenden Türme und alten Mauern der Abtei Corvey bewundern, bevor uns die Strömung in eine enge, unübersichtliche Südschleife hineinzieht. Hier müssen wir bei Begegnungen mit Ausflugsschiffen der Weserflotte besonders aufpassen, rechtzeitig ausweichen und die Kanus und Kajaks mit dem Bug gegen die nachströmenden Wellen halten. Bei Holzminden können wir vielleicht einige der 30000 Düfte der dort ansässigen Aroma- und Parfümerieindustrie erschnuppern. Auf jeden Fall lohnt ein kurzer Aufenthalt am schattigen Marktplatz der Altstadt.
Flußabwärts von Holzminden pendelt die Weser von einem Prallhang zum anderen, vom Kiekenstein zum Kapenberg, Eckberg und Kollberg, oft nackten Fels dabei freilegend, und sägt so ihren Weg durch die Muschelkalkschichten der Ottensteiner Hochfläche. Nach dem Städtchen Bodenwerder, wo der bekannte Geschichtenerzähler Freiherr Hieronymus von Münchhausen lebte, verläßt der Fluß das enge Tal. In großen, sanften Bögen nähern wir uns dem zweiten Kernkraftwerk an der oberen Weser, Grohnde, das umgeben vom hohen Sicherheitszaun klotzig und steril in der Landschaft steht. Flott strömt die Weser über die »Latferder Klippen«, als möchte sie die Begegnung mit dem Atomzeitalter schnell hinter sich bringen. Doch

die aus den Trichtern der hochgeschwungenen, mächtigen Betonkühltürme herausströmenden dikken, weißen Dampfwolken verfolgen bei ungünstigen Wetterverhältnissen weit ihren Lauf.

Beim Dorf Emmern verlangsamt sich die Strömung, der Rückstau des Hamelner Wehrs macht sich bemerkbar. Von hier aus können wir eine schöne Wanderung ins Emmertal zum Schloß Hämelschenburg, einem Juwel der Weserrenaissance, unternehmen. Im ruhigen Wasser erreichen wir dann langsam das Hafengebiet von Hameln und können dort rechts vor der Eisenbahnbrücke am Anleger des KC Hameln anlanden.

Bei einer Weiterfahrt lenken wir kurz nach der Eisenbahnbrücke unsere Boote halblinks zur großen Schiffsschleuse; an ihr rechts vorbei leitet eine Beschilderung zum Bootshafen und zur automatischen Bootsgasse. Sofern sie in Betrieb ist, öffnen wir durch Betätigen eines Druckschalters (Anweisung dort durchlesen!) diese Gasse, fahren mit zwei Paddelschlägen hinein, legen die Paddel an, fahren durch, paddeln im Unterwasser weiter und steuern weg vom Wehr zum linken Ufer.

Beim Durchfahren von Hameln halten wir uns links und achten auf den Schiffsverkehr. Nach Unterqueren der Straßenbrücken erreichen wir den Campingplatz. Hier schlagen wir unser Zelt auf, um der Metropole der Oberweser einen Besuch abzustatten. Wir werden nicht enttäuscht sein. Diese voller Leben pulsierende und

Die Türme der Kilianskirche begrüßen uns in Höxter.

Sehenswertes

Münden: Altstadt mit hervorragend restaurierten Fachwerkhäusern, Renaissance-Rathaus mit prächtigem Portal und Freitreppe, St.-Blasius-Kirche, Ägidienkirche, Werrabrücke (14. Jh.), Heimatmuseum, ehemaliges Welfenschloß, Weserstein u. a.
Vaake: Wehrkirche (Wandmalereien), Friedhof mit alten gußeisernen Kreuzen.
Veckerhagen: Barockes Jagdschloß.
Ruine Bramburg: Aussicht ins Wesertal.
Bursfelde: Benediktinerabtei, Klosterkirche mit Wandfresken, Sababurg (4 km) mit Tierpark, Urwald.
Gieselwerder: Wasserburg, Freilichtmuseum.
Lippoldsberg: Dreischiffige romanische Basilika, ehemaliges Jagdschloß des Landgrafen Karl von Hessen.
Bad Karlshafen: Barockes Hugenottenstädtchen, Rathaus, Hafen an der Diemelmündung, Invalidenhaus, Solequelle, Ruine Kruckenburg.
Beverungen: Fachwerkhäuser, Burgturm.
Wehrden: Wuchtiges Schloß – ehemalige Wasserburg, Schloß Fürstenberg mit weltberühmter Porzellanfarbrik.
Höxter: Ehemal. Hansestadt, romanische Kilianskirche, frühgotische Minoritenkirche, Fachwerkhäuser mit reicher Balkenornamentik, Rathaus mit Glockenspiel, Steinbrücke über die Weser, Benediktinerabtei Corvey.
Holzminden: Lutherkirche, Marktplatz, Geschmacksstoff-Industrie.
Polle: Burgruine (Freilichtbühne), Kirche, Fachwerkhäuser.
Bodenwerder: Romanische Klosterkirche, Kemnade, Geburtshaus des Freiherrn »Baron von Münchhausen« mit Museum, Brunnen, Schiffswerften.
Hehlen: Wasserschloß mit Türmen.
Emmern: Von hier Wanderung (4 km) zum Schloß Hämelschenburg.
Hameln: Frühere Hansestadt. Altstadt mit bürgerlichen Fachwerk- und Renaissancehäusern, Stadtmauerreste mit Pulverturm, Rattenfängerhaus, Stiftsherrenhaus, Münster St. Bonifatius, Lachsbrunnen, Marktkirche u. v. a.
Fischbeck: Romanische Kirche – dreischiffige Basilika mit Säulenkrypta, Kirchenschatz, Teppich mit Klosterlegende.
Hessisch-Oldendorf: Spätgotische Hallenkirche, Herrenhäuser, NSG Hohenstein im Sönte.
Rinteln: Ehemalige Universitätsstadt, Rathaus und frühgotische Kirche, Marktplatz mit Fachwerkhäusern.
Möllenbeck: Klosterkirche, Klosterkomplex mit Kreuzgang.
Veltheim: Denkmal, gegenüber Schloß Varenholz.
Vlotho: Alte Schifferstadt, Burgruine Wittekindstein, Schwedenschanze, Kleine oder Lippische Porta.
Bad Oeynhausen: Kurpark, Jordansprudel-Geysir, Deutsches Märchen- und Sagenmuseum, Auto- und Motorradmuseum.
Porta Westfalica: Kaiser-Wilhelm-Denkmal am Wittekindsberg.
Minden: Früher Hansestadt, Dom St. Peter mit Domschatz, Heimatmuseum, eines der ältesten deutschen Rathäuser, malerische Fischerstadt, »Schachtschleuse« – Schiffshebewerk.

Karten, Kanuliteratur

Generalkarte 1:200000, Blatt 7 und 9; Deutsche Idealkarte 1:100000, Blatt 12 und 16; Panoramakarte Weserlauf mit Beschreibung (Stollfuß Verlag, Bonn). – Deutsches Flußwanderbuch; Kanuwanderbuch für Nordwestdeutschland.

doch so historisch wirkende Stadt zieht uns sofort in ihren Bann. Viele Häuserreihen mit formenreichen, bunten Fachwerkfassaden, die in den letzten Jahren sorgfältig renoviert wurden, versetzen unsere Phantasie in die Zeit der Rattenfängersage, in die Zeit des mittelalterlichen Wohlstands, als Hameln eine reiche, bedeutende Hansestadt war. Die ausgedehnte Fußgängerzone ermöglicht ein ermüdungsfreies Laufen durch Gassen und Plätze dieser so sehenswerten Stadt. Voller Eindrücke kriechen wir spätabends in unsere Schlafsäcke und hören vielleicht noch im Traum das Flötenspiel des Rattenfängers ...

Am nächsten Morgen trägt uns die Weser mit neuem Schwung weiter flußabwärts. Die Orte liegen jetzt etwas mehr vom Fluß entfernt; wahrscheinlich hat man sie wegen der oftmals drohenden Überschwemmungen so gebaut. Rechts beherrschen den Horizont die Süntelhöhen; mit ihren ausgedehnten Waldkomplexen und bizarren Felsformationen sind sie ein Paradies für Wanderer und Kletterer. Links begrenzt das Massiv des Rumbecker Berges das breite Tal. Mehrere Kieswerke säumen den Flußlauf, und es folgen viele einsame Flußkilometer, bis wir die nächste Stadt erreicht haben.

Rinteln begrüßt uns mit dem markanten mehrstöckigen Turm der Nikolaikirche und schönen Fachwerkhäusern. Erstaunt stellen wir fest, daß diese kleine Stadt schon vor mehr als 350 Jahren eine Universität besaß, die erst von Jerôme Napoleon 1810 geschlossen wurde.

Immer dichter wird jetzt am Fluß der Motorbootverkehr. Bei Erder sowie auf mehreren ausgewiesenen Strecken müssen wir auf Wasserskifahrer achten, die manchmal bedrohlich nah an unseren Booten vorbeiflitzen.

Hier beginnt die letzte »Engtalstrecke«, und die Weser zeigt sich nochmals von ihrer schönsten Seite. Als nehme sie Anlauf, läßt sie sich weit nach Westen abdrängen und ändert ihre Richtung erst im großen Bogen bei Vlotho und Bad Oeynhausen. Das weltberühmte Bad ist durch eine Autobahn und Umgehungsstraße vom Fluß etwas abgeschirmt. Knapp vor der Werremündung finden wir in Rehme einen guten Anlegeplatz, um von hier aus durch den schönen Kurpark zum stärksten Thermalsolegeysir der Welt zu spazieren.

Nun ist es nicht mehr weit zum letzten Höhepunkt unserer Weserfahrt. Links nähern sich die steilen Waldhänge des Wiehengebirges. Bis zuletzt sehen wir nirgendwo einen Durchschlupf; erst knapp vor der Brücke kommt ein Linksbogen, und wir paddeln durch die Scharte – die »Porta Westfalica«. Unterhalb der Brücke finden wir dann eine gute Abbaumöglichkeit sowie Zeltplätze.

Von hier aus ist der beste Aufstieg zum monumentalen, 87 m hohen Kaiser-Wilhelm-Denkmal am Wittekindberg. Auf der Terrasse erwartet uns ein großartiger Ausblick, mit dem wir vom so vielgestaltigen Weseroberlauf Abschied nehmen. Wir können natürlich auch weiter nach Minden fahren und am Bootshaus der Faltbootabteilung TV Jahn oder am Zeltplatz Uferwiese unsere Fahrt beenden, um mit einer Besichtigung der im letzten Krieg stark zerstörten und heute wieder aufgebauten alten Bischofs- und Hansestadt Minden nach dem landschaftlichen auch noch den urbanen Abschlußpunkt zu setzen.

25 Eder

Frankenberg–Grifte (Guntershausen)

Nebenfluß der Fulda

95 km
kleine Ferienfahrt

Im zusammenhängenden Waldgebiet des Rothaargebirges, nicht weit von den Quellen der Lahn und Sieg, erblickt auch die Eder, »die Eilige«, in einer Bergmulde am Hang des fast 680 m hohen Ederkopfes das Licht der Welt. Als schmales Bächlein durchflitzt sie Erndtebrück, und in östlicher Richtung durch ein enges Tal hüpfend, sammelt sie die Gewässer des Wittgensteiner Landes. Nach den letzten Schleifen bei Battenberg wird aus ihr ein ausgewachsener Mittelgebirgsfluß, der im steinigen Bett eilend die alte Hessenstadt Frankenberg mit ihrem zehntürmigen Rathaus berührt. Von hier aus fließt die Eder durch ein bewaldetes Tal nordwärts bis nach Herzhausen, um den 26 km langen Eder-Stausee, der sich wie ein enger Fjord zwischen den grünen Kuppen der Ederhöhen windet, zu speisen. Unterhalb der Staumauern, nicht weit von Bad Wildungen, erreicht der Fluß eine fruchtbare Senke und grüßt südlich vorbeifließend die altehrwürdige Domstadt Fritzlar. In der Waberner Ebene wird bei Altenburg die windungsreiche Schwalm aufgenommen. Vorüber an Felsberg und dem aussichtsreichen Heiligenberg, die landschaftlich schöne Wolfershausener Schleife hinter sich lassend, vereint die Eder ihr grünklares Wasser mit den dunklen Fluten der Fulda.

Wir beginnen die Tagesetappe unterhalb der Staumauer in Affoldern.

Eder

Anfahrt
Von Kassel auf der BAB 49
Ausfahrt Wabern, B 253 (Fritzlar) über
Bad Wildungen (hier B 485 zur Edertal-Sperre),
B 253 nach Frankenberg, oder
BAB 5 Frankfurt–Hersfeld, Ausfahrt Alsfeld West,
B 62 nach Cölbe,
B 252 nach Frankenberg.

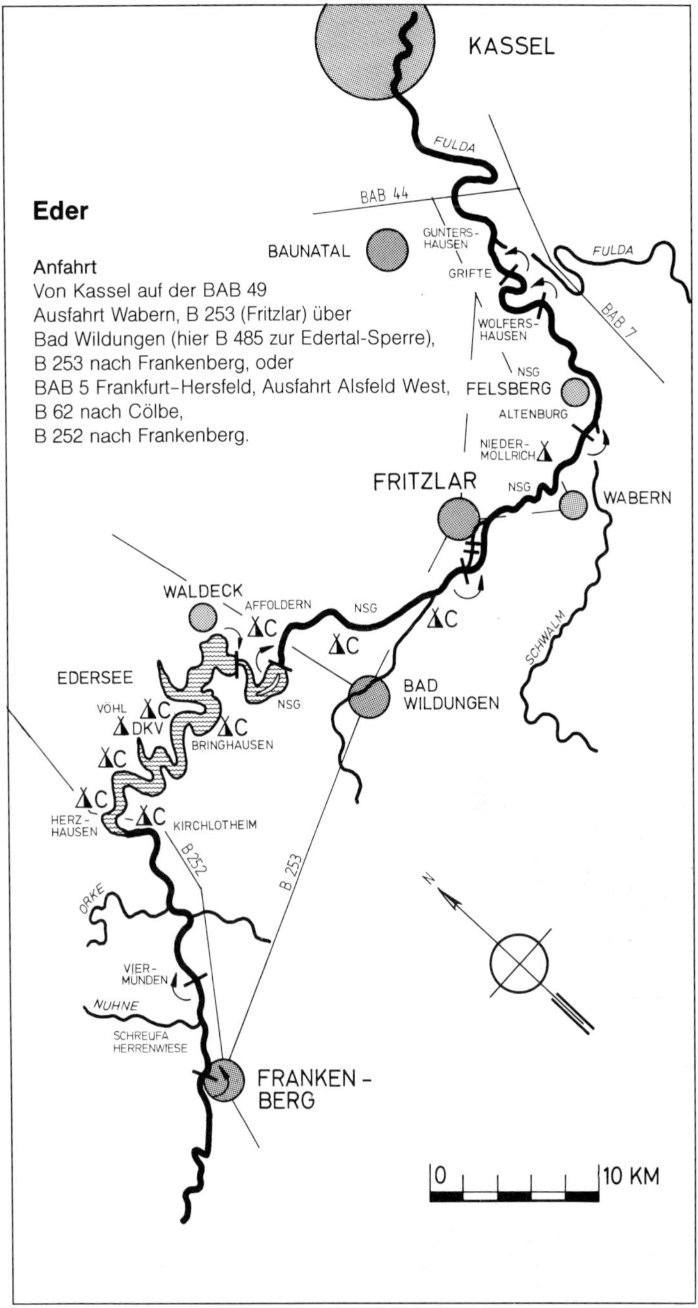

Von den 177 Flußkilometern sind für Kanuwanderer ca. 150 km befahrbar. Doch die sportliche Strekke von Raumland nach Frankenberg, die zwar durch ein reizendes Tal führt, aber dafür mit 17 teilweise befahrbaren Wehren gespickt ist, ist nur bei sehr gutem Wasserstand im Frühling oder nach Regenperioden ratsam.
Für eine Wanderfahrt setzen wir unsere Boote bei Frankenberg ein; die beste Stelle befindet sich oberhalb der Nuhnemündung bei der Eisenbahnstation Schreufa. Dabei umgehen wir die lange Treidelstrecke, die im Frühsommer durch Ableiten des Flußwassers in Frankenberg entsteht. Gegenüber der Einsatzstelle schießt das Wasser wieder zurück in den Fluß. Das liebliche Tal nimmt uns auf.

Charakter, Tips

Am Oberlauf bis zum Stausee typischer Mittelgebirgsfluß, der ab Frankenberg oft bis in den Frühsommer mit allen Bootstypen auch von weniger geübten Kanuten befahrbar ist (Pegel Frankenberg-Brücke 50 cm). Sehr sauberes Wasser mit flotter Strömung und vielen kleinen Schwällen, unterhalb von Brücken auch schön spritzig. Insgesamt flußtechnisch und landschaftlich eine abwechslungsreiche Wanderfahrt.
Wegen des steinigen Flußbetts sind natürlich bei niedrigerem Wasserstand Kunststoffboote den Faltbooten vorzuziehen. Nach der Talsperre ruhiger, doch zügig fließender Wanderfluß, dessen Wasserstand von der Wasserabgabe des Eder-Stausees abhängig, aber fast den ganzen Sommer befahrbar ist (Tel. Auskunft: 05623/4011). An allen Wehren kann man leicht umtragen; für die Umtragestellen an den Staumauern ist ein Bootswagen erforderlich. Wenn unter dem Fritzlarer Wehr kein Wasser ist, dann links in den Mühlgraben umtragen, aber hier Vorsicht bei niedrigen Brücken und zwei Wehren (immer rechts umtragen) sowie auch bei möglicher Sperrung durch Schwemmgut! Bei einer Befahrung des Eder-Stausees müssen bei allen Booten (auch Gummibooten) Name und Wohnort des Eigentümers außen und innen gut lesbar angebracht sein! Auf Sperrgebiete (mit Tonnen gekennzeichnet) und NSG achten!

Zeltmöglichkeiten

Camping Herzhausen, Edersee – Hohe Fahrt, Asel Süd, DKV Edersee, Scheid, weiter am Fluß Affoldern, Bergheim, Ungedanken, Zeltwiesen in Niedermöllrich (Gasthaus an der Ederbrücke).

Sehenswertes

Frankenberg: Gotische Liebfrauenkirche, zehntürmiges Rathaus mit Markthalle, Kreisheimatmuseum.
Edertalsperre: Stadt Waldeck, Schloß, Stadtkirche, Sperrmauer.
Bad Wildungen: Evangelische Stadtkirche, Heimatmuseum, schöne Fachwerkhäuser (16. Jh.), Kurpark, Schloß Friedrichstein.
Fritzlar: Dom St. Peter mit Krypta und Domschatz, schöner Marktplatz mit dem Rolandsbrunnen, Rathaus (12. Jh.), Hochzeitshaus, Minoritenkirche, Stadtmauer, Der Graue Turm.
Felsberg: Mittelalterliche Kleinstadt, Stadtkirche, St.-Jakobs-Kapelle, Burg mit Turm, nicht weit davon Altenburg und Burg Heiligenberg, Böddiger mit nördlichstem Weinberg Deutschlands.

Karten, Kanuliteratur

Generalkarte 1:200000, Blatt 11; Deutsche Idealkarte 1:100000, Blatt 16. – Deutsches Flußwanderbuch; Kleinflußführer für Nordrhein-Westfalen.

Linksufrig begleitet uns noch eine befahrene Eisenbahnstrecke, rechts schmiegt sich die gut ausgebaute und an Wochenenden dichtbefahrene B 252 an den Fluß, doch hier unten am Wasser wirkt sie nicht störend. Wir paddeln uns ein, und die ersten leichten Schwallstrecken mit lustig spritzenden Wellen lassen diesen typischen Mittelgebirgsfluß gleich am Anfang sympathisch erscheinen. Das Wasser ist sauber, ellenbogenlange Forellen flitzen gegen die Strömung an den Booten vorbei. Nach 3 km erscheint das einzige Wehr bis zum Stausee; wir sind in Viermünden. Ohne Probleme tragen wir links über die Wehranlage kurz um; rechts wäre es auch möglich.

Wir wundern uns über die Netze, die über den Mühlenkanal gespannt sind. Die Lösung des Rätsels sehen wir etwas später in den graugefiederten Gestalten der Graureiher, die regungslos im seichten Wasser des Flusses ihrer Beute auflauern. Wir legen die Paddel an, die Strömung trägt uns sehr nah an diese prächtigen Wasservögel heran. Erst wenn wir uns ihnen bis auf ungefähr 30 m nähern, heben sie leicht und elegant ab. Noch einmal begegnen wir einer größeren Kolonie; etwa 15 Reiher sitzen links auf hohen Fichten über dem Fluß. Rechts am Hang lugt aus dem Wald Schloß Hessenstein, heute eine Jugendherberge.

An einer Kiesbank vor der Orkemündung legen wir an, eine Vesperpause ist fällig. Später, nach einem Wechsel von spritzigen Abschnitten und ruhigeren Passagen, bekommen wir unter der Schmittlotheimer Brücke Bodenberührung. Im Hochsommer lauert hier mancher Stein tückisch unter der Wasserfläche. Berghänge drängen dichter an die Eder heran, nach dem Linksbogen zeigt sich der winzige Ort Kirchlotheim. Vor der Wegebrücke kommt eine spritzige Flachstelle, dann beruhigt sich der Fluß; der Rückstau des Edersees reicht bis hierher. Vorbei am großen Campinggelände erreichen wir die Herzhausener Brücke. Bei extremem Niedrigwasser erscheint manchmal eine Stufe, sonst kommen wir gut durch. In vielen Windungen zwischen steilen Waldhängen paddeln wir nun durchs ruhige Wasser des künstlichen Sees und haben den Eindruck, in einem norwegischen Fjord zu sein. Langsam ziehen die Kulissen der grünen Hänge an uns vorbei, stellenweise zerwühlt ein kurzer Fallwind die glatte Wasserfläche, kleine Kreuzwellen schlecken an unseren Kanus, hie und da spritzen sie auch über Bord. Eine Landzunge folgt der anderen, Harbshausen, Hohe Fahrt mit Campingplatz und Bootshäusern, Asel Süd und kurz danach das schöne DKV-Heim »Edersee« mit Zeltplatz.

Auf einem der vielen Campingplätze schlagen wir unsere Zelte auf, baden, faulenzen und beobachten den regen Betrieb am Wasser. Um die mit Ferienhäusern bebaute Halbinsel Scheid paddeln wir durch den tief eingeschnittenen Seearm zum Einkaufen. Dahinter entfaltet sich der See in seiner vollen Breite.

Am nördlichen Ufer entlang schieben sich unsere Boote in die Bucht beim eleganten Cafe »Seeblick«, von wo wir einen lohnenden Spaziergang ins Städtchen Waldeck und zum gleichnamigen Schloß unternehmen. Später, wieder in den Kanus sitzend, blicken wir noch lange zurück und bewundern die dominierende

Schloßsilhouette am Bergrücken. Vor der Sperrmauer steuern wir links die Anlege- und Umtragestelle an, befestigen den Bootswagen unter dem Kanu und ziehen ihn ca. 1 km weit über die Staumauerstraße. Dann nehmen wir links den zum Ort Edersee hinunterführenden Fahrweg und kommen schließlich durch den Ort zum Unterwasser.

An diesem unteren Ausgleichsbecken dürfen wir am linken Ufer entlangpaddeln; die dort erlaubte Fahrrinne ist nur 5 m breit. Die fast 50 m hohe Staumauer im Rücken, von links durch die vom Wasser aufsteigenden Felshänge des Michelkopfes bedrängt, schieben sich die Kanus durch das enge Tal. Später kommen wir an der langgezogenen Insel des Affolderner Stausees vorbei; dabei halten wir uns immer links. An den Treppen der Anlegestelle nehmen wir nochmals das Gepäck aus den Booten und transportieren das Ganze auf dem Bootswagen hinunter zur wieder frei gewordenen Eder. Kurz nach der Einsatzstelle steuern wir den schönen Campingplatz in Affoldern an. Spätnachmittags sitzen wir noch am Ufer und beobachten den patrouillierenden Schwan »Egon«, wie er mit Bedacht seinen langen Hals zwischen die meterhohen grünen Wasserpflanzen taucht.

Ein leichter Dunst liegt noch über dem Fluß, wenn wir morgens zeitig in die Boote steigen und uns von der überraschend guten Strömung davontragen lassen. Wie eine grüne Wiese sieht streckenweise die Eder aus; doch beim Paddeln gibt es keine Schwierigkeiten, eine Fahrrinne ist immer da. Kurz nach dem Start erspähen wir das zwischen den Bäumen des schönen Parks versteckte Bergheimer Schlößchen. Gleich danach können wir links am Festplatz anlegen, um im Lebensmittelgeschäft unsere Wandervorräte zu ergänzen.

Die runden Bergrücken treten noch weiter zurück. Nach der Brücke beginnt beiderseits des Flusses ein ausgedehntes Naturschutzgebiet, zu dem die Eder selbst gehört. Selbstverständlich betreten wir hier nicht die Ufer und verhalten uns besonders ruhig. Nach dem Camping in Ungedanken macht sich der Stau des Fritzlarer Wehrs bemerkbar. Am Wehr tragen wir die Boote rechts um; bei gutem Wasserstand können wir mit Einer-Kajaks sogar über die Wehrkrone fahren. Danach wird der Fluß etwas seicht, doch bald treibt uns ein Schwällchen an mehreren Pferdekoppeln vorbei in eine schöne, parkähnliche Landschaft.

Der Fritzlarer Dom blickt durch die Bäume; vor der alten Steinbrücke legen wir an, um der ehemaligen Freien Reichsstadt unsere Referenz zu erweisen. Die fast vollständig erhaltene Stadtmauer mit dem dominierenden Grauen Turm, die vielen Fachwerkhäuser am Marktplatz, der Rolandsbrunnen und der mächtige romanische

Dom bestimmen das historische Flair dieser Stadt.
Nach Fritzlar ändert sich die Umgebung des Flusses; wir erreichen die Ebene bei Wabern. Riesige Schotter- und Sanddeponien erheben sich an den Ufern, und irgendeine Fabrik verpestet die Luft mit ihrem Gestank. Dann kommen wir nach Niedermöllrich und können beim Kanufahrer-freundlichen Gasthaus an der Ederbrücke nach Anfrage zelten. Ein selbstbewußter Schwan begleitet uns durch das Naturschutzgebiet Ederauen; dann liegt Altenburg vor uns.
Dunkel ragt der schlanke Turm der Burgruine über den Fluß. Heute ist die Ruine in Privatbesitz, langsam dem Verfall preisgegeben. 1860 hat man hier noch Gold mit Sacktuch und Trog aus dem Fluß gewaschen. Bis zum Krieg verkehrte zwischen Altenburg und Rhunda auch eine Fähre. Am schrägen Wehr unterhalb der Burg lassen wir bei niedrigem Wasser unsere Boote über die Krone gleiten.
Von rechts mündet die windungsreiche Schwalm in die Eder. Bald erreichen wir Felsberg. Von der in Wirklichkeit so markanten Burg ist vom Wasser aus nur wenig zu sehen. Es lohnt sich, beim Gasthaus »Zum Schwan« anzulegen und das »Hessische Kufstein« zu durchwandern.
Flußabwärts zeigen sich wieder Graureiher; wahrscheinlich kommen sie vom Naturschutzgebiet bei Böddiger. Rechts nähert sich ein Bergrücken, dahinter müßte die Fulda sein. Nach der schönen Flußbiegung befahren wir rechtsseitig das langgezogene Schrägwehr; sogar der Canadier kommt ohne Schäden im Unterwasser an. Dann der letzte Schwall bei Haldorf, noch eine Eisenbahnbrücke und schließlich das Wehr in Grifte. Hier könnte man die Fahrt beenden, andernfalls müssen wir nochmals die Boote kurz umtragen.
Fast unmerkbar gesellt sich die Fulda zu uns; ihr dunkles braunes Wasser mischt sich mit dem klaren grünen der Eder. Unter der weitgespannten Eisenbahnbrücke hindurchpaddelnd ziehen wir linksufrig auf einer Wiese bei Guntershausen unsere Kanus an Land.

Manche versteckte Halbinsel an der Edertalsperre lockt mit einem Kiesstrand zum Verweilen.

26 Diemel

Warburg–Bad Karlshafen

Nebenfluß der Weser

46 km
2-Tage-Fahrt

Nur wenige Kilometer von ihrer Quelle an den Nordhängen der Kahlen Pön im Sauerland speist die Diemel zusammen mit mehreren kleineren Flüßchen den malerisch im Kranz der bewaldeten Hügel liegenden Diemel-Stausee, der heute Teil eines Naturparks ist. Unterhalb der 42 m hohen Staumauer, in einem tief eingeschnittenen, einsamen Waldtal sich windend, nimmt sie von links die wilde Hoppecke auf, durchfließt die Gemeinde Marsberg, deren Ursprung mindestens ins 8. Jh. zurückreicht, um im flachen, ausgedehnten Westbogen die von der weit sichtbaren Burgruine Desenberg beherrschte Stadt Warburg zu erreichen. Ein sehr reizvolles Tal mit flacheren und steilen Wald- und Wiesenhängen umrahmt den weiteren Flußlauf. Im flachen Talkessel von Trendelburg läßt die flotte Strömung etwas nach. Nach der Stadtumrundung durchsägt die Diemel in weiten Umlaufschleifen die nördlichen Ausläufer des Reinhardswaldes, um bei der Hugenottenstadt

Charakter, Tips
Gut strömendes, etwas sportlich angehauchtes Wanderflüßchen, das teils im tief eingeschnittenen, teils im flachen Tal durch eine ungemein reizvolle Landschaft fließt. Von Warburg aus ganzjährig befahrbar, im Sommer jedoch nur bedingt für Faltboote zu empfehlen, da es nach manchem Wehr zu Grundberührungen kommen kann.
Alle Wehre leicht umgehbar, nur am Doppelwehr in Sielen je nach Wasserstand schwierige Umtragestelle. Vorsicht bei der stark seitlichen Strömung am Auslauf des Überlaufkanals vor der Karlshafener Brücke. Das Wasser ist optisch sauber, nur mäßig belastet und sehr fischreich. Das »Hausrecht« brütender Schwäne sollte respektiert werden. Eine in Flußnähe verlaufende Straße macht PKW-Begleitung teilweise möglich. Die Bahn- bzw. Busverbindung von Karlshafen ermöglicht ein etappenweises Zurückholen der Boote, auch ohne Auto.

Zeltmöglichkeiten
Zeltplatz am Bootshaus des KC Warburg, Camping Eversburg, Camping in Trendelburg, Helmarshausen, Bad Karlshafen.

Sehenswertes
Warburg: Mittelalterliches Stadtbild, Wehranlage mit Toren und Türmen, Renaissance-Rathaus, Kirchen, Erasmuskapelle, Gymnasium Marianum, Amtshaus, Heimatmuseum, Burgruine Desenberg.
Trendelburg: Fachwerk-Rathaus, Kirche mit Helmturm, Burg (Schloßhotel).
Helmarshausen: Burgruine Krukenburg, Reste der Benediktinerabtei.
Bad Karlshafen: Hafen, barockes Rathaus, Invalidenhaus, Solequelle, Hugenottenturm, Museum.

Karten, Kanu-Literatur
Generalkarte 1:200000, Blatt 9; Deutsche Idealkarte 1:100000, Blatt 12. Deutsches Flußwanderbuch; Kleinflußführer für Nordrhein-Westfalen.

Diemel

Anfahrt
BAB 44 Dortmund–Kassel,
Ausfahrt Warburg.

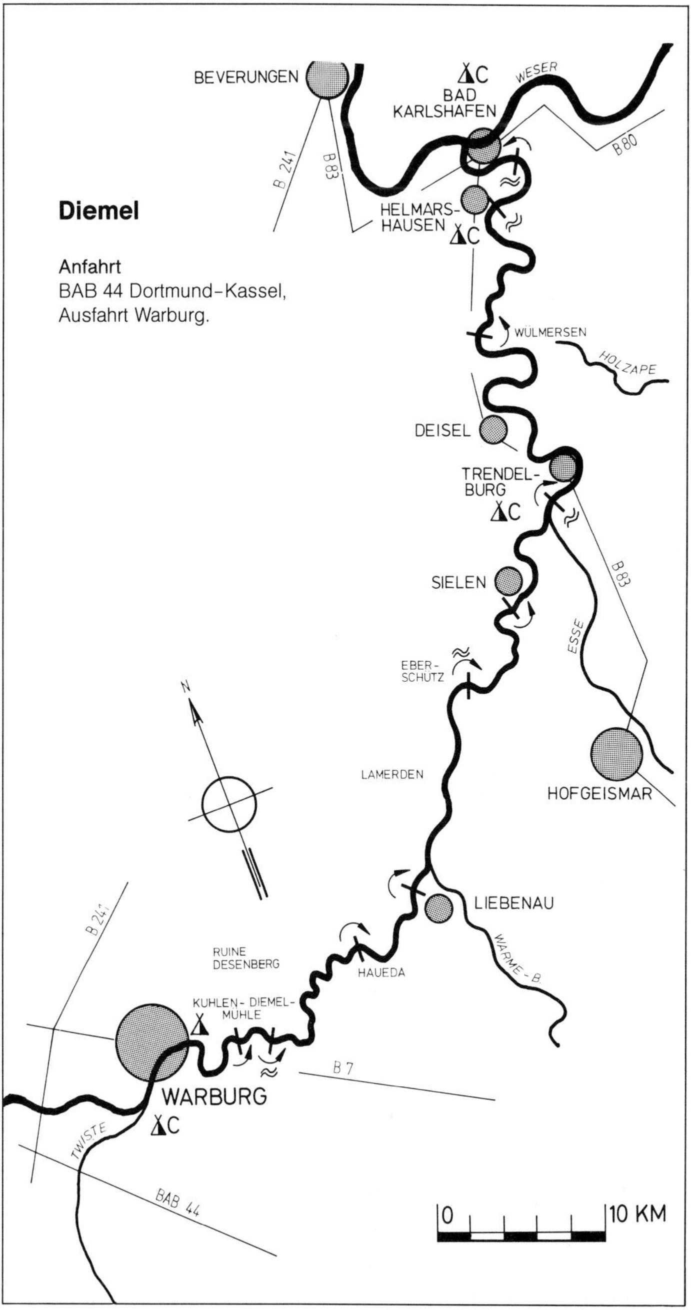

Karlshafen als linker Zufluß der Weser ihren eigenen Lauf zu beenden.
Bei Hochwasser oder ausreichender Wasserabgabe des Stausees ist die Diemel schon ab Helminghausen als sportlicher Fluß mit vielen Wehren für Wildwasserfahrer möglich, doch für unsere Wanderung wählen wir den ganzjährig befahrbaren, landschaftlich sehr ansprechenden Flußabschnitt von Warburg bis zur Mündung in die Weser. Vor dem Start machen wir noch einen Spaziergang durch die sehenswerte Warburger Altstadt, klettern sogar auf den steilen Basaltkegel zur Burgruine Desenberg, von wo wir einen phantastischen Rundblick übers Land haben. Freundlich werden wir am schönen Vereinsgelände des Warburger Kanuclubs aufgenommen; eine bessere Einsatzstelle können wir uns nicht vorstellen.
Der hohe Schornstein der Textilfabrik begleitet uns durch die ersten Flußschleifen, die sich so rhythmisch aneinanderreihen, gerade recht zum Eingewöhnen. Wiesen und Waldhänge begleiten die einsame Flußstrecke, bis zum Wehr ist die Strömung recht flott. Aufmerksam, jedoch ohne Drohgebärden werden wir beim Übersetzen der Boote von einem Schwan beobachtet. Die Kuhlenmühle ist schön renoviert; das riesige Faß kündigt eine Gartenwirtschaft an. Lange Trockenperioden wirken sich auch auf den Wasserstand der Diemel aus, so daß wir dann wenige Meter nach dem Wehr Grundberührung bekommen.
Nach mehreren Mäandern folgt das nächste Wehr; eigentlich besteht es aus zwei teilweise verfallenen Stufen. Wir schieben die Kanus hinüber. Bei gutem Wasserstand macht das Befahren sicher Spaß. Längere Stromschnellen gestalten die Fahrt sehr angenehm, müssen wir doch nicht viel paddeln. Das ganze Tal wirkt sehr warm, irgendwie südländisch, vielleicht wegen der Wacholdergruppen und der freigelegten Muschelkalkschuttkegel auf den Hängen. Unterhalb des hohen Eisenbahnviadukts ist eine kleine Naturstufe und vor dem großen Steinbruch in Haueda eine schöne »Dschungelstrecke«.
Am nächsten Wehr tragen wir rechts um, an der Baustelle (1987) der neuen Straßenbrücke folgt eine kurze Treidelstrecke. Nach der alten Brücke haben wir wieder genug Wasser unterm Kiel. Die Landschaft setzt weitere Akzente: Wetterföhren, Akazien, Wiesen und Remisen. Über unseren Köpfen ziehen Bussarde ihre Kreise. Am Liebenauer Wehr kann man leicht umtragen. Rechts liegt das Dorf mit seiner schönen Kirche, links folgen wieder steile Felsabbrüche. Ein Bauernhof mit rot gedecktem Dach steht einsam darunter. Das Wasser ist jetzt sehr sauber, immer wieder flitzen Fischschwärme vorbei. In flotten Schwällen durchbricht das Flüßchen nacheinander drei Kalksteinriegel. Auf einen steigen wir hinauf, um den herrlichen Blick ins Tal zu genießen.
Die flachen Stellen vor der Brücke in Lamerden verlangen vorsichtiges Manövrieren. In Eberschütz schließen wir bei den Einern die Spritzdecken und schubsen die Boote über die Wehrkrone ins Unterwasser. Danach verläßt die Eisenbahnstrecke den Flußlauf. In stetigem Wechsel zwischen spritzigen und ruhigen Abschnitten nähern wir uns Sielen. Am hiesigen Wehr ist das Umtragen etwas schwierig. Wir paddeln zuerst im Fluß rechts, legen am Kanalanfang vor dem Brückchen links an

und tragen die Boote kurz über eine steile Böschung zum Unterwasser. Es folgen kurze Treidelstellen, 50 m nach der Straßenbrücke wartet noch ein niedriges Doppelwehr, das bei gutem Wasserstand problemlos zu befahren ist; andernfalls müssen wir die Boote über die bemoosten Stufen hinunterschieben.
Die Diemel erreicht hier die kesselartige Talerweiterung zwischen Hümme und Stammen und pendelt durch feuchte Wiesen in mehreren Mäandern Trendelburg entgegen. Endlich zeigt sich die schöne Stadtsilhouette mit dem markanten Burgturm in der abendlichen Sonne. Im kanufreundlichen Camping »Alte Mühle« finden wir Aufnahme. Wir spazieren in das kleine Burgstädtchen, das malerisch am Felssporn über einer Flußschleife liegt.
Am nächsten Tag fahren wir weiter. Nach mehreren Schleifen treten wieder bewaldete Hänge an den Fluß heran. Am Kraftwerk Wülmerseen erleichtert rechtsufrig ein Treppchen das Umtragen der Boote. Ein turmartiges Pegelhäuschen weckt unsere Neugier (Pegelstand 105). Danach macht sich auch schon der nächste Stau bemerkbar. Das Wehr ist gerade noch befahrbar, doch an den fünf kleinen Steinstufen knirscht es dann unterm Kiel.
Die Häuser von Helmarshausen begleiten uns durch die große Linksschleife, überragt von der Ruine Krukenburg. Rechts folgt ein hoher, steil aufsteigender Waldrücken. Kurz vor der Mündung in die Weser wartet das letzte Wehr. Die Einer rumpeln durch die enge Fischtreppe hinunter, mit dem Canadier legen wir am Grabenanfang an und tragen kurz um. Ein paar hundert Meter flußabwärts schießt von rechts der starke Querschwall des Obergrabens in den Fluß zurück; es ist besser, hier das Kanu nochmals aus dem Wasser zu ziehen, um einer Kenterung vorzubeugen.
Kurz nach der Straßenbrücke paddeln wir im dunklen Weserwasser. Am gegenüberliegenden Ufer können wir gut anlegen. Am frühen Nachmittag bleibt uns noch viel Zeit zu einer ausgedehnten Besichtigung der ehemaligen Hugenottenstadt Karlshafen.

Vor uns liegt unser Etappenziel Trendelburg.

27 Nethe

Brakel–Godelheim (Höxter)

Nebenfluß der Weser

27 km (31 km)
Tagesfahrt

Von ihrem Ursprung an den Osthängen des Eggegebirges, das die Wasserscheide zwischen Weser und Rhein bildet, eilt die quirlige Nethe in östlicher Richtung an der sehenswerten Vituskapelle von Wille-Badessen vorbei und erreicht, aufgestaut durch manches Mühlenwehr, Niesen, um hier nach Norden abzuknicken. Eingebettet zwischen Wiesen und Feldern des Nethegaus, sägt sie bei Rheder eine kurze, doch recht eindrucksvolle Felsenschlucht in die Landschaft und berührt das Schloß des Grafen von Spiegel, dessen Brauerei schon über 300 Jahre die Umgebung mit Bier versorgt. Am Zusammenfluß mit der Driburger Aa liegt hoch über dem Tal die ehemalige Hansestadt Brakel, heute ein bekannter Luftkurort. Hier fließt die Nethe in östliche Richtung und windet sich, von Pappelalleen umsäumt, zwischen Wiesen und Berghügeln unter alten Steinbrücken hindurch zur Weser, in die sie bei Godelheim mündet.

Im Frühjahr, meistens bis Mitte Mai, können wir schon in Niesen oder Siddessen die Einer-Kajaks einsetzen. Sportlich geht es durch die enge Felsschlucht bei Rheder. Am dortigen Wehr tragen wir kurz um (in den Mühlgraben, danach wieder rechts in den Fluß). Flott treibt uns die Strömung bis zur Mündung der Driburger Aa. Ein paar Meter flußaufwärts der Aa liegt das schöne Bootshaus der Brakeler Kanuten. Hier finden wir

Charakter, Tips
Schnell fließender Wiesenfluß mit etwas sportlichem Charakter, doch ohne besondere Schwierigkeiten; ab Brakel ganzjährig, ab Niesen im Frühling oder nach längeren Regenperioden befahrbar.
Im Hochsommer bei niedrigem Wasserstand nach manchem Wehr Treidelstellen; darum sind Kunststoffkajaks Faltbooten vorzuziehen. Eine landschaftlich besonders reizvolles, abwechslungsreiches Tal. Das Wasser ist sauber. PKW-Begleitung teilweise möglich, gute Bahnverbindung von Höxter nach Brakel.

Zeltmöglichkeiten
Kanugelände TV Brakel (nach Anfrage), Camping Höxter, auch WSV Höxter für DKV Mitglieder.

Sehenswertes
Rheder: Schloß (18. Jh.) – Brauerei, Pfarrkirche.
Brakel: Spätgotisches Rathaus mit Renaissanceportal, St.-Michaelis-Kirche, Kapuzinerkirche, Schloß Hinnenburg.
Ottbergen: Schöne Fachwerkhäuser (18. Jh.).
Godelheim: Benedictusquelle, Pfarrkirche mit Barockaltar.
Höxter: Siehe Wandervorschlag Weser, Seite 136.

Karten, Kanu-Literatur
Generalkarte 1:200000, Blatt 9; Deutsche Idealkarte 1:100000, Blatt 12. Deutsches Flußwanderbuch; Kleinflußführer für Nordrhein-Westfalen; Kanuführer für Südwestdeutschland.

Nethe

Anfahrt
BAB 44 Kassel-Dortmund,
Ausfahrt Warburg,
B 252 nach Brakel.

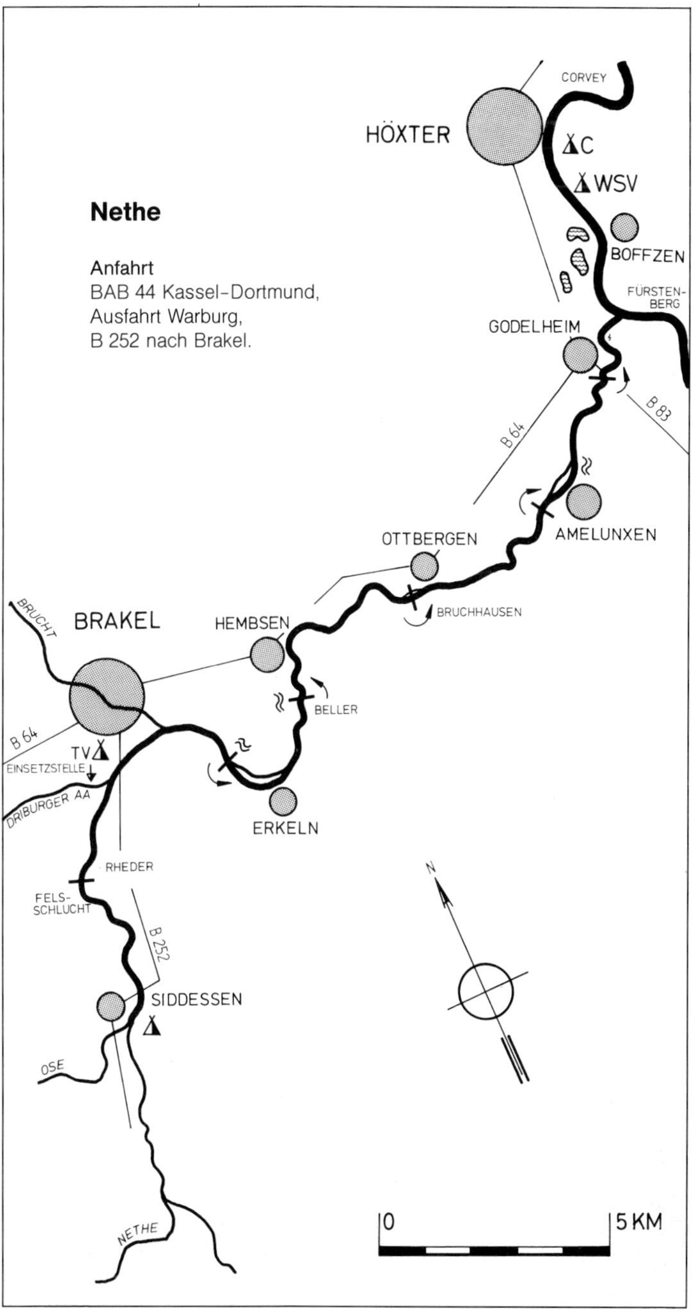

für unsere Zweier-Wanderboote einen idealen Einsatzplatz. Wenn man um Erlaubnis bittet, darf man auf der Wiese auch zelten.
Die Joche an der Straßenbrücke am Zeltplatz sind manchmal mit Schwemmholz verstopft, so daß nur ein enger Durchschlupf frei bleibt. Durch die glitzernden Wellen der vielen Schwallstrecken steuern wir die Kanus zwischen Wiesen und Weiden an steilen Bergkuppen vorüber. Nach der hohen Betonbrücke der Umgehungsstraße B 64 kommt die große Nethe-Südschleife um den runden Ortsberg. Am schrägen Wehr von Erkeln (bei mittlerem Wasserstand befahrbar) schieben wir im Sommer die Boote rechts über die Krone; im Dorf selbst überquert eine alte Steinbogenbrücke den Fluß.
Mehrere Kehren, Kiesbänke und einige umgestürzte Bäume charakterisieren den kommenden Abschnitt zum Wehr in Beller, an dem wir umtragen. Vielleicht erschwert eine Treidelstrecke das Weiterkommen. Doch danach folgt eine wunderschöne Waldpassage, rechts mit hohen Buchen, links mit Pappelreihen und anschließend mit einem Schwall unter der steinernen Brücke von Hembsen. Im fast türkisblauen Wasser erreichen wir Ottbergen, wo wir an der Brücke den Pegelstand ablesen können. Bei 115 cm ist noch genug Wasser unterm Kiel.
Nach der grünen Eisenbahnbrükke wird es eng, der Bahndamm rückt an den Fluß heran. Im flotten Tempo steuern wir aus dem Tal heraus. Die Bergkuppen treten langsam zurück. Am Amelunxener Wehr erwarten uns im Sommer zwei Treidelstellen. Noch einmal trägt uns die Nethe in Schlingen munter durch Wiesen; eine große umgestürzte Weide versperrt den halben Flußlauf, und in der Ferne zeigt sich, hoch über der Weser thronend, das Schloß Fürstenberg.
Links kündigt der weit sichtbare Schornstein der Kartonagenfabrik in Godelheim das nächste Wehr an, wo wir rechts anlegen und die Boote ca. 100 m über die Wiese zur anschließenden Linksschleife tragen. An der Straßenbrücke der B 83 befindet sich eine gute Ein- und Aussetzstelle; kurz danach zieht uns die Strömung im nur 3–5 m engen, tief eingeschnittenen Flußbett weiter zur Nethemündung. Unter einem Steg hindurch erreichen wir die Weser und paddeln noch 4 km bis Höxter.

In der Ferne zeigt sich das Schloß Fürstenberg.

28 Emmer

Schieder–Emmern (Hameln)

30 km

Nebenfluß der Weser

1–2-Tage-Fahrt

Von ihrer Quelle am Ostrand des Eggegebirges, nördlich von Bad Driburg, eilt die Emmer als munterer Wiesen- und Feldbach in östlicher Richtung durch einige kleine Ortschaften und entwässert durch viele Zuflüsse die wellige Landschaft des Abenburger Weserberglands. Bei Schieder, zuerst zu einem Erholungssee aufgestaut, fließt sie unterhalb der Staumauer in einem reizvollen, teilweise engen Tal durch die alte Ortschaft Lügde, am weltberühmten Bad Pyrmont und dem Juwel der Weserrenaissance - der Hämelschenburg - vorbei, um bei Emmern die Weser zu erreichen.

Für unsere Kanuwanderung bieten sich mehrere günstige Einsatzstellen an, zum Beispiel am oberen Ende des Stausees, wo wir am großen Parkplatz das Auto abstellen können. Beim Durchpaddeln der Talsperre begegnen wir sonntags vielen Badenden und Surfern. Zum Umtragen der Kanus an der Staumauer ist ein Bootswagen hilfreich; es sind mindestens 200 m zurückzulegen. Wer sich das ersparen will, setzt erst am Waldrestaurant »Fischanger« ein.

Nun pendelt das Flüßchen im flachen, doch engen Wiesental von Hang zu Hang und nähert sich über leichte Schwälle der kleinen Stadt Lügde, deren niedriges

Charakter, Tips

Im Oberlauf sportlicher Wiesenfluß, ab Schieder als flottes Wanderflüßchen (zuerst Talsperre) fast ganzjährig leicht befahrbar.

Landschaftlich sehr ansprechend. Alle Wehre leicht zu umtragen. Sehr gute Einsatzstellen in Schieder, beim Waldrestaurant »Fischanger« und in Lügde erlauben auch kürzere Etappenfahrten. PKW-Begleitung möglich. Die Bahnstrecke führt am Fluß entlang. Auf der Emmertalsperre ist nur das Durchfahren erlaubt.

Zeltmöglichkeiten

Fischanger beim Stausee, Elbrinxen, Bad Pyrmont - Friedenstal (nicht am Fluß), Welsede, Hameln.

Sehenswertes

Schieder-Schwalenberg: Trachten- und Malerstadt, Fachwerk-Rathaus, Kurpark, Sanatorium (ehemaliges Schloß, 17. Jh.), Burgruine.

Lügde: Schöne Fachwerkhäuser, St.-Kilians-Kirche, Stadtmauer mit Türmen, Zigarrenfabrik.

Bad Pyrmont: Quelle »Der Hyllige Born«, herrlicher Kurpark mit Palmengarten, Theater, Spielbank, Wandelhalle, Schloß (18. Jh.), Heimatmuseum, Kurhäuser.

Hämelschenburg: Schloß der Weserrenaissance (16.–17. Jh.) mit Schloßbrücke und prunkvollen Innenräumen, Dorfkirche.

Hameln: Siehe Wandervorschlag Weser, Seite 136.

Karten, Kanu-Literatur

Generalkarte 1:200000, Blatt 9; Deutsche Idealkarte 1:100000, Blatt 12. - Deutsches Flußwanderbuch; Kleinflußführer für Nordrhein-Westfalen.

Emmer

Anfahrt
BAB 44 Kassel-Dortmund
Ausfahrt Warburg,
B 252 über Brakel bis Wöbbel,
B 239 nach Schieder-Schwalenberg.

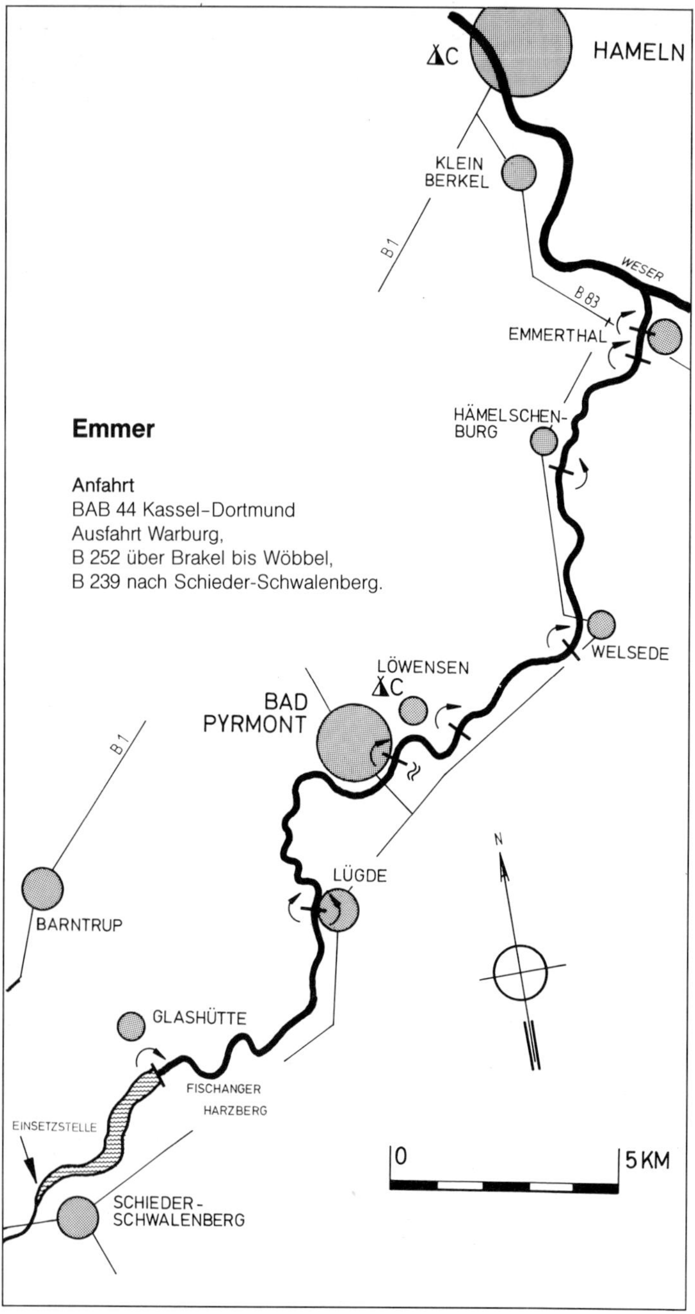

Ein Besuch im Schloß Hämelschenburg ist sehr lohnend.

Steilwehr wir lieber nicht befahren, sondern rechts umtragen. Von der Staumauer bis hierher sind es nicht ganz 2 Stunden. Es lohnt sich, eine Pause einzulegen, um das nette Fachwerkstädtchen mit seinen fußgängerfreundlichen Zonen zu durchwandern. Schon Karl der Große soll in Lügde geweilt haben. Zur Erinnerung an ihn wurde die romanische Kilianskirche errrichtet.
Gleich nach der Brücke erwarten uns ein Schwall und ein Schwanenpärchen mit seinen Jungen; alles zusammen harmlos, wenn wir uns richtig verhalten. Über den steilen Ufern sehen wir sanft aufsteigende Hänge, links mit Feldern und Wiesen, rechts zieht ein bewaldeter Höhenzug vorbei. Im Pyrmonter Talkessel mäandert der Fluß, wir paddeln unter Holzstegen hindurch und finden am Fußballplatz eine Anlegestelle. Von hier ist es nicht weit zum sehenswerten Kurpark von Bad Pyrmont, dessen Palmengarten uns in subtropische Länder entführt. Am Wehr tragen wir kurz links um; bei gutem Wasserstand macht das Befahren mit Einern Spaß. Danach wechseln Schwallstrecken mit ruhigen Abschnitten. Die Berghänge drücken sich dicht an den Fluß, kleine Felswände reichen bis zur Eisenbahnstrecke, die eng am Wasser vorbeiführt.
Alte Steinbogenbrücken und zwei unbefahrbare Wehre würzen die Strecke. Nach der Eisenbahnbrücke taucht links vor uns das dreiflügelige Schloß Hämelschenburg auf. Ein Besuch lohnt sich; nur wenige Burgen und Schlösser beherbergen so schöne, reichlich ausgestattete Innenräume. Unter dem Schloß läuft die Emmer flott im teils regulierten Flußbett den hohen, weißstrahlenden Kühltürmen des Atomkraftwerks Grohnde entgegen.
Wir unterqueren die Umgehungsstraße Emmertal und umgehen das Wehr der Rischmühle links. Noch ein kurzer, ruhiger Abschnitt, und wir steigen links vor dem großen Gebäude der Papiermühle aus. Hier beenden wir die Fahrt, am kleinen Parkplatz warten die abgestellten Autos.
Wer bis nach Hameln weiterpaddeln will (sicher lohnend – noch 6 km auf der Weser), setzt im tief eingeschnittenen Flußbett nach dem Steg wieder ein; 2 km flußabwärts pflügt der Kajakkiel dann das Weserwasser.

29 Hase

Quakenbrück–Meppen

Nebenfluß der Ems

79 km
3–4-Tage-Fahrt

Die Hasequelle liegt am 173 m hohen Kersenbrocker Berg im Teutoburger Wald. Ein paar Kilometer nördlich von hier weiß die Hase noch nicht, zu welchem Strom sie sich wenden soll; also teilt sie ihr Gewässer bei Gesmold in zwei Arme und läßt den westlichen als Hase in die Ems, den östlichen als Else in die Weser fließen. So etwas nennen die Hydrologen eine Bifurkation; es ist die einzige in Deutschland. Wir verfolgen weiter die eigentliche Hase, die uns über Osnabrück zum Mittellandkanal führt. Von hier durchquert sie in nördlicher Richtung als reizvoller Wiesenfluß das fruchtbare Artland sowie das malerische Städtchen Quakenbrück, um anschließend nach Westen abzuknicken. Weiter an Löningen und Haselünne vorbeifließend, erreicht die Hase, in unzähligen Mäandern pendelnd, die am Zusammenfluß mit der Weser liegende historische Stadt Meppen, die auch wir zum Ziel unserer Kanuwanderung machen.

Am Rande der malerischen Stadt Quakenbrück, unweit des Schützenhofs, wo sich die Mühlen- und Überfall-Hase teilen, finden wir unterm Wehr einen guten Einsatzplatz für unsere Flußwanderung. Im Flußbett der zwar begradigten, doch idyllisch wirkenden Überfall-Hase paddeln wir zuerst in nördlicher Richtung. Das Brokhager Wehr ist überwiegend offen und glatt befahrbar, ansonsten benutzen wir die Bootsgasse.

Die zuerst hohen Ufer werden nach und nach niedriger, und wir blicken über sie hinweg in die leicht wellige Landschaft, die von Schafherden belebt wird. Zwei, drei einsame Häuser erwecken den Eindruck, als seien wir hier am Ende der Welt. Die Eisen-

Charakter, Tips
Im vorgeschlagenen Streckenabschnitt ein mit allen Kanutypen ganzjährig leicht befahrbarer, reizvoller Wiesenfluß. Mäßige Strömung, wenige Wehre und ziemlich sauberes Wasser.

Zeltmöglichkeiten
Quakenbrück (Verein), Camping Haselünne, Meppen (Vereinsplatz).

Sehenswertes
Quakenbrück: Altstadt, schöne Patrizierhäuser, Marktplatz, Stadttor Hohe Pforte, St.-Sylvester-Kirche, Rathaus.
Löningen: St.-Vitus-Kirche, Glokkenturm, Werwe-Hünengrabstätte.
Herzlake: Aseburg – ehemalige Burganlage (9. Jh.).
Haselünne: Altes Hansestädtchen, gotische Kirche (14. Jh.) mit Kronleuchter, Heimatmuseum, NSG Wacholderhain, NSG Hudener Moor.
Meppen: Rathaus mit reichgeziertem Erker, Stadtwälle, Pfarrkirche (15. Jh.), Jesuitenkolleg mit Kapelle.

Karten, Kanu-Literatur
Generalkarte 1:200000, Blatt 6; Deutsche Idealkarte 1:100000, Blatt 7. – Deutsches Flußwanderbuch.

Hase

Anfahrt
BAB 1 Bremen–Osnabrück,
Ausfahrt Lohne/Dinklage,
über Dinklage nach Quakenbrück.

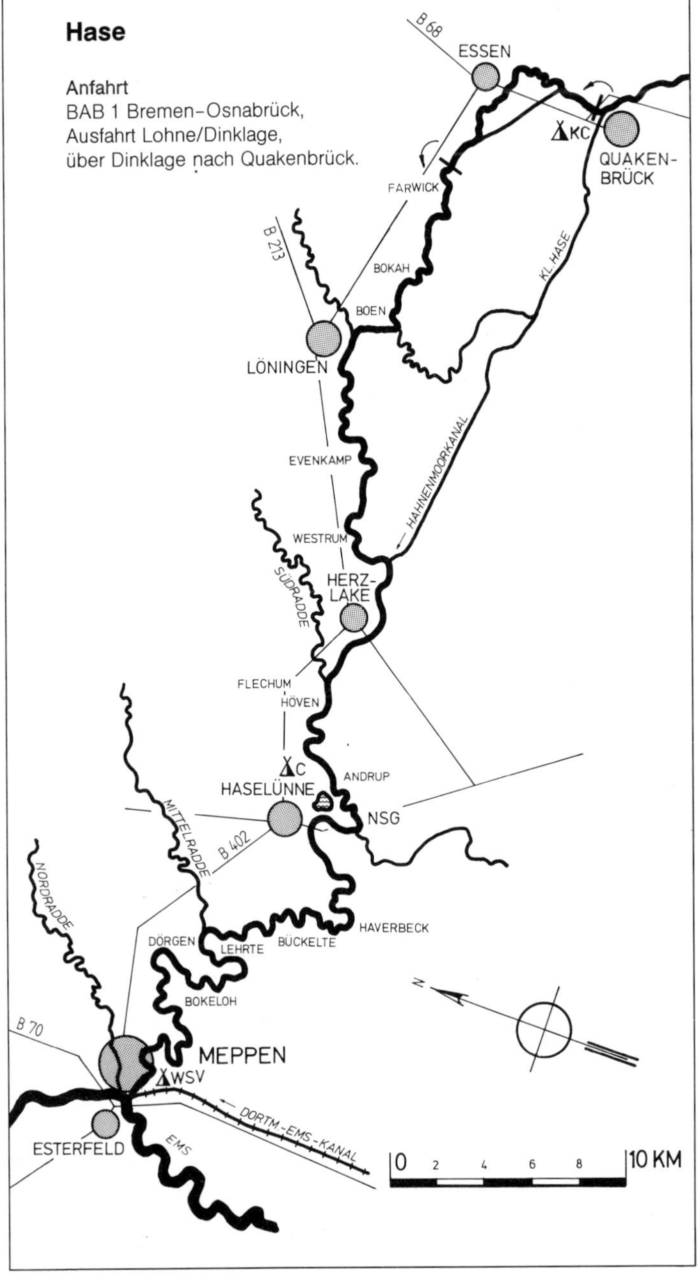

Bei Herzlake weiden Schafherden unter den Pappelreihen.

bahn- und die Straßenbrücke der B 68 bleiben hinter uns zurück. Nach der niedrigen Volkersbrücke gesellt sich die langsame Lager Hase leise zu uns. An der Landzunge vor dem Zusammenfluß läßt sich gut picknicken. Danach steigen wir wieder in die Bootsluken und paddeln auf der Großen Hase, wie sie hier genannt wird, zügig weiter. Der Wasserstau des Farwicker Wehrs macht sich bemerkbar; bald sind wir am Wehr und tragen, wenn es nicht offen ist, rechts um.

Es folgen Oster- und Westerbrükke, und in weiten Bögen nähern wir uns bei guter Strömung Löningen. Hier sind (1987) umfangreiche Regulierungsarbeiten im Gange. Ein breites, bassinartiges Flußbett führt an der Stadt vorbei, von der wir nur den Kirchturm über den hohen Ufern sehen. Nach den Brücken verengt sich das Flußbett wieder, und umgeben von Weiden und Pappeln wendet sich die Hase nach Südwesten. Lange Pappelreihen werfen schöne Spiegelbilder auf die ruhige Wasserfläche.

Bei Einhaus mündet von links der Hahnenmoor-Kanal, danach erreichen wir den netten Erholungsort Herzlake. Die Südradde, ein beliebtes Wanderflüßchen, ergießt sich von rechts in die Hase. Die Landschaft wird vielfältiger. Sandufer, Wacholdergruppen und Kiefernwäldchen begleiten uns bis nach Haselünne, wo ein einladender Campingplatz liegt. Wir bleiben dort und wandern am nächsten Tag in die Umgebung. Es gibt hier manches zu sehen: ein Wildgehege, einen großen See, der zum Baden einlädt, das Freilichtmuseum – und nicht zu vergessen den unter Naturschutz stehenden Wacholderhain, ein wahrer Urwald von mächtigen, 6–8 m hohen Exemplaren, die eingebettet in der hügeligen, ungemein reizvollen Heidelandschaft uns herrliche fotografische Motive bieten.

Nicht weniger reizvoll sind die anschließenden zahlreichen Flußschleifen, in denen sich steile Sandufer mit flachen Stränden abwechseln und in deren Spitzkehren uns umgestürzte Bäume überraschen. Dieser natürliche, einsame Flußabschnitt endet erst vor Meppen.

Einer Eisenbahnbrücke folgt die verlandete Mündung (mit grünen Tonnen ist die richtige Fahrstrecke abgesteckt) in den Ems-Kanal. Links am sanft gerundeten Hügel ragen die Windflügel der alten Höltingmühle, und nur wenige Meter rechts davon liegt der Anlegesteg des Wassersportvereins Meppen.

Unsere Hase-Befahrung beenden wir mit einem Spaziergang durch die schöne Altstadt von Meppen, wo besonders das Rathaus mit seinem Renaissanceerker und der reichgeschmückte Barockbau der turmlosen Gymnasialkirche unsere Aufmerksamkeit wecken.

Die Hasemündung in Meppen an der Höltingmühle.

30 **Ems**

(mit Werse) Handorf-Rheine (Münster)

Nordseefluß

66 km
3-Tage-Fahrt

Von ihrer Quelle an den Südhängen des Teutoburger Waldes unweit von Paderborn bis zur Mündung in Dollart in die Nordsee hat die Ems eine Lauflänge von 370 km. Als typischer Niederungsfluß mäandert sie in zahlreichen Windungen durch eine breite, feuchte Talaue und entwässert dabei mit ihren größten Nebenflüssen, der Hase und Leda, als drittgrößter norddeutscher Fluß über 12000 km^2 Land. Über Jahrhunderte diente die Ems bis nach Greven der Schiffahrt, doch wegen des wechselnden Wasserstands damals nur kleinen Schiffen mit wenig Tiefgang, sogenannten »Pünten«, mit welchen die Ware zur und von der Nordsee verfrachtet wurde. Heute ist ein Teil des Unterlaufs in den vielgenutzten Dortmund-Ems-Kanal einbezogen, doch überwiegend fließt die Ems noch ungestört in der flachen, verträumten Landschaft.

Für Kanufahrer schon ab Rietberg bei Gütersloh möglich, bietet sie eine beschauliche Ferienfahrt quer durch das geschichtsträchtige Münsterland. Doch wegen der vielen, wenn auch teilweise befahrbaren Wehre und Stufen im Oberlauf beginnen wir unsere

Manches schmucke Häuschen liegt an den Werseufern.

Ems

Anfahrt
BAB 1 von Bremen,
Ausfahrt Münster Nord,
Umgehungsring Nord auf die B 51
Richtung Telgte, am Bahnhof Handorf
links zum Campingplatz,
oder von Dortmund BAB 1,
AB-Kreuz Münster Süd,
B 51 a, B 51 bis Handorf.

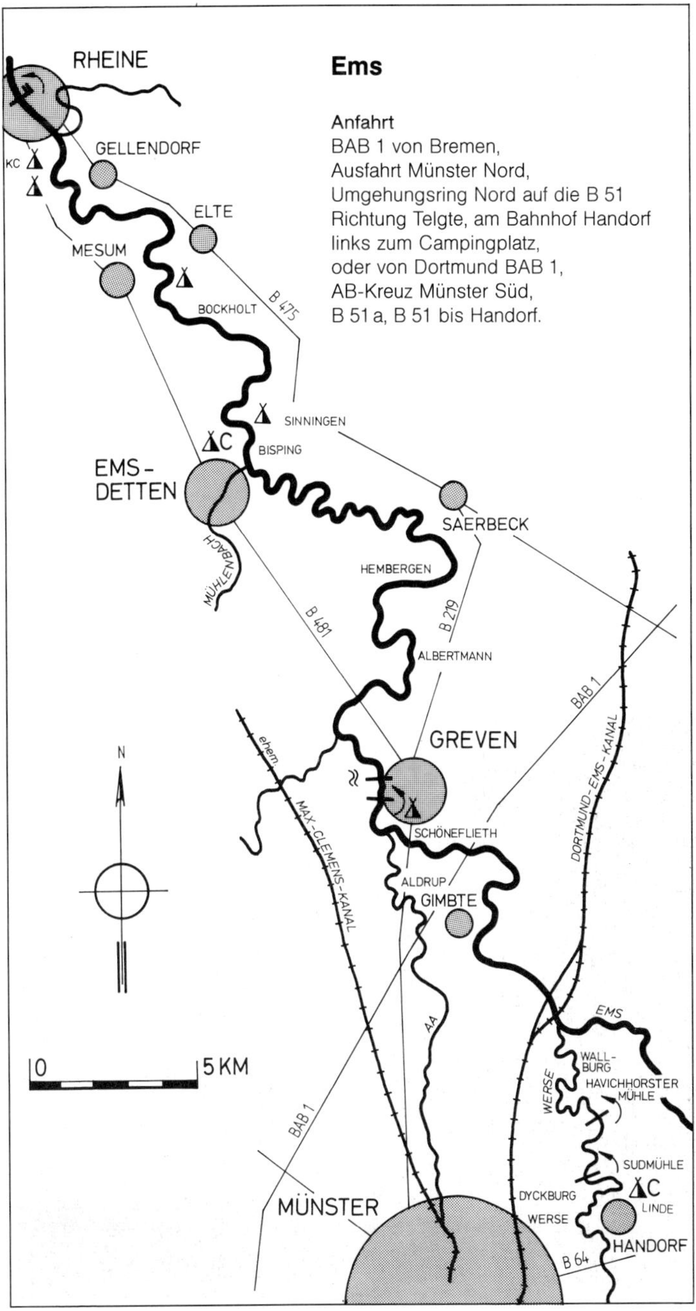

Wanderung erst bei Münster, im gemütlichen, schmucken »Dorf der Kaffeekannen«, in Handorf an der Werse, wo wir eine schöne Einsatzstelle finden. Am einladenden Campingplatz »Hof Linde« bauen wir unsere Zelte auf, fahren mit dem Bus oder mit Fahrrädern über das Boniburger Wäldchen, am Haus Dyckburg – einer ehemaligen Wasserburg – vorbei zur Stadt, wo es manches anzuschauen gibt.
Beherrschend ragt der wuchtige St.-Pauls-Dom mit seinen zwei Türmen und dem 100 m langen Mittelschiff über dem weitläufigen Domplatz auf. Ein ganzer Tag genügt nur knapp für eine Stippvisite in der alten Bischofsstadt, deren viele Kirchen ihr zum Beinamen »Rom des Münsterlandes« verholfen haben.
Restaurierte Straßenzüge mit bürgerlichen Häusern, die feingegliederte Fassade des Rathauses, das ehemalige Residenzschloß – heute als Universität mit neuem Leben erfüllt – und die Parks an den ehemaligen Wallanlagen runden den Gesamteindruck ab.
Am nächsten Morgen paddeln wir die windungsreiche Werse hinunter und tragen bei der Sud- und Havichhorster Mühle die Boote um. An den Resten einer prägermanischen Wallanlage vorbeiziehend, erreichen wir vor den Kastenbrücken des Dortmund-Ems-Kanals unseren eigentlichen Wanderfluß, die Ems. Am Zusammenfluß noch recht schmal, zieht hier die Ems lieblich zwischen niedrigen Ufern in weiten Bögen und mit guter Strömung dahin. Links sehen wir bald das rote Dach der

Charakter, Tips
Die Ems ist ein ruhig fließender Wanderfluß und mit allen Kanutypen ab Rietberg ganzjährig ohne Schwierigkeiten befahrbar.
Die wenigen Wehre sind durch selbstbedienbare Schleusen oder problemloses Umtragen zu überwinden. Das Wasser der Ems ist nur wenig verschmutzt. PKW-Kontakt nur an Brücken. Die günstige Eisenbahnverbindung ermöglicht das Rückholen der abgestellten Autos.

Zeltmöglichkeiten
An der Werse: Handorf – hier auch Busverkehr nach Münster; an der Ems: Greven, Emsdetten, Bockholt, Rheine KC, Emsbüren, Lingen.

Sehenswertes
Münster: Bischofs- und Universitätsstadt, Rathaus (14. Jh.) mit prachtvoller Innenausstattung, viele Bogenhäuser, St.-Paulus-Dom (größte Kirche Westfalens) mit herrlichen Plastiken und Domschatz, St.-Mauritz-Stiftskirche (11. Jh.), Martinikirche, Liebfrauenkirche u. a. Kirchen, Residenzschloß – heute Universität, Krameramtshaus, Buddenturm, Museen, Theater, Stadthafen, Zoo, Botanischer Garten u. a.
Handorf: St.-Petronilla-Kirche, gemütliche Gartencafes, Haus Dyckburg, Kloster.
Greven: Textilstadt, spätgotische Hallenkirche St. Martinus mit großer Orgel und Sonnenuhr von 1616.
Emsdetten: Pfarrkirche, NSG Emsdettener Venn-Hochmoor, Hof Deitmar (Heimatmuseum).
Rheine: Altstadt, Schloß Bentlage, Bürgerhaus Falkenhof, St.-Antonius-Basilika (116 m hoher Turm), St.-Dionysius-Kirche (15. Jh.), Heilquelle – Solbad Gottesgabe.

Karten, Kanu-Literatur
Generalkarte 1:200000, Blatt 6 und 8. Deutsche Idealkarte 1:100000, Blatt 7 und 10. – Werse: Kleinflußführer für Nordrhein-Westfalen; Ems: Deutsches Flußwanderbuch.

Wie ein römisches Aquädukt überbrückt der Dortmund-Ems-Kanal unseren Wanderfluß.

Dorfkirche in Gimbte, rechts stehen ein paar Ferienhäuser und kleine Villen. Der Autobahnbrücke folgt das Freibadgelände von Greven. Am großen Parkplatz können wir unsere Autos abstellen, wenn wir hier die Etappe beenden oder anfangen wollen.

Greven erwartet uns mit einer sauber restaurierten Innenstadt, der St.-Martins-Kirche mit herrlicher Orgel und in der Martinistraße mit einer gemütlichen Konditorei, die von zwei reizenden alten Damen geführt wird.

Wieder am Fluß angelangt, können wir die steinige Sohlschwelle vor der Straßenbrücke ganz rechts befahren; in der Mitte bildet sich ein gefährlicher Rücksog (beladene Boote sollten besser umgetragen werden). Das neue Sportgelände hinter uns lassend, paddeln wir durch eine leicht wellige Landschaft, an der winzigen Ortschaft Hembergen vorbei. Danach schwingt die Ems im grossen Bogen in westlicher Richtung nach Emsdetten. Hier ragen an der Bispinger Brücke noch ein paar alte Fundamente aus dem Fluß; zwei rot-weiße Rauten zeigen die richtige Durchfahrt an. Beim Hotel »Waldesruh« liegt ein kleiner Campingplatz, und kurz danach sehen wir rechts den Zeltplatz der Emsdetter Kanuten am großzügig gebauten Bootshaus und Vereinsheim.

Die Eintönigkeit der nächsten Flußkilometer ist beim schönen Wirtshaus »Emsfähre« vergessen, wo wir anlegen und bei einem guten Pils eine Pause machen. Es folgen verträumte Schleifen, Altarme mit niedrigen, verwachsenen Ufern, an denen manches Ferienhaus seinen Platz gefunden hat. Bis Rheine überspannt nur die Mesumer Brücke den einsamen Fluß. Weit vor der Stadt zeigen sich die Türme des auf dem Hügel stehenden neuromanischen St.-Antonius-Doms.

Nach der Eisenbahnbrücke paddeln wir an der Uferpromenade entlang im aufgestauten Flußlauf zum Klubhaus des Rheiner Wassersportvereins, wo wir unsere Wanderung beenden. Bei einer Weiterfahrt müssen wir am unbefahrbaren Wehr in Rheine die Boote in Selbstbedienung schleusen.

31 Lippe

Paderborn/Neuhaus–Wesel

Nebenfluß des Rheins

203 km
Ferienfahrt

Aus einem weitläufigen Quellennetz entsteht unterhalb der Paderborner Hochfläche bei Bad Lippspringe das Flüßchen Lippe, das bei Paderborn einen weiteren kräftigen Wasserzuschuß von den in der Stadt liegenden, unterirdisch gespeisten Pader-Quellteichen erhält. Nahe des Residenzschlosses der Paderborner Bischöfe nimmt sie die aus einem reizvollen Tal kommende Alme auf und fließt nun als typischer Niederungsfluß mit zahlreichen Windungen durch eine breite Talaue über Lippstadt, Hamm, Lünen, Haltern, um nach fast 260 km Flußlänge bei Wesel rechtsurfig in den Rhein zu münden. An den Lippeufern begegnen wir vielen schönen Renaissance-Schlössern, deshalb nennt man sie manchmal die »Loire des Münsterlandes«. In den letzten Jahren gab es leider umfangreiche Regulierungsmaßnahmen am Fluß.

Charakter, Tips
Mäßig strömender, ab Schloß Neuhaus (Paderborn) ganzjährig befahrbarer Wanderfluß, auch für wenig Geübte geeignet.
Bootsgassen und gut ausgebaute Umtragestellen an den Wehren lokken trotz weitgehender Flußregulierung viele Kanuwanderer zu ausgedehnten Ferienfahrten. Die Wasserqualität hat sich in den letzten Jahren auch im Unterlauf wesentlich gebessert. Befahrensbeschränkung im NSG Lippe Aue bei Hünxe und Schermbeck, hier Durchpaddeln erlaubt; Anlegeverbot an Ufern und Kiesbänken.

Zeltmöglichkeiten
Paderborn (Kanuclub), Camping Thune (nicht am Fluß), Mantinghausen (Kanugelände), Lippstadt, Camping Uentrop, Ahlen, Haltern, Gahlen, Gartrob, Wesel.

Sehenswertes
Paderborn: Schloß Neuhaus, Paderquellen, Dom mit Krypta, Paradiesportal und Kaiserpfalz, St.-Josefs-Kirche, Stiftskirche Busdorf, Abdinghofkloster, Rathaus, Museen, Theater u.a.
Lippstadt: Große Marienkirche (13. Jh.) mit spätromanischen Wandmalereien, Stiftskirche, St.-Marien-Ruine, frühgotische Jakobikirche, Heimatmuseum, in Cappel Stift, Schloß Schwarzenraben bei Bökenförde.
Hovestadt: Wasserschloß Haus Plettenberg.
Hamm: Schloß Oberwerries, Schloß Heessen, Lutherkirche, Gustav-Lübke-Museum.
Haltern: Pfarrkirche, Stausee, Siebenteufelsturm.
Wesel: St.-Willibrord-Dom mit herrlichem Netzgewölbe, Reste der Befestigungsanlage mit Toren, Berliner Tor, Stadtmuseum, Theater, moderne Kirchen.

Karten, Kanu-Literatur
Generalkarte 1:200000, Blatt 8 und 9; Deutsche Idealkarte 1:100000, Blatt 10, 11 und 12. – Deutsches Flußwanderbuch; Kleinflußführer für Nordrhein-Westfalen; Wassersport-Wanderkarte Teil 2.

Lippe

Anfahrt

BAB 2 Hannover-Dortmund, Ausfahrt Bielefeld/Sennestadt, B 68 nach Stukenbrock-Senne, BAB 33 nach Paderborn/Schloß Neuhaus, oder BAB 44 Kassel-Dortmund, Ausfahrt AB-Kreuz Wünnenberg/Haaren, BAB 33 über Borchen nach Paderborn.

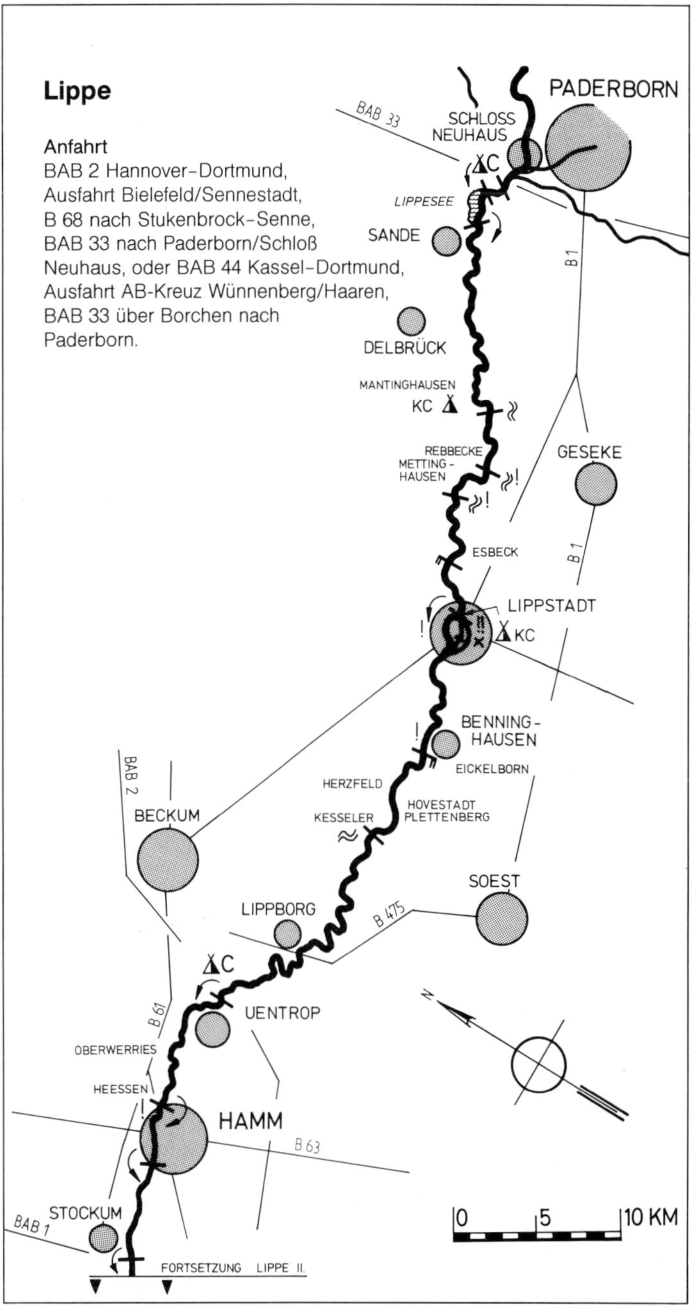

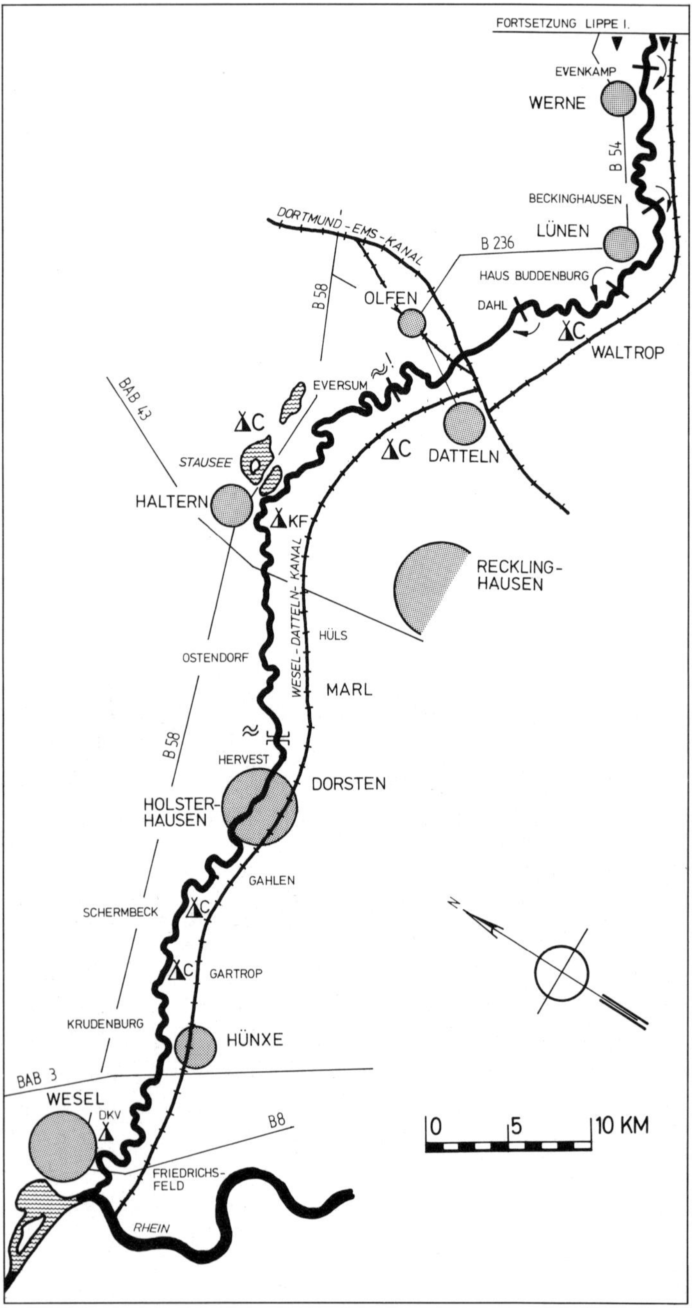
FORTSETZUNG LIPPE I.
EVENKAMP
WERNE
B 54
BECKINGHAUSEN
LÜNEN
B 236
DORTMUND-EMS-KANAL
HAUS BUDDENBURG
B 58
OLFEN
DAHL
C
WALTROP
EVERSUM
BAB 43
C
C
DATTELN
STAUSEE
HALTERN
KF
WESEL-DATTELN-KANAL
RECKLING-
HAUSEN
HÜLS
OSTENDORF
MARL
B 58
HERVEST
DORSTEN
HOLSTER-
HAUSEN
GAHLEN
SCHERMBECK
C
N
C
GARTROP
KRUDENBURG
HÜNXE
BAB 3
WESEL
DKV
B8
0
5
10 KM
FRIEDRICHS-
FELD
RHEIN

Der Unterlauf wird vom Datteln-Hamm- bzw. Wesel-Datteln-Kanal begleitet; doch ist eine längere Wanderfahrt auf der wieder beachtlich sauber gewordenen Lippe empfehlenswert. Eine geeignete Einsatzstelle finden wir bei der Straßenbrücke der B 68 am Zusammenfluß mit der Pader am Schloß Neuhaus. Sicher durchwandern wir vor unserer Kanutour noch Paderborn, die Stadt der vielen Kirchen, in der Karl der Große vor fast 1200 Jahren den Papst empfing.

Im Angesicht von Schloß Neuhaus lassen wir die Boote in das flott strömende, saubere Flüßchen, das uns durch den Schloßpark trägt. Am Ende des Parks schließt sich im spitzen Winkel die von Süden kommende Alme an. Kurz danach sind wir am ersten Schützenwehr; wenn dieses offen steht, fahren wir durch, ansonsten ziehen wir die Boote rechts an der Kanalabzweigung über die Landspitze um. Ein begradigter Flußlauf führt uns weiter unter die Autobahnbrücke und bald zum Brükkenwehr vor dem in den letzten Jahren neuentstandenen Sande-Lippesee.

Hier wird rechts umgetragen, und schon schlecken bei Gegenwind die steilen Wellen gierig an unse-

Einen Hauch der »Loire des Münsterlandes« verspüren wir am Schloß der Grafen von Plettenberg.

ren Booten. Bis jetzt (1987) noch nicht voll ausgebaut, präsentiert sich der breite See schon als zukünftiges Segelbootrevier mit einem kleinen Yachthafen am Nordufer und genügend Parkplätzen. Am Seeauslauf wird zur Zeit noch gebaggert und gebaut, die Fahrtrinne ändert sich, und somit ist eine Besichtigung vor der Befahrung zu empfehlen. Weitgehend reguliert fließt die Lippe mit guter Strömung weiter gegen Westen und bietet uns zur Abwechslung ein paar nette Schwälle nach mehreren niedrigen Sohlstufen. An den Ufern stehen inmitten Wiesen und Weiden verstreut behäbige Bauernhöfe. In Boke können wir die alte Feldsteinkirche bewundern. Es folgen ein Campingplatz und bei Mantinghausen ein schön in einem kleinen Wäldchen liegendes Bootshaus der Kanuabteilung des hiesigen Turn- und Sportvereins. Bei Rebecke haben die Naturschützer die neuen Regulierungen abgemildert und eine künstliche Nistwand für Uferschwalben gebaut, die früher in den steilen Sand- und Lehmufern ideale Brutplätze fanden.

Nach der Halbbogenbrücke bei Esbeck sehen wir schon die Lippstädter Türme. Gleich am ersten, linksführenden Flußarm, im neuen Parkgelände eingebettet, liegt das Kanuvereinsheim, an dem wir nach Anmeldung günstig zelten können, um von hier in wenigen Spazierminuten die sehenswerte Altstadt zu erreichen. Am nächsten Tag paddeln wir im Hochwasserkanal durch die Stadt. Vor dem ersten Wehr tragen wir die Boote links über die Landspitze um und gleiten unter der Cappeltorbrücke hindurch. Am Parkende beim Kanuslalom-Leistungszentrum liegt links die nächste Umtragstelle.

Benninghausen erreichen wir ohne Hindernisse und fahren kurz nach der St.-Nikolaus-Brücke links an der Insel in die Bootsgasse hinein. Bei Herzfeld zieht links das Schloß des Grafen von Plettenberg vorbei, und im Wirtshaus an der Kesseler Mühle kann man vorzüglich essen. Die Schleuse wird zur Zeit (1987) restauriert, dafür ist das Schützenwehr offen und dadurch befahrbar. Das riesige Kohlekraftwerk bei Lippborg erinnert uns, daß wir eine Industrielandschaft erreichen mit vielen Kohlezechen und Stahlwerken. Vor der lauten Autobahnbrükke der BAB 2 liegt ein Campingplatz. Viele schöne, teils versteckte Renaissance-Schlösser und Herrenhäuser – wie Uentrop, Oberwerries, Heessen, Buddenburg, Dahl und Vogelsang – stehen am Fluß.

Am Wehr in der geschäftigen Stadt Hamm tragen wir rechts um; beim Ruderclub können wir die Boote liegen lassen, um in der ausgedehnten Fußgängerzone zu bummeln. Auch an den nächsten sechs Wehren bis zum Haus Vogelsang bei Eversum wird umgetragen; fast überall sind Anlegestege vorhanden. Bei guter Strömung kommen wir weiter voran; Zeltplätze sind hier dünn gesät. Dafür ragen öfter Fördertürme der Kohlezechen und die hohen Schornsteine der Kraftwerke sowie dunkle Abraumhalden aus den Wäldern.

Nach Datteln wird die Landschaft wieder sehr ansprechend und einsam. Die Wälder bekommen heideartigen Charakter. In großen Schleifen nähern wir uns Haltern; links vor der Straßenbrücke der B 51 können wir als Gäste bei den Kanufreunden Marl unsere Zelte aufstellen. Gleich hinter dem Vereinsheim liegt der Wesel-Dat-

Wälder von Hochspannungsmasten begleiten uns auf der Lippe.

teln-Kanal. Es ist interessant, ein paar Stunden an seinem Ufer zu sitzen und den regen Schiffsverkehr zu beobachten. In der alten Bossendorfer Kapelle am gegenüberliegenden Ufer werden noch regelmäßig Sonntagsmessen abgehalten.
Auch Haltern lohnt einen Besuch; außer der Altstadt mit dem leuchtend weißen Rathaus und großen Marktplatz sowie teilweise erhaltenen Befestigungsanlagen locken ein herrlicher Stausee am Stadtrand zum Baden und die Sandhügel der Westruper Heide zum Wandern. Ausgeruht paddeln wir westwärts weiter und freuen uns, wenn kein zu starker Gegenwind unsere Fahrt verlangsamt. Die ersten Kilometer nach Haltern begleiten uns wieder Kohlekraftwerke, und ganze Wälder von Hochspannungsmasten stehen an den Ufern. Unter der Hervester Brücke belebt ein kräftiger, langer Schwall das Geschehen am Wasser. Sandkuppen und Kiefernwälder säumen immer öfter den Fluß. Erst jetzt leuchten die bunten Zelte etlicher Campingplätze durch das Ufergebüsch. Das ausgedehnte Wandergebiet der Hohen Mark lockt viele zu längeren Spaziergängen. Ein idealer Ausgangspunkt ist Hünxe, das Dorf im Grünen.
Noch einmal unterpaddeln wir eine Autobahnbrücke (BAB 3), dann nähern wir uns schon dem Ziel dieser Wanderung - der alten Garnisonsstadt Wesel. Am Lippehafen im Süden der Stadt finden wir beim Otto-Vorberg-Haus des NRW Kanuverbands eine gute Aussetzstelle und als Gäste auch Übernachtungsmöglichkeit. Wir können auch bis in den mächtigen Rhein hineinfahren und im Sporthafen unsere Fahrt beenden. Danach sollten wir uns noch einen halben Tag Zeit nehmen, um die Sehenswürdigkeiten der Stadt zu besichtigen.

32 **Lenne** Werdohl–Mündung

Nebenfluß der Ruhr

45 km
2–3-Tage-Fahrt

Die Lenne, neben der nördlich fließenden Ruhr der wichtigste Fluß des bergigen Sauerlands, entspringt unmittelbar am Gipfelhang des Kahlen Asten (841 m). Von dort in westlicher Richtung entlang des Rothaargebirges ihren Weg suchend, durchsägt sie in vielgewundenem Lauf zwischen Finnentrop und Plettenberg die Kalksteinsedimente der Attendorner Mulde, um anschließend die alten, im Tal eingeengten Städte Werdohl und Altena in vollkommenen Schleifen zu durcheilen. Bei Letmathe zwängt sich die Lenne entlang der bizarren Felsen des Iserlohner Massenkalkzugs. In Hohenlimburg fließt sie in einer herrlichen Kanuslalomstrecke am Schloß des Fürsten Bentheim-Tecklenburg vorbei, um dann im regulierten Flußbett nach 130 km am Fuße der stolzen Feste Hohensyburg in die Ruhr zu münden.

Bei gutem Wasserstand im Frühjahr oder nach längeren Regenfäl-

Charakter, Tips

In einem überaus reizvollen, überwiegend bewaldeten, tief eingeschnittenen Tal flott fließender, leicht sportlicher Wanderfluß, ab Werdohl ganzjährig befahrbar. Der Oberlauf ist nur bei erhöhtem Wasserstand für geübte Wildwasserfahrer zu empfehlen.

Die relativ vielen Wehre sind teils problemlos befahrbar, teils zu umtragen. Nach der Lenne-Regatta, die meist im Juni stattfindet, bleiben viele Wehre ein paar Tage mit Bootsrutschen ausgestattet. Für den Lennestau zwischen Werdohl und Wilhelmstal besteht eine Befahrungsbeschränkung; ein zügiges Durchfahren mit 10 m Abstand vom rechten Ufer ist erlaubt. Durchgehende PKW-Begleitung möglich (B 236).

Zeltmöglichkeiten

Finnentrop – Heggen, Altena – Kanuclub DKV, An der Lennemündung bei Kabel – Camping auf der Ruhr.

Sehenswertes

Plettenberg: Christuskirche (13. Jh.) mit romanischem Portal und Gewölbemalereien, Böhler Kapelle, Schloß Brünninghausen.

Altena: Ausgedehnte Burganlage (urspr. 12. Jh.), Kapelle, Märkisches Heimatmuseum, Deutsches Drahtmuseum, Haus Holtzbrinck, Lutherkirche.

Letmathe: Neugotischer Lennedom St. Kilian, Dechenhöhle, Dorfkirche (12. Jh.), Heimatmuseum, Herrenhaus Letmathe.

Hohenlimburg: Schloß mit Brunnen, Heimatmuseum, Stiftskirche in Elsey.

Hagen: Jugendstilbauten, Karl-Ernst-Osthausmuseum, Freilichtmuseum, Theater.

Hohensyburg: Burgruine, St.-Peters-Kirche, Brunnen.

Karten, Kanu-Literatur

Die Generalkarte 1:200000, Blatt 8 und 10; Deutsche Idealkarte 1:100000, Blatt 15. – Deutsches Flußwanderbuch; Kleinflußführer für Nordrhein-Westfalen.

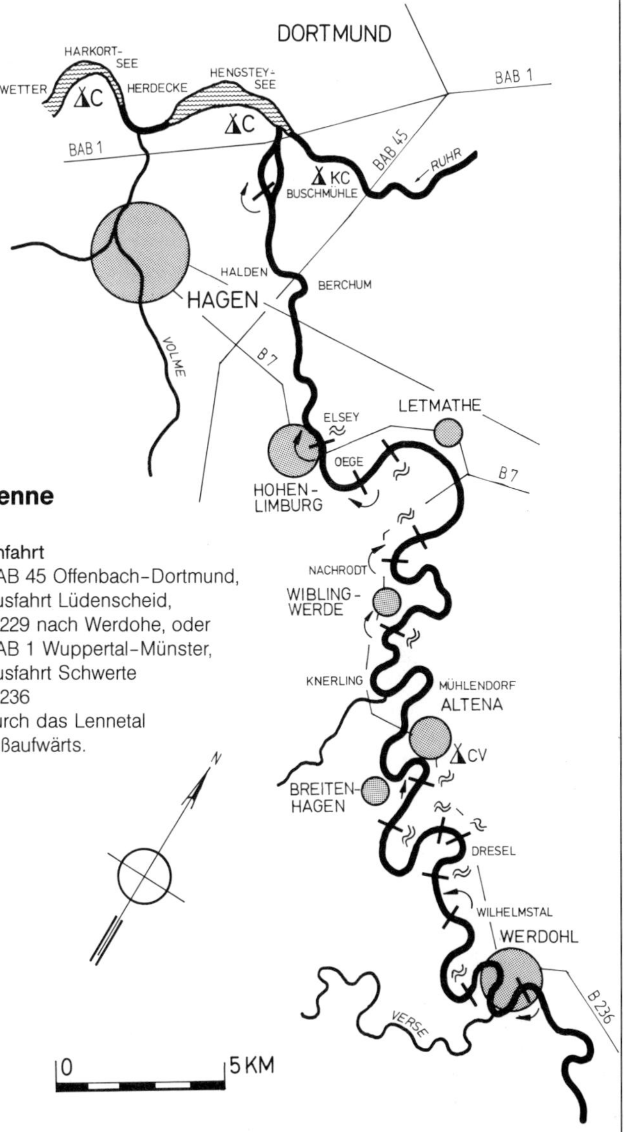

Lenne

Anfahrt
BAB 45 Offenbach-Dortmund,
Ausfahrt Lüdenscheid,
B 229 nach Werdohe, oder
BAB 1 Wuppertal-Münster,
Ausfahrt Schwerte
B 236
durch das Lennetal
flußaufwärts.

len im Sommer beginnen wir unsere Kanuwanderung am Industriegebiet in Finnentrop oder besser in Werdohl, dessen alter Ortskern die Lenne mit einer engen Schleife umschlingt. Hier können wir auf dem großen städtischen Parkplatz am Lenneufer die Autos abstellen. Eine flotte Strömung zieht unsere Boote unter mehreren Brücken hindurch. Rechts fällt ein steiler, bewaldeter Hang bis ins Flußbett, links gleiten die etwas eintönigen Fassaden des Industriegebiets vorbei. Das halbrunde Wehr bei der neuen Brücke der B 236 ist je nach Wasserstand mit Einer-Kajaks links befahrbar; man kann aber auch leicht umtragen. Nach der Schleife folgen rechts das beheizte Freibad, das Sportgelände und links nach einer Eisenbahnbrücke ein Grillplatz. Am Fluß wird es einsam und ruhig. Bis hierher reicht der Stau von Wilhelmstal, an dessen Wehr wir rechts in den Obergraben paddeln, um kurz danach über eine Rutsche wieder das Flußbett zu erreichen.

Das nächste Wehr am Industriegelände in Dresel ist glatt befahrbar. Schwieriger wird es am Kraftwerk Elverlingsen; beide Stufen sind praktisch unpassierbar (Länge der Umtragestelle ca. 200 m, Einsatzstelle erst nach der Brücke zum Werk). Zwischen bewaldeten Berghängen zwängen sich Straße, Eisenbahn und Fluß dicht nebeneinander durch das tief eingeschnittene Tal. Neben dem Bootshaus der Altenauer Kanuten liegt das nächste Wehr, an dem wir links umtragen. Eine sehr günstige Einsatzstelle für eine Tagesfahrt finden wir an der Straßenbrücke, die zum VDM Altena-Werk führt. Am Parkplatz neben dem Werk können wir unsere Startvorbereitungen treffen.

Wir sollten einen Tag in Altena bleiben und zu der hoch über dem Fluß auf einem langgestreckten, steil abfallenden Felssporn thronenden Burg hinaufwandern. Hinter den vorbildlich restaurierten Mauern befinden sich mehrere Museen, (z.B. Drahtmuseum, Schmiedemuseum) und die erste Jugendherberge der Welt.

Im begradigten Flußbett zwischen hohen Ufermauern paddeln wir dann durch die alte »Drahtzieherstadt« die, an den Burghang angeschmiegt, kaum Platz zwischen Fluß und Burg gefunden hat. Das nächste Wehr flußabwärts bewältigen wir links. Kurz danach teilt sich die Lenne an einer Inselspitze; wir tragen in den linken Flußarm um (wenn die Rutsche eingebaut ist, ist das Wehr befahrbar – doch Vorsicht auf Schrägströmung!).

An der Eisenbahnbrücke vereinigen sich die zwei Flußarme, und nach einer längeren Schwallstrekke folgen ruhige Passagen, das Tal weitet sich. Rechts ziehen weiß leuchtende Fachwerkhäuser und das Waldwirtshaus »An der Obstfuhr« vorbei. Die dunkle Felsenwand der Dümplerlei zwingt den Fluß zu einer scharfen Linkskehre. Eine kurze, aber heftige Stromschnelle läßt uns kaum Zeit, die schöne Nachrodter Brücke zu betrachten; es folgt die nächste Brücke mit gelbem Rohr, dann ein spritziger Schwall, eine Rechtsschleife, und schon legen wir am Wehr an. Die lange Bootsrutsche ist überwiegend trocken, so daß wir die Boote links, je nach Wasserstand ca. 200–300 m weit, umtragen müssen.

Das nächste Wehr läßt nicht lange auf sich warten, doch hier gleiten die Kajaks links über die Fischtreppe langsam ins Unterwasser. Das abgeleitete Wasser kommt von rechts zurück ins Flußbett. Bizarre Felsgestalten begleiten uns nach Letmathe, einem Ortsteil von Iserlohn. Nicht weit von hier liegt die Dechenhöhle, wo man Skelette vom voreiszeitlichen Höhlenbär und dem Wollhaarigen Nashorn gefunden hat. Anschließend säumen weitgedehnte, vergammelte Fabrikfronten die Lenne.

Das nachfolgende Wehr befahren wir im Knick, wo uns eine langgezogene Schwallzunge prächtig durchschüttelt. Nur wenige hundert Meter flußabwärts werden die Boote wieder umgetragen, sofern nicht linksseitig eine Rutsche eingehängt ist (markiert mit zwei Holzpflöcken). Bald danach erblikken wir in einer weiten Rechtsschleife die ersten Häuser von Hohenlimburg. Das Wehr vor der Brücke ist rechts im ersten Brükkenjoch passierbar, die manchmal eingehängte Rutsche in der Wehrmitte ist vom Oberwasser aus nicht zu sehen. An der mittelschweren Kanuslalomstrecke probieren wir unser Paddelkönnen aus, Anfänger tragen links um. Eine gute Aussetzstelle befindet sich nach der Brücke; hier sind auch Parkplätze.

Im flotten Lauf eilt die Lenne jetzt wieder mehr oder weniger begradigt unter der Autobahnbrücke hindurch und am ausgedehnten Industriegelände vorbei zur Ruhr. Am neuen Buschmühlenwehr tragen wir um und bleiben im linken Flußarm. Vor uns baut sich der steile Hang der Hohensyburg auf, von oben blickt die dunkle Burgruine ins Tal. Am Hengsteysee auf der Ruhr endet unsere Lennefahrt. Rechtsufrig stromaufwärts liegt das Vereinsheim der Hohenlimburger Kanufahrer, wo DKV-Mitglieder nach Anmeldung auch zelten dürfen.

Die lange Bootsgasse am Nachrodter Wehr ist meistens trocken, manchmal können wir hier die Boote treideln.

33 Rur (Roer)

1. Etappe Heimbach–Obermaubach
2. Etappe Jülich–Hilfarth

Nebenfluß der Maas

1. Etappe 20 km – Tagesfahrt
2. Etappe 24 km – Tagesfahrt

Den Hochmooren des Hautes Fagnes in Belgien entspringend, überquert der bis hier Roer genannte Fluß bei Kalterherberg als flinker Wildbach die bundesdeutsche Grenze und fließt anschließend im engen, nur bei Hochwasser befahrbaren Flußbett durch ein landschaftlich sehr reizvolles Tal. Etwas später zwängt sich das Flüßchen zwischen den malerischen Fachwerkhäusern der idyllischen Bergstadt Monschau hindurch. Zwischen Einruhr und Heimbach hat man die Rur zu einem vielgewundenen, über 200 Mill. m^3 fassenden See aufgestaut, der sich unmittelbar der schmale Urfter Stausee anschließt. An der restaurierten Heimbacher Ringburganlage vorbei sägt sich der Fluß mühsam durch die letzten Ausläufer der Nordeifel, um bei Düren die Tiefebene zu erreichen. Ab Jülich pendelt die Rur in vielen Mäanderschleifen in nordwestliche Richtung. Sie ist nur wenig reguliert und zieht bei Effeld über die niederländische Grenze, um nach über 200 km Flußlänge bei Roermond in die Maas zu münden.

Den oberen, wildwasserähnlichen Abschnitt der Rur überlassen wir den Spezialisten, die hier im Frühling auf ihre Kosten kommen. Wir befahren bei unserer Wanderung in zwei Etappen den noch immer sportlichen Unterlauf.

In Heimbach, unter der finster aussehenden Burg Hengebach, vor der dreibogigen steinernen Rurbrücke, rutschen wir von der Holzrampe in den hier flott fließenden, sauberen Fluß. Nach der folgenden Rechtskurve schaukelt ein langgestreckter Schwall unsere Boote am ersten der vielen Campingplätze vorbei. Kurz danach folgt der nächste. Zwei Flußschlingen weiter treiben wir bei sehr guter Strömung an Hausen vorüber, vor uns liegt das Naturschutzgebiet Mühlenberg. Eine rote Felsenwand und mehrere dunkle Felstürme ragen über die

In kanufreundliche Sohlgleiten mit langen spritzigen Schwällen wurden an der Rur viele gefährliche Steilwehre umgebaut.

Rur

Anfahrt
1. BAB 4 Köln-Aachen, Ausfahrt Düren, B 56 nach Zülpich, B 265 bis Vlatten, nach Heimbach 5 km, oder BAB 4 Ausfahrt Düren, B 399 nach Hürtgenwald, links Nideggen, Heimbach.
2. BAB 46 von Neus, AB-Kreuz Holz, BAB 44, Ausfahrt Jülich-Mersch.

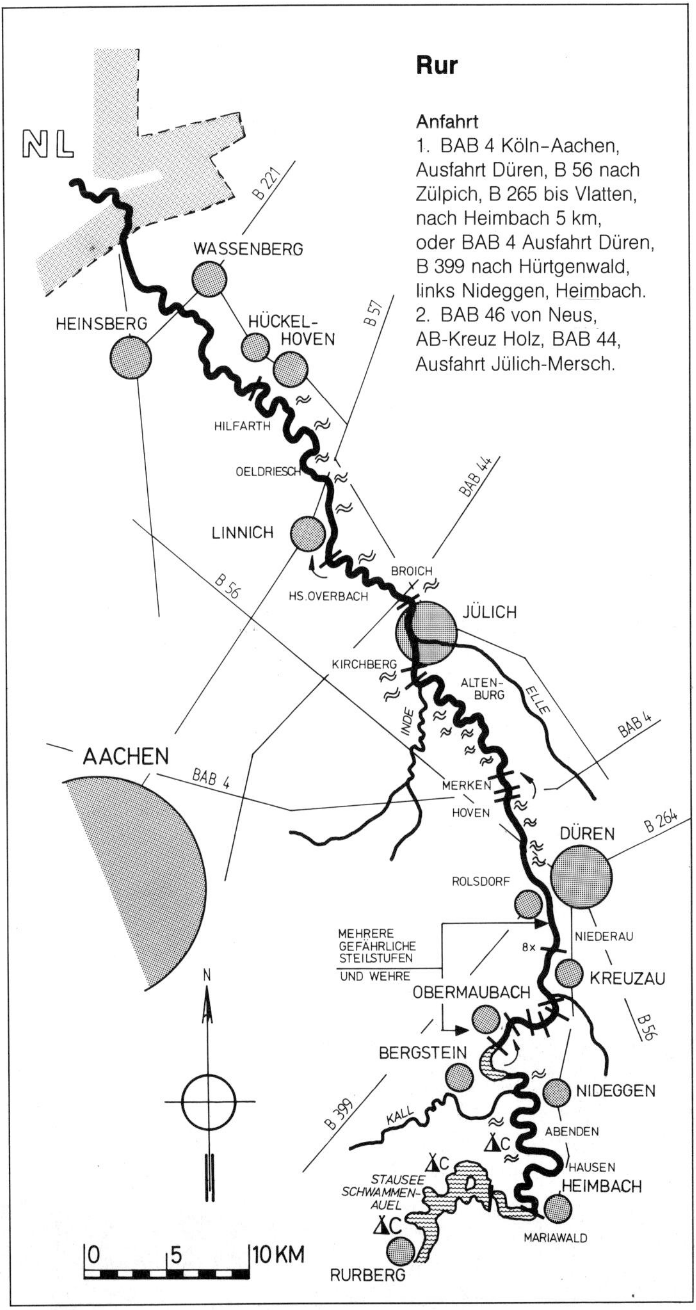

Baumkronen am rechten Uferhang der Rur. An der Blenser Brücke können wir anlegen und die kleine Blenser Burg besuchen.
Danach ziehen wir an einem einsam stehenden Steinhaus vorbei, das zu Lüppenau gehört. Anschließend erfrischt uns ein herrlicher Schwall; in seinem Auslauf müssen wir kräftig durchziehen. Vor Abenden überspannt eine Eisenbahnbrücke den Fluß; die Bundesbahnstrecke ist hier noch voll in Betrieb. Viele umgestürzte Bäume zwingen uns in der schnellen Strömung zum vorsichtigen Manövrieren. Nach einem langgezogenen Campinggelände sehen wir bald die hochragende, das ganze Tal beherrschende Burgruine Nideggen vor uns. Dieses Baudenkmal aus dem 12. Jh. mit seinen hohen Fensteröffnungen sowie das nahe Städtchen sind eine Besichtigung wert. Ein wunderbarer Ausblick in das sich windende Tal belohnt uns für die Mühe des Aufstiegs.
Mehrere Brücken kreuzen nun die Rur, und bei der Haltestelle Zerkall kann man gut anlegen. Dem Rohrsteg und Wasserpegel folgt die nächste längere Schwallstrekke, gewürzt mit umgestürzten Baumstämmen. Vor dem Gut Neuenhof sehen wir links eine Felswand mit der Maria-Grotte. Die steilen hohen Berghänge vor der Klamm wurden teilweise abgeholzt. Noch zwei Kehren, dann schiebt sich rechts der Hof Mausauel vorbei, und unter der »grünen Brücke« beginnt die Stauwur-

Charakter, Tips
Gut fließender, ohne nennenswerte Schwierigkeiten befahrbarer Wanderfluß. Oberhalb der Talsperre sehr sportlich, hier von Wildwasserfahrern gerne besucht. Der Untersee der Rurtalsperre ist gebührenpflichtig, der Obersee gesperrt.
In dem beschriebenen Flußabschnitt ab Heimbach fast ganzjährig befahrbar; die minimale Wassermenge (7 cbm/sec) ist von der Abgabe am Staudamm Heimbach abhängig (telefonisch abfragbar: 02452/124). Im Abschnitt unterhalb Jülich immer genügend Wasser, doch leider nicht mehr so sauber. Hier sportliche Einlagen durch mehrere befahrbare Sohlgleiten, leichte Einer sind auf der Rur im Vorteil. Fahrbeschränkungen auf holländischem Gebiet.

Zeltmöglichkeiten
Eschweiler Kanuclub, Camping Rurberg, Woffelsbach, Heimbach, Hausen.

Sehenswertes
Heimbach: Burg Hengebach (hier Schloßhotel), Kloster Mariawald, Pfarrkirche St. Klemens mit holländischem Schnitzaltar.
Nideggen: Mächtige Burgruine (12. Jh.), kath. Pfarrkirche Nytstor, Dürener Tor, Zülpicher Tor.
Niederau: Schloß Burgau.
Düren: Moderne ev. Pfarrkirche, Leopold-Hoesch-Museum (Kunst), Reste der Stadtbefestigung mit Türmen.
Jülich: Altes Rathaus, Römisch-Germanisches Museum, Probsteikirche, Roertor (Hexenturm).
Barmen: Hallenkirche (15. Jh.) mit Flügelaltar, Haus Kellenberg, Haus Overbach (ehemalige Wasserburgen).
Linnich: Kath. Pfarrkirche mit schönem Hochaltar.

Karten, Kanu-Literatur
Generalkarte 1:200000, Blatt 10; Deutsche Idealkarte 1:100000, Blatt 14 und 17. – Deutsches Flußwanderbuch; Kleinflußführer für Nordrhein-Westfalen.

zel der Talsperre Obermaubach. Die kleine Insel umpaddeln wir links, um die hier nistenden Schwäne nicht zu stören, und nach ½ Stunde erreichen wir die Anlegetreppe auf der rechten Dammseite. Nicht weit davon finden wir den Bahnhof und ein einladendes Wirtshaus.

Weil es im anschließenden Flußabschnitt viele Steilstufen und Wasserableitungen gibt, umfahren wir diesen mit den Autos und starten zur nächsten Etappe unserer Rurwanderung erst in Jülich. Ab hier ist der Fluß ohne Schwierigkeiten ganzjährig befahrbar. Einsetzen können wir die Kanus am Ufer des Ausstellungsgeländes neben dem kleinen Zoopark, der im Bereich der ehemaligen Napoleon-Festung seinen Platz gefunden hat. Die Stadt selbst, schon zu Römerzeiten ein wichtiges Kastell, wurde im Zweiten Weltkrieg fast restlos zerstört; nur der Hexenturm, Reste der Zitadelle und des Rathauses blieben erhalten.

Jülich hinter uns lassend, paddeln wir dann am Schwimmbad und Sportgelände vorbei. Die erste der sieben befahrbaren Sohlgleiten begrüßt uns mit einem herrlichen, spritzigen Schwall, und nach dem »Brückentrio« (Autobahnbrücke, neue und alte Straßenbrücke) folgt eine reizvolle, natürlich erhaltene Auenwaldpassage mit vielen Flußschlingen, Kiesbänken und kleinen Inseln. Oft sehen wir Graureiher und Enten und hören die Rufe der Fasane, die im Dickicht des Auwaldgürtels ideale Lebensbedingungen vorfinden.

Vor einem Pumpwerkhäuschen spritzt der nächste Schwall der langgestreckten Sohlgleite. Das Steilwehr von Linnich befahren wir links durch die enge Fischtreppe, doch vorher überzeugen wir uns, ob diese frei von Schwemmgut ist. Eine überdachte Grillstelle mit Holztischen und -bänken lockt zum Aufenthalt. Wir legen an, entfachen ein Feuer, und bald brutzeln auch schon unsere mitgebrachten Würste.

Nach einer ausgedehnten Mittagspause warten auf uns noch ein paar Kilometer mit guter Strömung und fünf leicht befahrbare Sohlgleiten. In einer Linkskurve vor der Straßenbrücke in Hilfarth sehen wir schon von den Booten aus die auf dem Parkplatz beim Wirtshaus abgestellten Autos. Eine schöne, sportliche Wanderfahrt geht zu Ende.

Über die Fischtreppe bewältigen wir mit den Einern gefahrlos das Steilwehr vor Linnich.

34 Sieg

Wissen–Siegburg

Nebenfluß des Rheins

65 km
3-Tage-Fahrt

Die Sieg entspringt am Südrand des Rothaargebirges, unweit der Eder- und Lahnquelle. Sie durchfließt die Städte Netphen und Siegen und sägt in das harte Gestein zwischen dem Bergischen Land und dem Westerwald ein tiefes, vielgewundenes Tal, um bei Siegburg die flache Rheinebene zu erreichen. Nördlich von Bonn mündet die Sieg nach über 130 km Flußlänge rechtsufrig in den Rhein.

Wie alle Mittelgebirgsflüsse ist auch die Sieg während des Jahres sehr von der Niederschlagsmenge abhängig, und so ist der Oberlauf nur bei erhöhtem Wasserstand, meistens im Frühling, befahrbar (für sportliche, erfahrene Kanufahrer). Erst ab Wissen, in dessen Umgebung mehrere Bäche ihr Wasser der Sieg zuführen, ist der Fluß ganzjährig möglich. Etwas abseits vom hektischen Treiben der Stadt, rechtsufrig flußabwärts nach dem Sportplatz, finden wir beim Bootshaus des Wissener Kanuclubs die ideale Einsatzstelle. Vor uns liegen fast 17 km ohne Hindernisse.

Kaum in den Booten, zieht uns eine gute Strömung in die Linksschleife am hohen Prallhang entlang unter die erste der vielen Eisenbahnbrücken, die wir auf dieser Wanderung unterqueren. Nach der Schleife mündet linksufrig die nur im Frühling befahrbare, sportliche Nister, kurz danach rechts der Holpebach. In herrlichen Bögen paddeln wir durch

Tosend springt der Fluß am Schladener Katarakt mehrere Meter herunter.

Sieg

Anfahrt
BAB 45 Hanau–Dortmund, Ausfahrt Siegen, B 62 durch das Siegtal nach Wissen, oder BAB 3 Köln–Frankfurt, Ausfahrt Bonn/Siegburg, zuerst auf die B 8, in Hennef Richtung Eitorf durch das Siegtal nach Wissen.

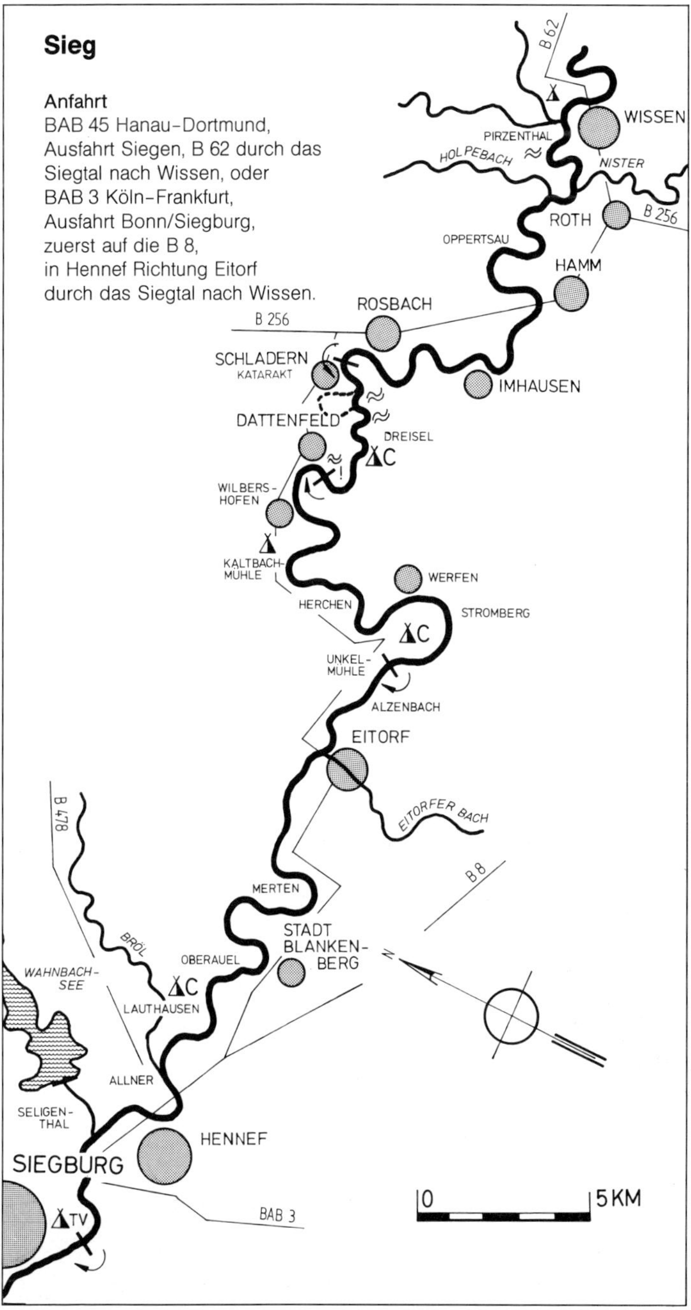

das zwischen steilen Berghängen eingeengte Flußtal, vorbei an winzigen, versteckten Ortschaften wie Opsen oder Imhausen mit einladenden Wirtshäusern.
Unter der ersten Rosbacher Brükke fahren wir aufmerksam in die enge Durchfahrt. In Schladern unterbricht eine Felsstufe den Lauf der Sieg. Bei gutem Wasserstand stürzt hier der Fluß tosend über Basaltsäulen und Rippen mehrere Meter in die Tiefe. Doch meist entzieht die ansässige Firma Kabelmetall fast das ganze Wasser in einen Werkskanal, und dann fließt nur ein klägliches Rinnsal zwischen den schwarzen Felsen. Bei wenig Wasser können wir die leichten Einer im Flußbett ca. 100–150 m über Felsen hinuntertragen. Mit den schweren Zweiern jedoch legen wir an der Brücke vor der schönen Parkanlage an und ziehen den beladenen Bootswagen rechtsufrig auf einem Weg am Aussichtsfelsen vorbei und am Fabrikzaun entlang 1 km weit zum ehemaligen Gut Schönbeck, wo wir am Waldparkplatz wieder einsetzen können (bei gutem Wasserstand schon nach 400 m links in den kleinen Bach).
Etwas vom Fluß entfernt, hoch über einer ehemaligen Schleife, thront die Burgruine Windeck, die außer einem weiten Blick auch ein Heimatmuseum bietet. Über mehrere harmlose Stufen und Schwälle, an einer Reiherkolonie vorüber, erreichen wir Dattenfeld. Am Schrägwehr tragen wir die Boote links oder rechts kurz um; die scharfkantigen Strombrecher machen die verführerische Wehrrutsche leider unbefahrbar. Hoppengarten hinter uns lassend, steuern wir entlang der Felshänge bei

Charakter, Tips
Durch ein reizvolles Tal gut strömender Wanderfluß, der ganzjährig (außer in sehr trockenen Sommerperioden) auch mit Faltbooten ab Wissen befahrbar ist.
Die Wehre auf der Wanderstrecke sind alle leicht durch Umtragen zu überwinden, nur für die ca. 400 m bis 1 km lange Umtragestelle in Schladern ist ein Bootswagen empfehlenswert.

Zeltmöglichkeiten
Wissen – am KC-Gelände (DKV-Mitglieder nach Anfrage), Dreisel, Kaltbachmühle, Camping Stromberg, Eitorf (Anfrage), Lauthausen, vor Hennef, Siegburg – (DKV-Zeltplatz).

Sehenswertes
Wissen: Schöne Häuserzeilen an der Brücke.
Windeck: Burgruine (12. Jh.), Heimatmuseum.
Merten: Ehemaliges Kloster St. Agnes (12. Jh.), frühromanische Kirche mit ungleichen Türmen.
Stadt Blankenberg: Burgruine (12. Jh.), sehenswerte Fachwerkhäuser, alte Pfarrkirche St. Katarina, Stadtmauer mit Türmen.
Hennef: Pfarrkirche mit gotischen Fresken, Station der Thurn- und Taxisschen Reit- und Fahrpost, Ortsteil Allner-Schloß mit herrlichem Park, Seligental – ehemaliges Minoritenkloster, Franziskanerkirche (13. Jh.), Talsperre.
Siegburg: Benediktinerabtei St. Michael mit kostbarem Annaschrein, St.-Servatius-Kirche (Kirchenschatz), Reste der Stadtmauer, Torhaus – Museum, Pranger (14. Jh.).

Karten, Kanu-Literatur
Generalkarte 1:200000, Blatt 10; Deutsche Idealkarte 1:100000, Blatt 14 und 15. – Deutsches Flußwanderbuch.

Bei gutem Wasserstand ziehen wir lautlos über die glatte Wasserfläche.

Herchen im kaum 20 m breiten, etwas regulierten Flußbett. Erst nach Stromberg erweitert sich wieder die enge Talsohle, wo Fluß, Eisenbahnstrecke und Straße um Platz kämpfen. Das steile Winkelwehr der Unkelmühle vor Alzenbach umgehen wir links und lassen uns von der flotten Strömung zum Park in Eitorf treiben.

Flußabwärts auf der felsigen Landzunge über der großen Siegschleife liegt das alte St.-Agnes-Kloster, heute eine Erholungs- und Tagungsstätte. Die weidenden Pferde am Ufer gehören zum bekannten Gestüt. Ein lustiger Schwall unter der nächsten Eisenbahnbrücke leitet einen abwechslungsreichen Abschnitt ein. Kiesbänke lassen den Hauptstrom von einem Ufer zum andern pendeln. In Stein legen wir links vor der Eisenbahnbrücke an, um nach 20minütigem Spaziergang das pittoreske Städtchen Blankenberg zu erreichen, das 100 m hoch über dem Siegtal malerisch neben einer mächtigen Burgruine aus dem 12. Jh. liegt.

An den vielen Baggerstellen bei Dondorf vorbeipaddelnd, nähern wir uns der Stadt Hennef, unterqueren die klotzigen, doch schallgedämmten Autobahnbrücken und wandern vielleicht noch hinauf ins Seligenthal zur ältesten Franziskanerkirche Deutschlands.

Durch das flache Tal treiben wir anschließend zum großzügig angelegten Kanugelände des Ski- und Kanuvereins in Siegburg, wo unsere Fahrt endet. Wenn wir uns angemeldet haben, sind wir dort willkommene Gäste und können nach dem Aufbau der Zelte in aller Ruhe die alte, geschichtsträchtige Stadt an der Sieg besichtigen.

35 Wied

Oberlahr–Altwied

Nebenfluß des Rheins

47 km
2-Tage-Fahrt

Irgendwo am Großen Weißenstein bei Linden entspringend, schlängelt sich die Wied zuerst ruhig in nördlicher Richtung durch die leicht hügelige Landschaft der Westerwälder Seenplatte. Saftige Wiesen, Felder und herrliche Laubmischwälder begleiten ihren Lauf. Vor Altenkirchen wird sie durch einen Bergriegel nach Westen abgedrängt, berührt das alte Städtchen, um sich bei Döttersfeld tief in die mächtigen Sedimentschichten des ehemaligen

Charakter, Tips
Dieses teilweise flott dahinfließende Wanderflüßchen, im abwechslungsreichen, reizvollen Tal eingebettet, wird meistens bis Ende Mai und dann wieder im Herbst (im Sommer auch nach Regenperioden) mit Einern befahren; doch bei entsprechendem Wasserstand (Pegel Döttesfeld 75 cm) kommen auch Kunststoff-Zweier, Kajaks oder Canadier ohne nennenswerte Grundberührungen durch. Faltboote sind nicht zu empfehlen.
Anfänger, begleitet von erfahrenen Paddlern, werden sich auf der Wied wohlfühlen, das Wasser ist überwiegend flach, die Strömungsverhältnisse sind berechenbar. Alle Wehre und Stufen, außer dem nicht immer eingesetzten Bretterwehr in Roßbach und dem Hausener Wehr, sind befahrbar, wir können aber die Boote auch kurz umtragen. Trotz mehrerer Campingplätze und mancher Wochenendhäuschen ist es im Tal sehr ruhig, das Wasser sauber. Der Fischreichtum lockt Angler an, auf die wir Rücksicht nehmen. PKW-Begleitung ist auf der gesamten Wanderstrecke möglich; auch gute Busverbindung durch das Tal.

Zeltmöglichkeiten
Camping Oberlahr, Burglahr, Neustadt, Koden, Anxbach, Roßbach, Niederbreitbach, Clemenshütte, Datzeroth, bei Laubachsmühle.

Sehenswertes
Oberlahr: Neugotische Pfarrkirche St. Antonius mit Taufstein (13. Jh.), Lusthof.
Burglahr: Ehemalige Burg des Grafen v. Isenburg (13. Jh.), Reitermühle, Kapelle (17. Jh.).
Peterslahr: Wallfahrtsort mit romanischer Kirche St. Peter (12. Jh.) mit Holzplastiken.
Asbach-Ehrenstein: Mittelalterliche Bauten, Burgruine (14. Jh.), spätgotische Dreifaltigkeitskirche mit prächtiger Barockkanzel, Kreuzherrenkloster.
Neustadt: Schöne Kirche, Ruine Altenwied.
Waldbreitbach: Luftkurort, Kirche, Schloß Walburg, Kapelle, Ölmühle mit Museum, Luftkurort Hausen – Franziskanerkloster.
Niederbreitbach: Luftkurort, alte Pfarrkirche, Ruine Neuenburg (12. Jh.).
Altwied: Spätgotische Pfarrkirche (13. Jh.), Burgruine Altwied (12. Jh.), Zweibogige Steinbrücke.

Karten, Kanu-Literatur
Generalkarte 1:200 000, Blatt 12; Deutsche Idealkarte 1:100 000, Blatt 17 und 18. – Kleinflußführer Nordrhein-Westfalen.

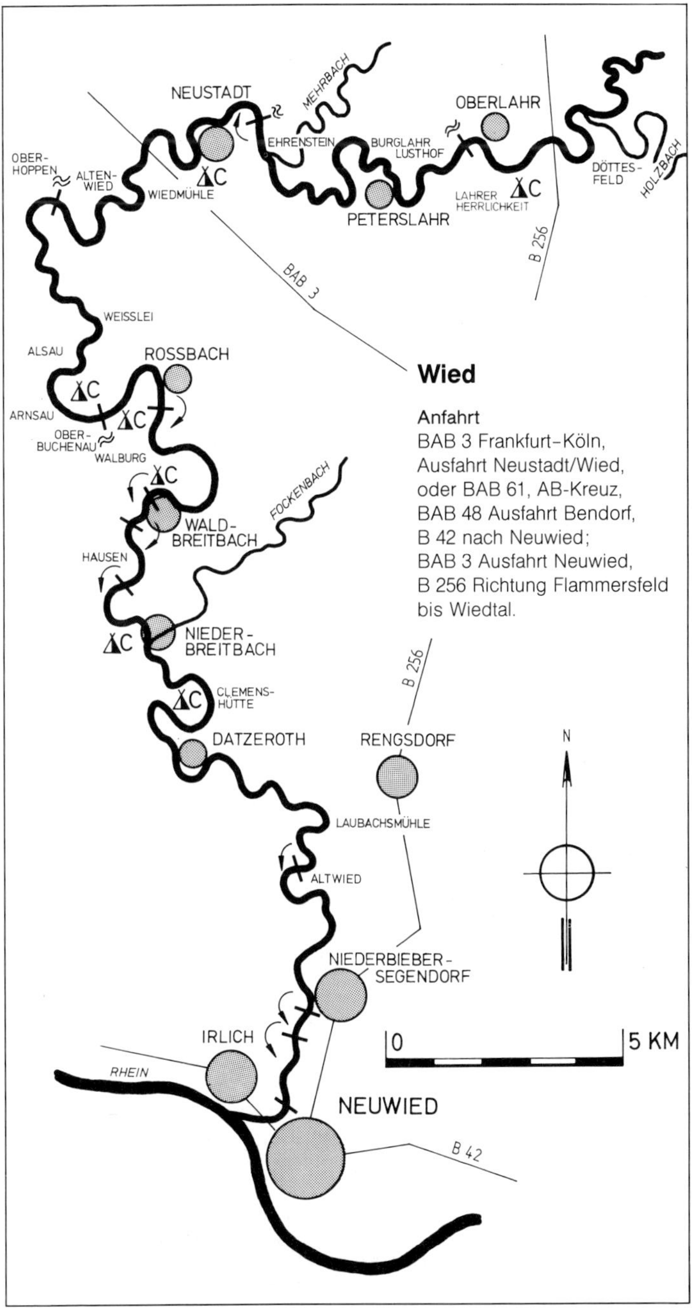

Wied

Anfahrt

BAB 3 Frankfurt–Köln, Ausfahrt Neustadt/Wied, oder BAB 61, AB-Kreuz, BAB 48 Ausfahrt Bendorf, B 42 nach Neuwied; BAB 3 Ausfahrt Neuwied, B 256 Richtung Flammersfeld bis Wiedtal.

Devonmeeres einzugraben. In weit ausholenden Umlaufschleifen, gesäumt von steilen Erosionshängen und einem urwaldähnlichen Schluchtwald durchquert sie als größter Flußlauf den stillen Naturpark Rhein-Westerwald und erreicht südlich der finster dreinschauenden Burgruine Altwied bei Segendorf das dicht besiedelte Neuwieder Becken, um schließlich im Stadtteil Irlich in Neuwied rechtsufrig in den Rhein zu münden.

Für uns Kanufahrer bietet sich der abwechslungsreiche, 47 km lange Flußabschnitt von Oberlahr bis zur Laubachsmühle (bzw. Altwied) an. Ab hier ist die Wied überwiegend bis Ende Mai und in den Herbstmonaten auch mit wendigen Kunststoff-Zweiern problemlos befahrbar, in regenreichen Sommern auch ganzjährig.

Am weitläufigen Parkplatz des Schwimmbades »Lahrer Herrlichkeit« bei Oberlahr können wir die Autos bequem abstellen und finden unterhalb vom Restaurant eine flache Einsatzstelle. Kaum in den Booten sitzend, unterqueren wir die neue Straßenbrücke und gelangen zum ersten Wehr in Oberlahr. Bei gutem Wasserstand ist es leicht befahrbar, bei niedrigem Wasser tragen wir links kurz um. Rechts am Hang liegt der Lusthof, in früheren Zeiten Sitz der Kurkölnischen Verwaltung, die hier ihre Rechte ausübte.

Nach einem weiten Linksbogen nähern wir uns dem Ort Burglahr, der sich im malerischen Halbkreis an einen ehemaligen Umlaufberg der Wied anschmiegt, auf dessen Gipfel die Burg des Grafen von Isenberg aufragt. Eine befahrbare Stufe sorgt für sportliche Abwechslung. Nach der Straßenbrücke, die zum Wallfahrtsort Peterslahr führt, folgt eine einsame Flußschleife. Das Tal wird eng und felsig; wir durchpaddeln die Mettelshahner Schweiz. Riesige Steinblöcke liegen an den Hängen, und ein halbzerfallenes Eisenbahnviadukt der vor Jahrzehnten stillgelegten Bahnstrecke wird vom Wald zurückerobert.

Von rechts mündet der Mehrbach; kurz danach legen wir an und machen einen kleinen Spaziergang zum Schmuckstück des Wiedtales. Unter der Burgruine Ehrenstein, die zusammen mit einem Fachwerkhäuschen am engen Felssporn klebt, stehen das ehrwürdige Klostergebäude und die spätgotische St.-Trinitatis-Kirche, in der wir eine prächtige, aus Eichenholz geschnitzte Barockkanzel entdecken. Hier weht uns der Atem vergangener Jahrhunderte entgegen, und zum Abschied lächelt uns der im Stein gehauene Mönch am Torbogen verschmitzt nach.

Die nachfolgende verblockte Stelle im Fluß ist eigentlich der Rest eines verfallenen Wehrs; bei niedrigem Wasserstand manövrieren wir unsere Boote vorsichtig zwischen den scharfkantigen Steinen hindurch. Nach Neustadt, wo wir am Parkplatz beim Schulzentrum eine hervorragende Einsatzstelle finden, flitzen wir am großen Campingplatz vorbei, kommen rechts über ein niedriges Wehr und blikken respektvoll auf die plötzlich auftauchende Autobahnbrücke der A 3, die wie ein altes römisches Aquädukt auf wuchtigen Betonpfeilern das grüne Wiedtal überspannt. Doch da oben fließt kein lebenspendendes Wasser; lärmend donnern Hunderte von Autos in beiden Richtungen über die Brücke.

Es dauert nicht lange, dann schirmt das Flußtal mit seinen Waldhängen nach der nächsten

In vielen harmlosen Schwällen läuft die Wied von Prallhang zu Prallhang.

Biegung die Lärmquelle ab, und wir hören nur noch das anheimelnde Plätschern des freudig springenden Flüßchens. Vielseitig zeigt sich das Tal: steile Prallhänge wechseln mit flachen Auwiesen, ruhig fließende Abschnitte werden von kleinen Naturstufen unterbrochen, leichte Schwallstrecken und ein paar scharfe Kurven sorgen für Abwechslung. Mehrere Campingplätze, mit Liebe gepflegte Wochenendhäuschen, die zwischen den Bäumen hervorlugen, und so manches verführerische Landgasthaus säumen den Lauf der Wied. Das Tal weitet sich, der Klosterhof mit seiner Kapelle ohne Turm schiebt sich links an uns vorbei, und nach der ersten Tagesetappe finden wir im Camping Roßbach freundliche Aufnahme.

Am folgenden Bretterwehr müssen wir morgens die Boote links über die Wiese umtragen (im Frühling und Herbst wird das Wehr nicht eingesetzt, dann ist die Stelle glatt befahrbar). Nach einer großen Schleife, in der die Wied das Schloß Walburg umläuft, liegt der über 1000 Jahre alte Ort Waldbreitbach vor uns, in dem es außer einer schönen Kirche auch eine Ölmühle mit Museum zu sehen gibt. Am Wehr vor dem Ort bildet sich bei höherem Wasserstand ein gefährlicher Rücklauf, deshalb tragen wir unsere Boote um. Bei Niederbreitbach mündet der Forckenbach in die Wied. Sein Tal mit seltener Flora und Fauna steht unter Naturschutz.

In ausholenden Schleifen fließt die Wied nun durch das Tal und an mehreren Zeltplätzen vorbei. Dann taucht in einer Rechtskurve die einsame Laubachsmühle auf. Hier können wir unsere Kanus aus dem Wasser ziehen oder noch 2 km im aufgestauten Fluß bis zur Burganlage Altwied hinunterpaddeln und erst dort unsere Wanderfahrt beenden.

36 Lahn

Marburg-Lahnstein

Nebenfluß des Rhein

177 km
Ferienfahrt

Es ist sicher nicht übertrieben, die Lahn als einen der schönsten und gleichzeitig kanufreundlichsten Wanderflüsse Deutschlands zu bezeichnen. Vieles spricht dafür. Schon der reizvolle Landschaftswechsel zwischen breiten Flachbecken, wo der Fluß spielerisch in vielen Schlingen durch weite Wiesen und Felder zieht, und überwältigend schönen, langgezogenen Engtalstrecken, in denen manchmal sanft gerundete, manchmal schroff abfallende bewaldete Hänge bis an die Ufer reichen, nur wenig Platz für eine schmale Talaue lassend. Hier gibt es einsame Flußabschnitte, in denen nur unsere Paddelschläge die Ruhe des dahinfließenden Wassers stören; doch es finden sich auch Strecken, wo an Wochenenden Wasserskifahrer an unseren schaukelnden Kanus vorbeiflitzen und die Sonntagskapitäne ihre tuckernde Kabinenkreuzer den Strom hinaufsteuern.

Unzählige historische Kostbarkeiten säumen die Ufer der fast 250 km langen Lahn, die, von ihrer Quelle im südlichen Rothaargebirge wie eine silbern gewundene Schleife zwischen Westerwald und Taunus fließend, sich auf ihrem Weg bis zur Mündung bei Lahnstein am Rhein sehr viel Zeit läßt. Genausoviel Zeit sollte der Kanuwanderer haben, um den Liebreiz der vorbeiziehenden Landschaft auszukosten, um öfter aus dem Boot zu steigen, kleine Spaziergänge zu unternehmen und die vielen alten Orte, sehenswürdigen Burgen, Schlösser und andere Zeugen der deutschen Geschichte kennenzulernen.

Vor den vielen Wehren, die wir in der Karte entdecken, brauchen wir uns nicht zu fürchten. Sie sind im oberen Flußabschnitt bis Gießen alle leicht zu umtragen, manche sogar mittels einer Bootsgasse befahrbar. Weiter flußabwärts müssen wir, mit Ausnahme von Wetzlar, die Boote überhaupt nicht mehr aus dem Wasser heben. Die mit Schleusen versehenen Wehre sind bis Limburg für manuelle »Selbstbedienung« eingerichtet, und werden danach (bis Lahnstein) von freundlichem Personal betreut. Wegen der geringen Strömung brauchen wir keine Bedenken zu haben. Zumindest bis Limburg fließt die Lahn erstaunlich flott dahin. Anschließend müssen wir natürlich zulangen und, soweit wir nicht gerade »Kilometerfresser« sind, mit etwas kürzeren Tagesetappen rechnen.

Unsere Flußwanderung beginnt im »Tübingen des Nordens«, in der alten Universitätsstadt Marburg, wo wir eine günstige Einsatzstelle am Campingplatz hinter dem Städtischen Freibad finden. Eine Stadtbesichtigung lassen wir uns natürlich nicht entgehen und genießen nach dem Spaziergang durch die engen, steil ansteigenden Gassen vom Schloß hoch über der Stadt einen herrlichen Rundblick. In einer der vielen Bäckereien der Altstadt kaufen wir uns noch etwas Süßes.

Lahn

Anfahrt
BAB 3 Köln-Frankfurt, Ausfahrt Limburg; bzw. BAB 5 Homberg-Bad Hersfeld, Ausfahrt Alsfeld Ost; B 62 Cölbe, hier nach Marburg.

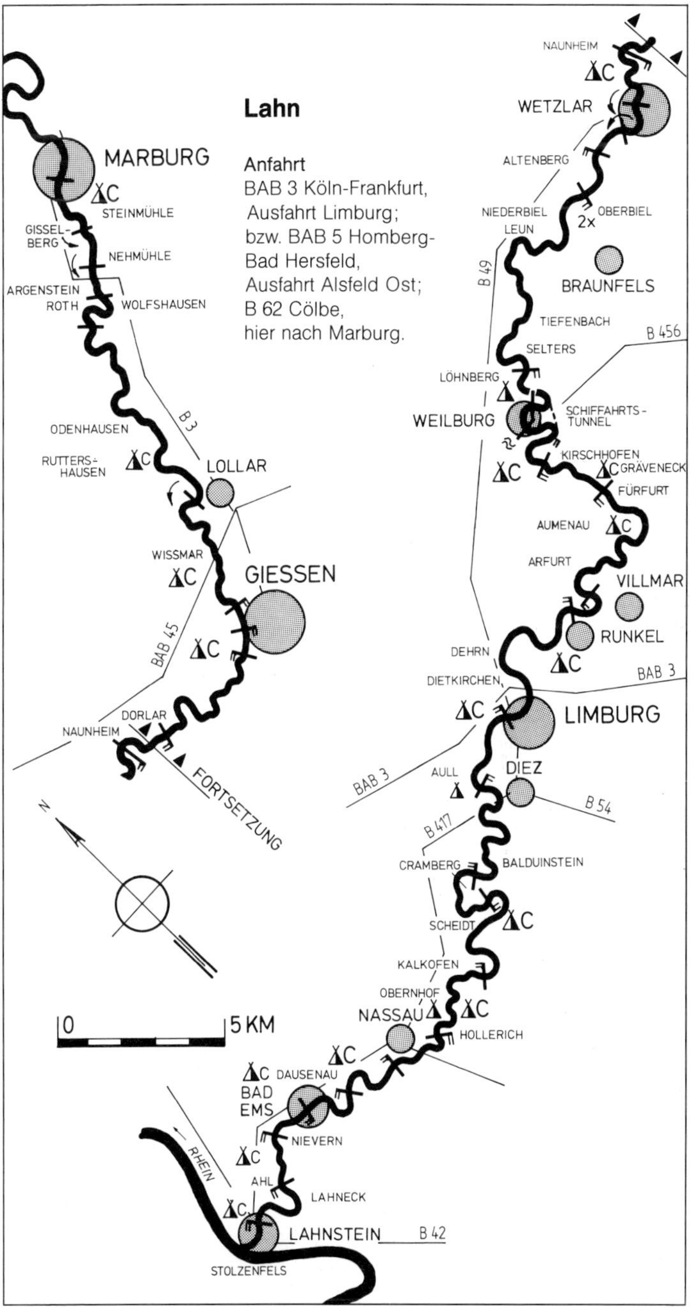

Charakter, Tips

In einer ansprechenden, abwechslungsreichen Landschaft beschaulich fließender Ferienwanderfluß mit mäßig sauberem Wasser, von Marburg bis zur Mündung auf 180 km ganzjährig mit allen Bootstypen befahrbar. Vorsicht: Bei einem Wasserstand von 360 cm Pegel in Leun ist eine Befahrung untersagt!

Die relativ vielen Wehre bereiten nicht einmal dem Anfänger größere Schwierigkeiten. Im Flußabschnitt bis Gießen überwinden wir sie durch Bootsgassen oder problemloses Umtragen. Von Gießen bis Limburg sind sie mit manuell bedienbaren Schleusenanlagen versehen. Nach vorheriger Anmeldung beim Schleusenwärter per Handkurbel selbst zu betätigen; dabei auf die Anweisungen achten und nach dem Durchschleusen die Kammern wieder mit Wasser vollaufen lassen. Zeitaufwand für eine Schleusung ca. 20–30 Minuten. Wer mit Einern oder mit leichten Kunststoff-Zweiern ohne Gepäck paddelt, kann in diesem Abschnitt an allen Wehren umtragen. Manchmal genügt es, das Boot über die Wehrkrone zu ziehen. Ab Limburg flußabwärts sind die steilen Wehre nur noch durch elektrisch betriebene Schleusen zu überwinden. Bedienung durch Personal gebührenfrei; im Sommerhalbjahr werktags von 9.30–18.30 Uhr, an Sonn- und Feiertagen von 9.00–19.00 Uhr (auf Signale achten, die ähnliche Bedeutung wie im Straßenverkehr haben: Rot = besetzt, Grün = freie Fahrt).

Der Motorbootverkehr hält sich auf der Lahn in angenehmen Grenzen; erlaubte Bootsgeschwindigkeit höchstens 12 km/h (ausgenommen Wasserskistrecken). An Wochentagen kaum Kabinenkreuzer; etwas lebhafter wird es im unteren Flußabschnitt an Wochenenden und Feiertagen, hier auch Personenschiffsverkehr. Die durchs Lahntal führende Bundesbahnstrecke bietet sich zum Abholen der Fahrzeuge an; auch fast durchgehende PKW-Begleitung ist möglich. Im NSG Nieverner Wehrt bei Bad Ems besteht Fahrverbot von 15. Oktober–31. März. Die vielen Campingplätze an den Lahnufern sowie auch die freundlicherweise vom Wasser- und Schiffsamt Koblenz in den Schleusenbereichen bereitgestellten »Zeltplätze für Wasserwanderer« ermöglichen eine problemlose Wanderfahrt mit Boot und Zelt.

Zeltmöglichkeiten

Viele Campingplätze entlang der Lahn, hier die wichtigsten:

Marburg – Städt. Camping, Zeltplatz Marburger Kanufahrer, Ruttershausen, Badenburg – Wiesecker Kanu-Club, Paddel-Club Wissmar, Gießen – Ski- und Kanu-Club, Wetzlar, Biskirchen, Weilburg beim Ruderverein, Odersbach – Camping und Jugendherberge, Gräveneck, bei Arfurt – Zeltplatz des Eisenbahner-Sportvereins Limburg, Runkel, Limburg, Diez, bei Balduinstein – Paddlergilde Rupbach, Laurenburg, Obernhof, Langenau, Dausenau, Bad Ems, Fachbach, Wolfsmühle, Lahnstein.

Sehenswertes

Marburg: Universitätsstadt (Tübingen des Nordens) – erste protestantische Universität, St.-Elisabeth-Kirche, St.-Michael-Kapelle, spätgotisches Rathaus, ehemalige Deutschordenssiedlung – Herrenhaus, Komturhaus, Kornhaus, Fachwerkhäuser, Marktbrunnen, Landgrafenschloß mit Rittersaal und Kapelle, Museen u.a.

Bellnhausen: Romanische Kirche – Odenhawen, neugotisches Schloß Friedelhausen, Staufenberg – Burg.

Gießen: Universitätsstadt, Brandplatz, Altes Schloß, Neues Schloß, Liebig-Museum, Botanischer Garten, Stiftskirche in Schiffenberg, Röntgendenkmal u.v.a.

Wetzlar: Dom am Buttermarkt mit Dommuseum, Museum im Lotte-

haus (Goethe), Brunnen, alte Steinbrücke, Burgruine Hermannstein, Jerusalemhaus u.a.
Altenberg: Gotisches Kloster.
Braunfels: ca. 4 km vom Fluß entfernt, pittoreske alte Bergstadt mit Schloß der Grafen von Solms-Braunfels (Hessisches Neuschwanstein), NSG - Urwald.
Löhnberg: Schöne Fachwerkhäuser, Schloßruine, Selterssprudelquelle.
Weilburg: Mächtiges Residenzschloß mit Parkanlage und Orangerie, barocke Stadt, Rathaus, Marktplatz mit Neptunbrunnen, Bergbaumuseum, Wildpark mit Freilichtmuseum, im Sommer Schloßkonzerte, Schiffstunnel.
Villmar: Lahnbrücke aus Marmor, Bodensteiner Lei - Denkmal König Konrads I.
Runkel: Wuchtige Burg - Waffenmuseum, Schloß Schadeck.
Dietkirchen: Romanische Lubentiuskirche, in Dehrn Schloß.
Limburg: Siebentürmiger, spätromanischer Dom (Domschatz), malerische Altstadt mit ältesten Fachwerkhäusern Deutschlands, Schloß, Stadtkirche, Bischofssitz, Steinbrükke u.a.
Diez: Schloß Oranienstein, Diezer Grafenschloß mit Museum, Stiftskirche, Stadtmauer, in der Nähe Fachinger Brunnen.
Balduinstein: Burgruine, Schloß Schaumburg im englisch-gotischen Stil.
Laurenburg: Burg, 2 km zur Klosterruine Brunnenburg.
Obernhof: Ausblick »Goethepunkt«, Kloster Arnstein mit romanischer Klosterkirche, Schloß Langenau - ehemalige Wasserburg.
Nassau: Burgruine, Denkmal des Freiherrn von Stein, Stammburg Nassau-Oranien, Schloß, Rathaus.
Dausenau: 1000jährige Gerichtseiche, alte Ringmauer mit Toren, Rathaus, St.-Castor-Kirche, der »schiefe Turm«.
Bad Ems: Kurhaus, Parkanlagen, warme Quellen.
Lahnstein: Burg Lahneck, romanische Johanniskirche neben römischem Burgus, Rathaus mit Weinbrunnen, Wenzelskapelle, »Wirtshaus an der Lahn«, gegenüber am Rhein Schloß Stolzenfels.

Karten, Kanu-Literatur
Generalkarte 1:200000, Blatt 11, 12 und 13; Deutsche Idealkarte 1:100000, Blatt 15 und 19. - Deutsches Flußwanderbuch; H.W. Mekkel, Die Lahn (spezieller Flußwanderführer mit Karte, empfehlenswert); WWA Koblenz, Merkblatt für Wassersportler.

Bald darauf sitzen wir in den Kanus. Die Stadt bleibt zurück, wir unterfahren mehrere Straßenbrükken und finden bald unseren gewohnten Paddelrhythmus. Links voraus naht die Kuppe des Frauenberges mit der mittelalterlichen Burgruine. Am Wehr der Steinmühle werden die Boote rechts kurz umtragen. Bis Gießen wiederholen wir insgesamt viermal diese Übung. Doch dazwischen gibt es immer wieder schöne Strecken mit zügig dahinziehendem Wasser. Bei niedrigem Wasserstand bilden sich in den Innenkurven Sandbänke, die zum Pausieren einladen. Schon hier entdecken wir etliche Campingplätze, so daß wir bei einer geruhsamen Ferienfahrt auch kurze Tagesstrecken zurücklegen können.
Eine weitere günstige Stelle für den Anfang einer Wanderfahrt ist der Zeltplatz des Ski- und Kanuclubs in Gießen, wo wir freundliche Aufnahme finden. In einer bequemen Tagesfahrt erreichen wir die ehemalige freie Reichsstadt Wetzlar. Auf dem Städtischen

Campingplatz können wir unsere Zelte aufschlagen und abends den historischen Ortskern mit dem mächtigen Dom am Buttermarkt besichtigen.
Am nächsten Tag folgt eine reizende Fahrt durch die gepflegte Parkanlage entlang der vorbeiziehenden Kulisse der hügelan gebauten alten Häuser und des hochragenden Doms. Nach den Brücken kommen zwei kurz aufeinanderfolgende Wehre, beide mit Rollanlagen zum Übersetzen der Boote. Wir heben die Kajaks auf die Rollen und lassen sie vorsichtig die Rampe hinuntergleiten. Nach einem letzten Blick auf den weithin sichtbaren Dom paddeln wir Altenburg entgegen. Links auf einem sanft gerundeten Bergrükken zeigt sich Schloß Braunfels. Ein Besuch dieses märchenhaft wirkenden Schloßes und des pittoresken Städtchens am Fuße seiner Mauern lohnt wirklich. Der beste Ausgangspunkt für diese Wanderung (4 km vom Fluß) ist die Anlegestelle am Bahnhof Braunfels.
Anschließend trägt uns die Lahn in weiten Bögen durch das »Leuner Becken«, dessen Mineralquellen Selters und Karlssprudel weltbekannt sind. Aus dem flachen Becken wird ein wirkliches Tal, bewaldete Hänge ragen hoch über den Fluß auf. Der kleine Ort Löhnberg zeigt uns seine schönen Fachwerkhäuser, und nach der nächsten Schleuse nähern wir uns einem der Höhepunkte unserer Lahnwanderung, dem Residenzstädtchen Weilburg, dessen barocke Schloßanlage hoch über einer engen Lahnschleife thront.
Mit Erlaubnis befestigen wir die Kanus beim Bootshaus des Weilburger Rudervereins, durchstreifen die herrlichen Gartenterrassen des Schlosses, bestaunen den üppig verzierten Neptunbrunnen am großen, streng geometrischen Marktplatz und sind überwältigt von den Ausmaßen der Grafenresidenz. Noch eine Attraktion hat Weilburg uns zu bieten: Deutschlands einzigen Schiffstunnel, ca. 200 m lang mit einer Doppelschleuse am Ende. Es ist schon etwas unheimlich, in dieses dunkle Loch hineinzupaddeln; jedes Wort, jeder Paddelschlag wird von den Wänden um ein vielfaches verstärkt. Wir sind froh, wenn sich krächzend das Schleusentor öffnet und der blaue Himmel wieder über uns erscheint.
Wer das Städtchen im Boot umrunden will, kann dies tun. Beide Schrägwehre sind ohne große Schwierigkeiten rechts umtragbar, in Einern auch befahrbar.
Weiter flußabwärts folgt bis Runkel eine recht einsame, romantische Waldstrecke, der Fluß wird kaum von einer Straße berührt, nur die Bahnstrecke liegt irgendwo am Hang. Mehrere Campingplätze unterbrechen als farbige Tupfer das Grün der Ufer, und die Wehre mit ihren Schleusen empfinden wir als willkommene Unterbrechung der Fahrt, um uns die Beine zu vertreten.
In Villmar überspannt eine Marmorbrücke den Fluß, und linksufrig ragt unverhofft die hohe Felswand der Bodensteiner Lei. Runkel, eine wuchtige Burg mit zwei dunklen Wehrtürmen über der alten mehrbogigen Steinbrücke, folgt alsbald. Hoch am Bergkamm rechts gegenüber blickt stolz Schloß Schadeck auf den Fluß. Nach der Schleusenkammer nimmt uns eine recht flotte Strekke in Empfang; bei niedrigem Wasserstand müssen wir auf die in den Fluß ragenden Buhnen achten.

In Dehrn begegnen uns die ersten Motorboote; dem kleinen Hafen mit dem Kran am rechten Ufer unterm ehemaligen Schloß folgen ab jetzt bis zur Mündung viele andere. Die Strömung wird deutlich langsamer, und bald blicken wir mit angehaltenem Atem auf die eindrucksvolle Silhouette der Lubentiuskirche, einer Pfeilerbasilika aus dem 9. Jh., die auf einem einsamen Kalkfelsen unmittelbar über der Lahn aufragt. Nach einer Flußbiegung überspannt eine Autobahnbrücke in fast 70 m Höhe das Tal. Gleichzeitig zeigt sich das aus vielen Büchern und dem 500 DM-Schein bekannte Bild des siebentürmigen Limburger Doms, hoch auf einem mächtigen Felspfeiler gebaut und vom alten Schloß und Fachwerkhäusern eng umgeben.

Rechtsufrig vor dem Wehr legen wir an und bauen die Zelte auf dem schön gelegenen Campingplatz auf. Einen gemütlichen Abend in der renovierten, vom Leben pulsierenden Altstadt sollten wir uns nicht entgehen lassen

Einfahrt in den einzigen deutschen Schiffstunnel bei Weilburg.

und, falls die Zeit noch reicht, einen halben Tag dranhängen, um den prächtigen Dom, die engen, verwinkelten Gassen, alten Marktplätze und Fachwerkhäuser mit ihren reichverzierten Giebeln auch bei Tageslicht zu bewundern. Das Bild des vieltürmigen Doms und der achtbogigen Steinbrücke begleitet uns noch eine Weile nach Verlassen des Schleusenkanals, bis unsere Kanus in der ersten Flußschleife verschwinden.

Nach einer gemütlichen Fahrt durchs pfannenartige Limburger Becken, vorbei am barocken Schloß Oranienstein, zeigt sich links die sehenswerte Stadt Diez mit ihrer weit ins Land blickenden Schloßanlage und der Stiftskirche. Nach einer Linkskurve treten die Waldhänge wieder näher an die Lahn, und wir paddeln fast 20 km einsam durch ein wunderschönes, in mächtigen Schieferschichten tief eingesägtes Flußtal. Auch hier wieder ein kostbares Juwel in der nicht abreißenden Kette der Sehenswürdigkeiten: Balduinstein und das am Horizont hoch aufragende Schloß Schaumburg, dessen Turm uns bei gutem Wetter einen unvergeßlichen Ausblick ins Nassauer Land bietet.

Nach der Cramberger Schleuse umrundet die Lahn in einer mächtigen Umlaufschleife den gleichnamigen Ort. Nach der nächsten Schleusenkammer folgt ein sehr enger Rechtsbogen. Hier müssen wir wegen der schmalen Fahrrinne auf den Motorbootverkehr aufpassen und dürfen zusätzlich den von links strömenden Ausfluß eines Turbinenkanals nicht übersehen. In Laurenburg endet der einsame Flußabschnitt, die B 417 (ab Nassau als B 260) begleitet von jetzt an die Lahn bis zu ihrer Mündung.

Rechts am Hang glänzen die großen Abraumhalden der ehemaligen Silberbergwerke, links lugt die Ruine Brunnenburg hervor. Ein paar Kilometer nach dem Wehr in Kalkofen (Pegel mit automatischer Ansage, Tel. 06439/7304 bzw. 06473/1256) überraschen uns in Obernhof die ersten Weinberge. Es empfiehlt sich, anzulegen, um in einer der gemütlichen Wirtschaften den hiesigen Wein zu probieren und anschließend noch eine kurze Wanderung zum Kloster Arnstein hoch über dem Fluß zu unternehmen.

Nach der Schleuse Hollerich folgt Nassau mit seinen Burgen und dem Schloß Stein. Das historische Dausenau liegt malerisch langgezogen am rechten Ufer; die gut erhaltene Ringmauer versteckt den Schiefen Turm und die schönen Fachwerkhäuser.

Nach der Brücke zieht sich ein riesiges Campinggelände den Fluß entlang, und kurz hinter dem nächsten Wehr paddeln wir ins weltberühmte Heilbad Bad Ems ein. Auf kilometerlangen Promenaden spazieren die Kurgäste entlang der Lahn. Gepflegte Parkanlagen, Kurhäuser und vieles andere reizen uns zum Aufenthalt, der durch zwei Campingplätze und eine Städtische Anlegestelle erleichtert wird.

Flußabwärts wird es im Tal etwas lebendiger, der Motorbootverkehr nimmt zu. In einer Tagesfahrt erreichen wir bequem von Bad Ems unsere Endstation Lahnstein. An der Schleuse vor der Stadt ragt drohend über uns Burg Lahneck, die den ganzen Talabschluß beherrscht. Rechts an der Mündung finden wir mehrere geeignete Abbauplätze, wo wir im Angesicht des Schloßes Stolzenfels am gegenüberliegenden Ufer des Rheins unsere Boote zur Heimfahrt klarmachen.

37 Ahr

Schuld-Ahrweiler oder Müsch-Ahrweiler

Nebenfluß des Rheins

34 km - 2-Tage-Fahrt
46 km - 3-Tage-Fahrt

Zu Füßen der mächtigen Grafenburg im Eifelstädtchen Blankenheim erblickt in einem kleinen Fachwerkhaus die Ahr als kräftige Brunnenquelle das Licht der Welt. Zuerst in vielen Mäandern pendelnd, durchfließt sie in südöstlicher Richtung ein breitsohliges Eifeltal. Bei Ahrdorf zwingt das harte Gestein des Mordhügels der jungen Ahr in einer großen Umlaufschleife eine Richtungsänderung auf. Ab hier springt sie quirlig mit beachtlichem Gefälle und vielen Windungen nach Nordosten, um beim Ort Schuld einen breiten Felsriegel der nördlichen Eifel zu durchstoßen. Die folgende etwas ruhigere Strecke im lieblichen Obstbaum- und Wiesental dauert nicht lange; schon bei Altenahr sägt sich das Flüßchen tief in die dunklen Tonschieferschichten zwischen Ahrgebirge und Eifel ein und läßt dabei ein eng gewundenes, von steilen Felswänden und Weinbergen umrahmtes Tal entstehen, das sich erst bei Walporzheim wieder öffnet, um der Ahr den Weg zur Mündung endgültig freizugeben. Eilig läuft der noch immer saubere Fluß am mittelalterlichen Stadtmauerring von Ahrweiler vorbei, bereichert Bad Neuenahr um eine Flußpromenade und berührt den mächtigen Basaltkegel der Landskrone, um sich in der Sinzinger Bucht bei Bad Kripp südlich von Remagen nach einer abwechslungsreichen, 90 km langen Reise vom Rhein aufnehmen zu lassen.

Wanderfahrer mit etwas Wildwassererfahrung setzen bei entsprechendem Wasserstand (Pegel an der Brücke Müsch 50 cm) ihre Boote in Müsch unterhalb der Trierbachmündung ein (Parkplatz gegenüber »Gasthaus zur Post«). In diesem Flußabschnitt müssen wir wegen der flinken Strömung nicht viel paddeln. Das folgende halbzerstörte und ein schräges Wehr sind bei diesem Wasserstand gut befahrbar.

Bald flitzen die Boote unter der

Exotisch muten die steilen Terrassen der Weinberge an.

Ahr

Anfahrt

BAB 61 AB-Kreuz Meckenheim, B 257 ins Ahrtal, oder A 61 Ausfahrt Bad Neuenahr/Ahrweiler Nord, B 267.

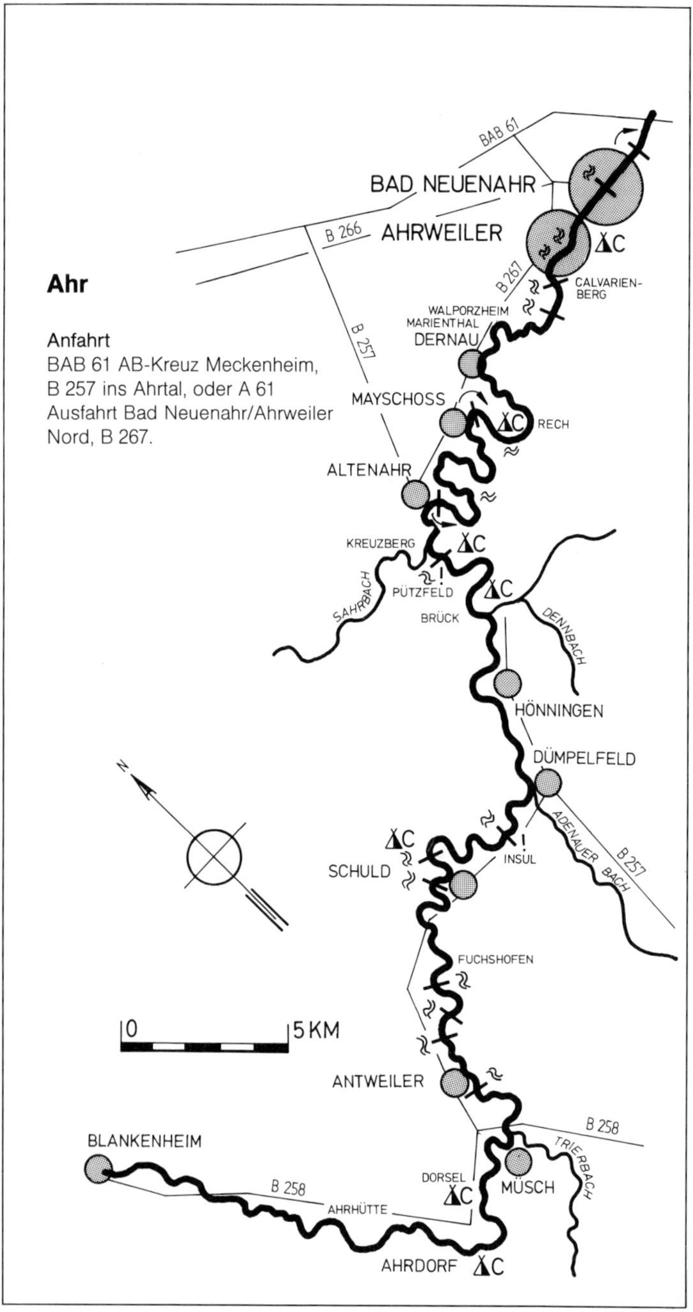

Charakter, Tips
Schnell fließendes Wanderflüßchen der nördlichen Eifel mit gutem Gefälle, sauberem Wasser, sportlich geprägt durch etliche spritzige Schwälle und fahrbare Wehre, geeignet für schon erfahrene Wanderfahrer.
Im Frühling während der Schneeschmelze führt die Ahr oft starkes Hochwasser, im Hochsommer ist sie als typischer Mittelgebirgsfluß etwas wasserarm. In der übrigen Jahreszeit bei gutem Mittelwasser ab Müsch, besser ab Antweiler mit Einer-Kajaks gut befahrbar, bei Pegelstand Müsch 50 cm ab Schuld sogar mit wendigen Canadier-Zweiern. Für Faltboote nicht zu empfehlen. Alle Wehre von Müsch bis Insul sind nach vorherigem Ansehen befahrbar. Weiter flußabwärts bei höherem Wasserstand an manchen Wehren Walzenbildung mit Rücksog; dann besser Boote umtragen. An den Wehren unterhalb Kloster Kalvarienberg auch bei mittlerem Wasserstand kurze Treidelstellen. Viele Zeltplätze am Fluß mit guten Einsatzstellen. PKW-Begleitung entlang der gesamten Flußlänge möglich.

Zeltmöglichkeiten
Viele Campingplätze, überwiegend direkt an der Ahr, z.B.: Blankenheim, Ahrdorf-Jakobsmühle, Dorsel, Schuld, Ahrbrück, Kreuzberg, Gut Pützfeld – Europa Camping, Camping zur alten Mühle, Altenahr, Mayschloß – Zur Burgwiese, Rech, Ahrweiler.

Sehenswertes
Blankenheim: Burg, Stadttore, Fachwerkhäuser (16.Jh.), Pfarrkirche mit Kirchenschatz, Ahrquelle.
Schuld: Romanische Pfarrkirche, schöne Eifelhäuser.
Dümpelfeld: Zweischiffige Hallenkirche St. Cyriak.
Ahrbrück: Kesselinger Tal, Wacholderschutzgebiet.
Altenahr: Burgmannenhaus, romanische Basilika, Burgruine Are, in Kreuzberg Burg, Ringmauer, Kapelle.
Mayschoß: Ruine Saffenburg, Pfarrkirche mit Marmorgrabmal der Gräfin Katharina, Weingut Lochmühle, Weinkeller.
Rech: Steinerne Nepomukbrücke.
Dernau: Saalkirche mit schöner Innenausstattung, ehemaliges Kloster Marienthal.
Bad Neuenahr – Ahrweiler: Ahrweiler: Stadtmauerring mit mächtigen Toren, St. Laurentiuskirche, Rokoko-Pfarrhaus, Rathaus, viele Fachwerkhäuser, Kloster Kalvarienberg u.v.a., Weinberge.
Bad Neuenahr: Willibrorduskirche, Beethovenhaus, Spielkasino, Kurhaus, Kurpark, Ruine Neuenahr, Landskrone mit herrlicher Aussicht u.a.
Sinzig: Ehemalige Kaiserpfalz, Schloß, Pfarrkirche St. Peter, Zehnthof.

Karten, Kanu-Literatur
Generalkarte 1:200000, Blatt 12; Deutsche Idealkarte 1:100000, Blatt 17; Panoramakarte (Ziehten Verlag, Köln). – Deutsches Flußwanderbuch; Kleinflußführer für Nordrhein-Westfalen.

Dorfbrücke von Antweiler durch, wo sich ein paar Meter flußabwärts eine noch günstigere Einsatzstelle, sogar mit Grill und genügend Parkmöglichkeiten, anbietet. Zwei weitere Wehre, die sich durch Rauschen von weitem melden, sind für sportliche Paddler kein Hindernis. Das Tal verengt sich nun, Felsen blicken von den steilen, bewaldeten Hängen. Es folgen kleine Schwälle, niedrige Stufen und ein Schrägwehr.
Rechtsufrig zieht sich unter einer

breiten Felswand das langgestreckte Fuchshofen hin. Nach der Straßenbrücke beim Laufenbacher Hof bekommt das Ahrwasser Verstärkung durch den linksufrig mündenden Dreisbach. Abwechselnd überqueren Straße und Eisenbahnstrecke den Fluß.
Der schön in einer Linksschleife liegende Campingplatz ca. 1 km vor Schuld ist ein idealer Ausgangspunkt für Wanderfahrten im Einer bis in den Frühsommer oder nach ein paar Regentagen auch für sportliche Fahrer im Canadier. Der alte Ort Schuld liegt eng eingebettet unter einem Umlaufsporn, umgeben von steilen Schiefer- und Trachytfelswänden; fast schluchtartig wirkt hier das enge Tal. Schnell zieht das klare Wasser der Ahr unsere Boote an der Freilichtbühne unter dem Schuldhardt vorbei. Das Tal wird wieder heller; auf einer breiten, lieblichen Talaue liegt Insul, wo an warmen Wochenenden mit guter Thermik Drachenflieger vom nahgelegenen Fluggelände zu ihren waghalsigen Flügen über dem Ahrtal starten.
Am zweistufigen Wehr unterhalb der Brücke ist bei höherem Wasserstand Vorsicht geboten. Bald sehen wir vor uns Dümpelfeld, das mit seiner beherrschenden Kirche den Eingang zum Adenauer Tal bewacht. Unterhalb der Eisenbahnbrücke gesellt sich der wasserreiche Adenauer Bach zu uns; es folgt eine schnelle regulierte Strecke. Die Stufe am Ortseingang von Hönningen ist glatt befahrbar. Nach dem Pützfelder Campingplatz zeigt sich rechts oben der steil aufragende Felsberg Ursling, um als Vorbote die tief eingesägten Flußschleifen zwischen Altenahr und Walporzheim anzukündigen. Links zieht langsam die schloßartige Kreuzberger Burg vorbei, und die ersten Weinberge an den steilen Felshängen prägen ab jetzt das Talbild.
In Altenahr, dem Mittelpunkt des Tals, lohnt es sich, die Boote aus dem Wasser zu ziehen, eine Pause einzulegen und zur Ruine der Burg Are hinaufzusteigen, um den phantastischen Blick auf die Flußschleifen zu genießen. Am steilen Schrägwehr unterhalb Altenahr riskieren wir keine Bootsschäden, deshalb tragen wir unsere Kajaks rechts um. Auf einer Länge von 7 km reiht sich nun im Flüßchen Schwall an Schwall; auch landschaftlich folgt ein Höhepunkt nach dem anderen: Teufelsley, Lochmühlerley, Guckley, Saffenburg, um nur einige zu nennen.
Am Mayschosser Wehr tragen wir nochmals um, erreichen in flotter Fahrt die alte steinerne St.-Nepomuk-Brücke in Rech (hier gute Aussetzstelle mit Parkplatz), umrunden den Krausberg und bewundern das in einem Weinbergkessel liegende Dorf Dernau. Bei Walporzheim sehen wir links das Felsgebilde »Bunte Kuh«; vielleicht legen wir unterhalb der Straßenbrücke bei »Onkel Jupp« an, um die Ahrfahrt mit einem zünftigen Forellenessen zu feiern. Es folgen zwei Naturstufen, dann leuchtet rechts am Hang der große Klosterkomplex Kalvarienberg. Hier überwinden wir kurz nacheinander zwei fahrbare Schrägwehre und mehrere niedrige Grundschwellen.
Am großen Parkplatz bei der Stadtmauer in Ahrweiler geht die schöne, sportliche Fahrt zu Ende. Auf dem kanufreundlichen Campingplatz gegenüber können wir übernachten und im mittelalterlichen Städtchen einen netten Abend verbringen oder auch Bad Neuenahr einen Besuch abstatten.

38 **Kyll** Gerolstein–Kordel

Nebenfluß der Mosel

72 km
3-Tage-Fahrt

Von ihrer Quelle im Losheimer Wald an der belgischen Grenze durchfließt die Kyll, durch ihren Fischreichtum schon den Römern bekannt, in einer Nord-Süd-Senke fast die ganze Eifel, um nach mehr als 140 km Flußlänge nicht weit von Trier bei Ehrang die Mosel zu erreichen. Der landschaftlich schönste und für uns Kanufahrer auch lohnendste Teil ist der wildromantische Flußabschnitt zwischen Gerolstein und Kordel. Hier gräbt sich die Kyll abwechselnd tief in die Buntsandstein- und Muschelkalkschichten ein und sucht in vielen Schleifen, immer wieder auf steile Wald- und Felshänge prallend, unbeirrt ihren Weg zur Mosel.

Bei gutem Wasserstand setzen Wildwasserfahrer schon in Jünkerath ihre wendigen Einer ein. Für Wanderfahrer ist der Fluß ab Ge-

Auch mit solchen Hindernissen wartet die Kyll auf.

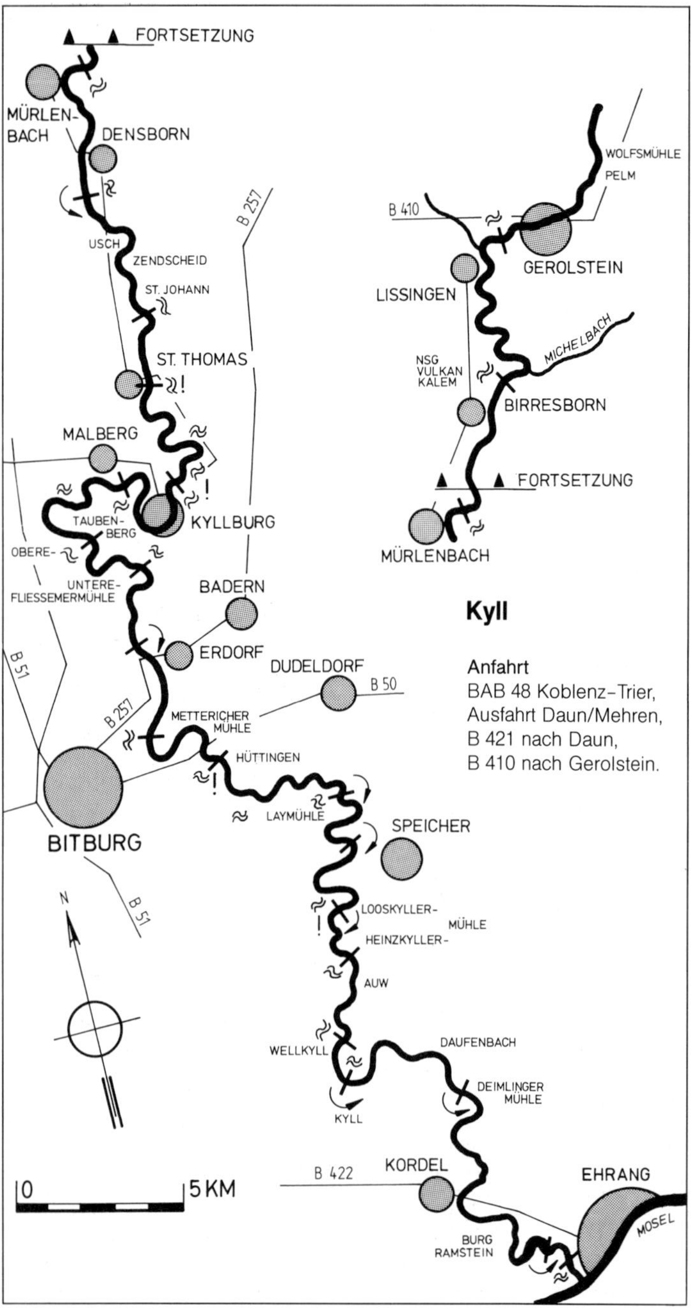

Kyll

Anfahrt

BAB 48 Koblenz–Trier, Ausfahrt Daun/Mehren, B 421 nach Daun, B 410 nach Gerolstein.

rolstein zu empfehlen, wo wir an der Stadtbrücke der B 410 eine schöne Einsatzstelle finden; ein großer Parkplatz ermöglicht das Abstellen der Fahrzeuge. Das talbeherrschende, in Dolomitfels umgewandelte Korallenriff bleibt rechts hoch über uns zurück, wenn die flotte Strömung die Boote mitnimmt. Dann ein paar hundert Meter regulierter Fluß, ein sanfter Linksbogen, und wir peilen die südliche Richtung an, der Sonne und den glitzernden Wellen entgegen.

Vor Lissingen, wo es ein malerisches Doppelschloß zu bewundern gibt, taucht das erste der vielen Wehre auf. Wie die anderen ist es bei mittlerem Wasserstand mit Vorsicht zu befahren. Die Talsohle ist jetzt noch breit und flach; unsere Boote werden in vielen Bögen zwischen bewachsenen Ufern da-

Charakter, Tips

Wanderflüßchen mit sportlichem Charakter, für dessen Befahrung wir eine Portion Bootsbeherrschung und Erfahrung brauchen. Die sehr gute Strömung, der Wechsel von ruhigen Passagen mit sportlich anspruchsvollen Abschnitten, mehrere Naturstufen, das saubere Wasser und die landschaftlichen Reize eines tief eingeschnittenen, einsamen Tales machen aus der Kyllbefahrung einen Paddlerleckerbissen.

Bei nicht zu langen Trockenperioden weit in den Frühsommer, nach Regentagen auch später gut befahrbar. Bei Pegelstand in Densborn ab 65 cm setzen wir auch die Kunststoff-Zweier in Gerolstein ins Wasser, ansonsten sind die leichten und wendigen Einer vorzuziehen. Wegen des steinigen Grundes und der relativ vielen Wehre für Faltboote nicht zu empfehlen. Diese Wehre sind bei mittlerem Wasserstand für Kunststoffboote befahrbar, nur am Steilwehr unterhalb Densborn müssen wir immer umtragen. Bei niedrigem Wasserstand nach Wehren Treidelstellen, sonst ohne Schwierigkeiten. Gute Einsatzstelle an der Stadtbrükke in Gerolstein, für Etappenfahrten weiterhin in St. Thomas, Kyllburg und Erdorf. An Wochenenden viele Angler (Rücksicht nehmen!).

Zeltmöglichkeiten

Camping Kyllburg, Camping Kordel in Planung, Stadtkyll im Oberlauf.

Sehenswertes

Gerolstein: Altertumsmuseum, Ruine Löwenburg, Dolomitenfelstürme, Höhle Buchenloch, Ruine Gerhardstein, Erlöserkirche, Kasselburg bei Pelm mit Adler- und Wolfspark.
Lissingen: Malerische Doppelburg.
Mürlenbach: Eine der ältesten Burgen im Rheinland.
St. Thomas: Zisterzienserkirche, Abtei.
Kyllburg: Stiftskirche, Mariensäule, Burgruine, Schloß-Malberg u. a.
Bitburg: Schloß, Liebfrauenkirche, Bierbrunnen, im Juli Folkloretreffen, Museum.
Auw: Kirche mit Holzschnitzereien.
Kordel: Gotische Kirche, Burgruine Ramstein.
Ehrang: Stadtmauer, römische Göttersteine.
Trier: Älteste Stadt Deutschlands, Porta Nigra, Dom, Basilika, u. v. a. Kirchen, Amphitheater, Römerbrükke, Ruine der Kaiserthermen, ehemaliges Kurfürstliches Schloß, Hauptmarkt mit Brunnen, Museen, Theater u. v. a.

Karten, Kanu-Literatur

Generalkarte 1:200 000, Blatt 12 und 15; Deutsche Idealkarte 1:100 000, Blatt 17 und 22. – Kleinflußführer Nordrhein-Westfalen; Kanuführer für Südwestdeutschland.

vongetragen. In einer Schleife nehmen wir von links den Michelbach auf, und bevor wir in Birresborn das nächste Wehr erreichen, schiebt sich der erloschene Vulkan Kalem vorbei.
In Mürlenbach lohnt es sich, anzuhalten; hier steht eine der ältesten Burgen des Rheinlands. Danach läuft die Kyll fast gerade, die schnelle Strömung wird am Steilwehr unterhalb von Densborn unterbrochen. Wir tragen um und erreichen spätnachmittags den kleinen Ort St. Thomas, wo sich nach der Eisenbahnbrücke rechtsufrig neben dem Kinderspielplatz eine günstige Anlegestelle befindet.
Zwischen Wald und Auwiesen geht es weiter, kurze und längere Schwälle wechseln mit ruhigen Abschnitten, bis vor Kyllburg der Fluß in eine enge Fels- und Waldschlucht eingezwängt wird. Die etwas verblockte, sehr sportliche Strecke endet aber ruhig auslaufend unter zwei Brücken in Kyllburg, dem reizenden Luftkurort, der sich auf einer schmalen, an drei Seiten von der Kyll umflossenen Bergzunge angesiedelt hat. Linksufrig nach dem Wehr liegt direkt am Fluß ein Campingplatz, der einen lohnenden Aufenthalt ermöglicht. Viele schöne Baulichkeiten aus dem Mittelalter sind im Ort erhalten geblieben.
Am nächsten Morgen hüpfen unsere Boote über mehrere kleine Stufen, die wahrscheinlich von Badegästen errichtet wurden. Rechts nach der Schleife zeigt sich noch einmal die kleine Bergstadt, und vor uns taucht unerhofft und hell leuchtend das im 18. Jh. umgebaute Schloß Malberg auf. Unter dem Schloß bewältigen wir noch ein schräges Wehr; am besten legen wir links nach der Brücke an, denn hier bietet sich eine »Kulturwanderung« an. Das mächtige, italienisch anmutende Schloß mit seiner barocken Gartenterrasse ist auch als Hotel eine Sehenswürdigkeit.
Anschließend zieht uns die Kyll in eine einsame Waldschlucht. In mehreren Schleifen umrundet der Fluß den Höhenzug des Taubenbergs. In diesem engen Tal hat nicht einmal eine Straße Platz gefunden, nur die zwei Fließemermühlen unterbrechen die Einsamkeit. Vor Erdorf befahren wir noch ein Wehr, und nach der Straßenbrücke links finden wir eine schöne Raststelle mit einer einladenden Holzbank unter drei Birken.
Felsufer begleiten uns auf der folgenden Strecke, der Fluß bricht wieder tief in den Muschelkalk ein; rechts der Metterricher Mühle rieselt ein Schleierfall herunter, ein paar Felsblöcke liegen im Flußbett, doch zum Ausweichen gibt es genug Platz. Nach Hüttingen dreht die Kyll ein paar Kilometer nach Osten, eine breitere Talaue öffnet sich, der Fluß beruhigt sich kurz. Der Wald verschlingt uns, und mehrere Schwälle erfordern unsere Aufmerksamkeit.
Bewaldete Bergrücken ziehen vorüber, hoch oben zeigt sich die Stadt Speicher. Es folgen längere ruhige Abschnitte vor Wehren; bei niedrigem Wasserstand ziehen wir bei den Mühlen die Boote kurz über bemooste Steine. Nach Daufenbach, unterhalb der Deimlinger Mühle, überrascht uns die Landschaft nochmal mit einer bunten, rotweiß getreiften Sandsteinwand, die den Fluß in eine scharfe Linkskehre mit Schwällen zwingt. Danach begrüßt uns die gotische Kirche von Kordel. Wir finden links vor der Brücke die abgestellten Autos und beenden die reizvolle Fahrt. Einen Abstecher zur Burgruine Ramstein sollten wir aber doch noch unternehmen.

39 Our

Steffeshausen–Wallendorf

Nebenfluß der Sauer

60 km
3-Tage-Fahrt

Unweit der deutsch-belgischen Grenze in der nördlichen Eifel entspringt am Westhang des Losheimer Waldes die Our, die als echter »Grenzgänger« mehrmals zwischen Belgien, Luxemburg und Deutschland wechselt und in ihrem Unterlauf die bundesdeutsche Grenze bildet. Auf ihrem fast 100 km langen Lauf sägt sie sich ein tiefes, windungsreiches und recht einsames Tal in das bewaldete Gebirge des Deutsch-Luxemburgischen Naturparks. Für ein Kavernenkraftwerk zu einem langen See aufgestaut, windet sich die Our in einer vollkommenen Schleife um die alte Ortschaft Bivels, fließt unterhalb der hohen Staumauer flott an der stolzen, das ganze Tal beherrschenden Burg Vianden vorbei und mündet bei Wallendorf als linker Zufluß in die Sauer.

Als typischer Mittelgebirgsfluß führt die Our im Sommer nur wenig Wasser, doch bei Steinebrück oder Steffeshausen können wir meist noch Ende Mai einsetzen. Bei geringerem Wasserstand verkürzen wir die Strecke und starten an der Grenzbrücke in Dasburg.

Für unsere Wanderfahrt finden wir im Angesicht der wuchtigen Steffeshausener Kirche eine sehr gute Einsatzstelle an der neuen Straßenbrücke. Von links mündet die quirlige Ulf. Es geht gleich flott los, über niedrige Stufen und zur Slalomübungsstrecke vor dem schrägen Wehr, das mit Einern links leicht befahrbar ist. Eine schluchtartige Verengung mit schrägen Felsrippen im Flußlauf verlangt gute Bootsbeherrschung; über ein paar spritzige Schwällchen hüpfen unsere Kajaks an dem schmucken Kirchturm von Weveler vorbei.

Charakter, Tips

Sportlicher, schnell fließender Wanderfluß mit sehr sauberem Wasser, bis in den Vorsommer überwiegend befahrbar. Viele Stromschnellen, enge Durchfahrten sowie fahrbare Schrägwehre verlangen eine gute Bootsbeherrschung; Einer-Kajaks oder wendige Canadier sind hier am Platze.

Landschaftlich äußerst lohnend; bis Dasburg völlig einsames, enges und vielgewundenes Waldtal; danach begleitet eine Straße den Flußlauf. Grenzfluß, Personalausweis mitführen! Schöne Wanderfahrt mit Fortsetzung auf der Sauer.

Zeltmöglichkeiten

Ouren, Tintesmühle, Dasburg, Roderhausen, Untereisenbach, Vianden, Wallendorf u.a.

Sehenswertes

Ouren (Belgien): St.-Petri-Kirche.
Dasburg: Burgruine, Kirche.
Vianden (Luxemburg): Burgruine, Altstadt, Kavernenkraftwerk.

Karten, Kanu-Literatur

Generalkarte 1:200000, Blatt 12; Deutsche Idealkarte 1:100000, Blatt 17. Kleinflußführer für Nordrhein-Westfalen; Kanuführer für Südwestdeutschland.

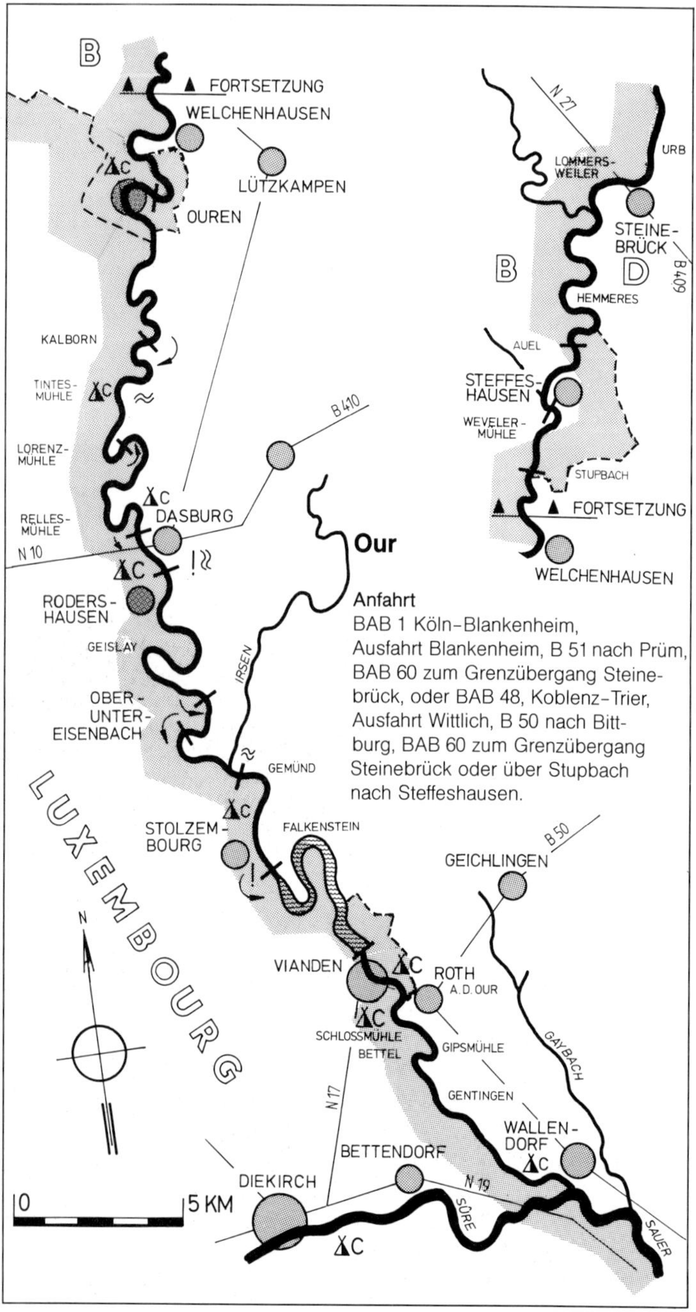

Anfahrt

BAB 1 Köln–Blankenheim, Ausfahrt Blankenheim, B 51 nach Prüm, BAB 60 zum Grenzübergang Steinebrück, oder BAB 48, Koblenz–Trier, Ausfahrt Wittlich, B 50 nach Bittburg, BAB 60 zum Grenzübergang Steinebrück oder über Stupbach nach Steffeshausen.

An der alten Sandsteinbrücke in Stupbach lockt ein gemütliches Wirtshaus in der ehemaligen Mühle zum Verweilen. Das schräge Wehr ist in der Mitte gut befahrbar. Danach bietet das Flüßchen auch ruhige Abschnitte. Wunderschöne Waldkulissen schieben sich nacheinander an uns vorbei.
An der Welchenhausener Grenzbrücke finden wir eine schöne Raststelle. Das Tal wird jetzt sehr eng und felsig bis zum Camping in Ouren. Um das kleine Städtchen erweitert es sich zu einem Kessel, dessen Waldhänge die Ortschaft umschließen. Das Wehr am Zeltplatz ist in der Mitte befahrbar. Nach der dreibogigen Steinbrücke umrunden wir die Kirchen von Ouren. Schäumend springt das Wasser über größere Felsblöcke und -rippen zur Brükke an der Ortsausfahrt, wo wir eine sehr schöne Einsatzstelle entdecken. Völlig einsam, ohne Wegbegleitung, zwängt sich das Flüß-

Schafft es Waldemar? – Am Wehrdurchbruch in Gemünd.

chen nun durch das felsige, bewaldete Tal; am Steilwehr tragen wir rechts um. Nur die niedrige Kalborner Brücke unterbricht die Einsamkeit.
An der Tintesmühle liegt rechtsufrig ein schöner kleiner Campingplatz, und in der tiefen Waldschlucht zwischen steil ansteigenden Hängen verstecken sich die Ruinen der ehemaligen Lorenzmühle. Eine längere ruhige Stelle signalisiert das schräg-steile Hochwehr der Rellesmühle, das wir leicht rechts umgehen können, doch es ist auch verführerisch, die Schräge hinunterzurutschen (nicht rechts, Steine im Unterwasser!). Nach einer leichten Linkskurve zeigt sich die Zeltwiese an der Mühle und nach wenigen hundert Metern die Zollbrücke von Dasburg. Am Rodershausener Campingplatz können wir die Tagesetappe beenden und abends zur Ruine der Dasburg hinaufspazieren, um von dort den herrlichen Blick in das Ourtal zu genießen.
Morgens gleiten unsere Kajaks über leichte Schwälle zum Holzsteg an der Dörnauetsmühle. Die flotte Strömung zieht uns in die enge Schleife beim Kohnenhof. Mehrere harmlose, aber spritzige Stufen leiten uns am Campingplatz von Mousel vorbei, und in Obereisenbach schieben wir die Boote über das schräge Wehr. Am 500 m flußabwärts liegenden zweiten Wehr sowie am durchgebrochenen Wehr vor der Gemünder Zollbrücke fahren wir glatt durch die Mitte.
Danach verschwinden wir in einer engen Schlucht, dunkle Felsen ragen bis ans Wasser. Jetzt beruhigt sich die Our und läuft fast gerade in den Stausee herein. In der kleinen Gemeinde Stolzembourg ziehen wir die Boote rechts über Treppchen vor der Brücke an Land und tragen sie auf das linke Flußufer hinüber. Die nächsten Kilometer führen uns durch den fjordähnlichen See, dessen bewaldete, teils felsige Hänge fast 200 m hoch aus dem Wasser steigen. Als große blaue Schleife umschlingt der Viandener Stausee den engen Landsporn mit der alten Ortschaft Bivels. Bald spannt sich hoch über uns die Straßenbrükke, und rechts am Hang klebt die leuchtende St.-Rochus-Kapelle.
Wir gelangen zur grauen Staumauer, vor der wir die Boote links über eine Rampe zur Straße hinauftragen, um mit dem Bootswagen bis zur Einsatzstelle zu fahren. Eine Weiterfahrt unterhalb der Staumauer ist abhängig von der Wasserabgabe des Kraftwerks; in einem nicht zu trockenen Jahr können wir bis in den Vorsommer mit ausreichendem Wasserstand rechnen. Nun warten auf uns noch zwei Schrägwehre; beide sind mit Einern befahrbar, die Canadier können wir leicht umtragen. Nach Vianden, wo wir eine Besichtigungspause einlegen sollten, erreichen wir das liebliche Roth.
An der ehemaligen Gipsmühle vorüber zwingen uns scharfe Kurven zum bedächtigen Manövrieren; manche Felsrippe läßt das Wasser höher aufschäumen. Das Tal weitet sich, und wir paddeln an der weißen Kapelle von Ammeldingen vorbei. Bei Hoesdorf wird es wieder enger, der letzte Steilhang begleitet uns rechts mit im Frühling prachtvoll blühenden Obstbäumen unter die mehrbogige Steinbrücke von Wallendorf, die ein paar hundert Meter vor der Our-Einmündung in die Sauer liegt.
Wir können unsere Fahrt in Wallendorf beenden oder auf der flott fließenden Sauer noch am selben Tag Echternach erreichen.

40 Sauer

Wallendorf–
Wasserbilligerbrück

Nebenfluß der Mosel

40 km
2-Tage-Fahrt

Als Dreiländerfluß fließt die Sauer von ihrer Quelle in den belgischen Ardennen durch einsame, reizvolle Wald- und Wiesentäler über Luxemburg zur bundesdeutschen Grenze. Von links nimmt sie hier die saubere Our auf und windet sich in weit ausholenden Schleifen durch den herrlichen Deutsch-Luxemburgischen Naturpark. An der mächtigen romanischen Klosteranlage von Echternach vorbeifließend und gestärkt durch die links einmündende Prüm, bricht die Sauer in südlicher Richtung durch den letzten Bergriegel der Eifel und erreicht westlich von Konz die Mosel.

Wenn wir nicht schon mit dem Ka nu von der Our angepaddelt kommen oder die Sauer bereits ab Ettelbrück im Luxemburgischen befahren, beginnen wir unsere Grenzflußtour im südlich wirkenden Wallendorf, etwa am Campinggelände, wo die Our in die Sauer mündet, oder an der Grenzbrücke. Nach wenigen hundert Metern erwartet uns ein Wehr, das wir problemlos rechts durch die Floßgasse befahren; ein spritziger, langer Schwall läßt die Boote auf hohen Wellen schaukeln. Danach beruhigt sich der Fluß, doch die zügige Strömung zieht uns rasch durch die großen Schleifen zwischen bewaldeten Bergrücken.

Beidseitig begleiten Straßen den Fluß, auch der Sauertal-Radwanderweg schlängelt sich entlang.

Beidseitig drängen kleine Siedlungen an die Sauerufer.

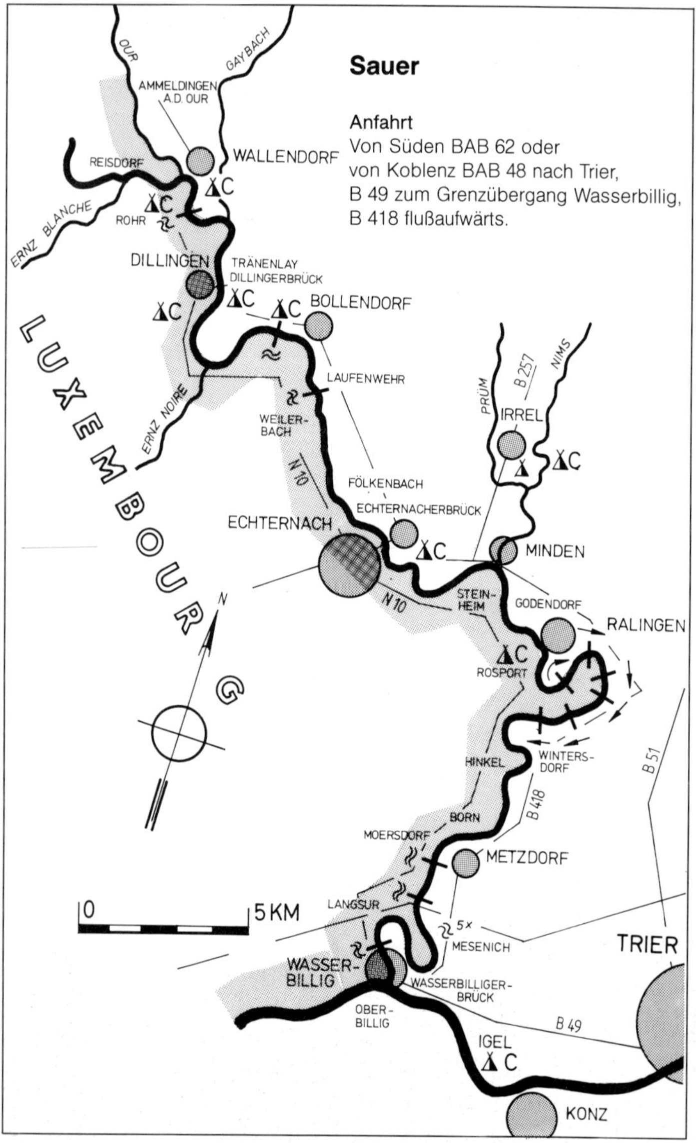

Doch unten am Wasser hört man fast nichts vom hektischen Wochenend-Autoverkehr. An der fünfbogigen Steinbrücke in Dillingerbrück steigen wir aus den Booten, um die nur wenige Schritte vom Fluß entfernte Tränenley anzuschauen: ein Fels mit einer kleinen Höhle, über die ein feiner Schleierwasserfall herunterrieselt. Auch hier ist, wie in Wallendorf, ein großer Campingplatz. Wegen

Charakter, Tips
Bis in den Frühsommer und ganzjährig ab Wallendorf befahrbarer, etwas sportlicher Wanderfluß. Für alle Kanutypen geeignet, doch mit Faltbooten Vorsicht auf den fahrbaren Schrägwehren!
Wasser sehr sauber. PKW-Begleitung auf der ganzen Strecke möglich. Grenzfluß, Personalausweis mitnehmen.

Zeltmöglichkeiten
Wallendorf, Dillingen, Bollendorferbrück, Elternacherbrück, Ralingen u.v.a.

Sehenswertes
Echternach: Romanische Basilika, mächtige Klosteranlage, Grab des hl. Willibrordus, gotisches Rathaus.

Karten, Kanu-Literatur
Generalkarte 1:200000, Blatt 15; Deutsche Idealkarte 1:100000, Blatt 17 und 22. – Deutsches Flußwanderbuch; Kanuführer für Südwestdeutschland.

Zeltmöglichkeiten brauchen wir uns im Sauertal keine Sorgen machen; so viele schöne Plätze findet man selten.
In der großen Südschleife unterm felsigen Kasselt verengen Steilwände das Flußbett; mancher Felsblock stürzte hier vor vielen Jahren ins Wasser. Links grüßt uns die Burg von Bollendorf. Der Burgherr hat seine Greifvogelzuchtstation der Öffentlichkeit zugänglich gemacht. Manchmal sitzt auf der Stützmauer ein paar Meter über dem Fluß ein junger Adler, der mit Neugier das Treiben am Wasser verfolgt.
Das Laufenwehr umpaddeln wir rechts, und bald sehen wir vor uns die Türme des Echternacher Klosters. Die Parkpromenade mit dem schönen Pavillon zieht vorbei. In der späten Nachmittagssonne leuchtet uns nach einer scharfen Rechtskurve die alte Sandsteinbrücke entgegen. Flußabwärts liegt linksufrig in Echternacherbrück der weitläufige Campingplatz, wo wir unsere Zelte aufschlagen. Abends spazieren wir über die schmucke Zollbrücke in das reizvolle Echternach. Die engen, gepflasterten Gassen, die eindrucksvoll beleuchtete romani-

Umtragen der Boote auf einem der Höckerwehre in der Ralinger Schleife.

An einer Sandbank bei Lauenbrück beginnt die Lünnefahrt.

sche Basilika, das alte Rathaus und der ausgedehnte Klosterkomplex vermitteln uns einen Stimmungshauch aus vergangenen Jahrhunderten.

Mit guter Strömung geht es am nächten Morgen weiter flußabwärts. Lange begleiten uns noch die Klostertürme, obgleich auch die Bergkuppen an Höhe gewinnen. In Minden nehmen wir die klare Prüm auf. An der »blauen Brücke« liegt der nächste Campingplatz. Vorbei an der schönen Kirche von Steinheim nähern wir uns dem Stau in Ralingen. Wasserskiläufer im Schlepp lauter Motorboote flitzen in bedenklicher Nähe an uns vorbei. Doch diese freigegebene Strecke ist nur kurz, nach 1 km legen wir links an der Bootsrampe der ca. 6 m hohen Staumauer an, um die Kanus umzutragen. Im Unterwasser ist es wieder ruhig.

Langsam ziehen wir durch die stromlose Ralinger Schleife. Vom steilen Hang der ehemaligen Weinberge vor uns lösen im Frühling Windböen Explosionen von Pollenwolken der blühenden Wälder aus; die Wasseroberfläche ist nachher mit einer feinen gelben Staubschicht bedeckt. An den fünf Ausgleichswehren, von denen jedes in der Mitte mit einer Fischtreppe und im übrigen Bereich mit kantigen Steinhockern versehen ist, müssen wir die Boote über das Wehr ziehen. Danach kehrt von rechts das vom Kraftwerk abgeleitete Wasser wieder zurück, die Sauer gewinnt erneut an Strömung. Über kleine Schwälle, an verstreuten Bauernhöfen und Dörfern vorbei, durchpaddeln wir die weitausholenden Schleifen des Flußes, der sich hier tief in das Gebirge eingesägt hat.

Nach der 1987 eingeweihten neuen Holzbogenbrücke in Metzdorf sorgt ein langer, hüpfender Schwall in der rechten Hälfte des aufgelassenen Moersdorfer Wehrs für eine sportliche Note. In schwindelnder Höhe überspannt die neue Autobahnbrücke das Sauertal. Es folgt noch die wunderschöne, doppelte Halsschleife von Langsur; hier springen die Kanus über mehrere zerfallene Stufen und geschleifte Wehre. Dann beenden wir in Wasserbillig, rechtsufrig vor der Brücke, unsere Wanderung auf der Sauer. Natürlich ist eine Weiterfahrt auf der Mosel bis zur 2000 Jahre alten, sehenswerten Stadt Trier möglich.

Weiterführende Literatur

Allgemeine Informationen

ARENS: Sauerland · Du Mont Buchverlag Köln 1985

FISCHER: Münster und Münsterland · Du Mont Buchverlag Köln 1982

GRUNA: Westfalen · Dr. H. Peters Verlag Hanau 1972

HAGEMANN: Land der tausend Berge · Verlag Schönes Sauerland Iselohn 1985

HB BILDATLAS: Ostsee-Holsteinische Schweiz, Ostfriesland, Zwischen Elbe und Weser, Bremen, Holstein-Herzogtum Lauenburg, Lüneburger Heide, Niederrhein, Weserbergland, Hamburg, Sauerland, Harz, Eifel, Luxemburg

HOMANN:Ostfriesland · Coppenrath Verlag Münster i. W. 1969

KAMPHAUSEN: Schleswig-Holstein · Glock und Lutz Nürnberg 1968

KRAWITZ: Ostfriesland · Du Mont Buchverlag Köln 1982

KREWERTH/RENSING: Burgen, die im Wasser träumen · Verlag Aschendorf Münster 1977

LESON: Heide, Harz und Weserbergland · Bachem Verlag Köln 1980

MERIAN: Münsterland, Niederrhein, Lüneburger Heide, Sauerland, Ruhrgebiet, Werraland

PUSEN: Niedersachsen · Glock und Lutz Nürnberg 1973

SCHMIDT: Freizeitland Hessen · Ringier Verlag München/Zürich 1979

SEIFERT: Schönes Weserbergland · Verlag CW Niemeyer Hameln 1972

SINGER, FLIEDNER: Landeskunde Niedersachsen · Paul List Verlag München 1970

STECKHAU: Niedersachsen · Schlütersche Verlagsanstalt 1980

Karten, Flußwanderführer

Generalkarte 1:200000, Mairs Geographischer Verlag

Deutsche Idealkarte 1:100000, Haupka & Co Verlag

Wassersport-Wanderkarte Deutschland 1:1000000, RV Verlag

Wassersport-Wanderkarte für Kanu- und Rudersport 1:550000, Uelzen, Teil 1–3, Büro für Kartographie E. Jübermann

Deutsches Flußwanderbuch, Deutscher Kanu-Verband 1985

Kanu-Wanderbuch für Nordwestdeutschland, Hamburger Kanu-Verband 1980

Kleinflußführer für Nordrhein-Westfalen, Kanuverband Nordrhein-Westfalen 1984

Die Lahn – Führer für Wasserwanderer, H. V. Meckel

Wasserwandern Lüneburger Heide, Fremdenverkehrsverband Lüneburger Heide e. V.

Kanu-Urlaub in und um Nordrhein-Westfalen, Kanu-Verband NRW 1987

Kanuliteratur

BAUR-HALM-HOLZ: Grundlagen des Kanusports · CD Verlagsgesellschaft 1986

BOVERS: Das Faltboot · Walther GmbH Rosenheim 1984

DEPPE/GERLACH: Kanu-Wandern, Wildwasser, Wettkampf · Stalling Verlag 1981

ENGEL: Kanu, Kajak, Faltboot · Busse Verlag

MASON/GATZ/ENGEL: Die Kunst des Kanufahrens – der Canadier · Verlag Busse-Seewald 1987

RITTLINGER: Die neue Schule des Kanusports · Brockhaus 1977

VON STRITZKY/PREE: Wandern zu zweit mit Boot und Zelt · Verlag Otto von Stritzky 1986

Schriften des Deutschen Kanu-Verbands e. V.: Kanu-Sport Amtliches Organ des DKV

Adressen

Deutscher Kanu-Verband e. V., Bertaallee 8, 4100 Duisburg

Weitere BLV Bücher – für Sie ausgewählt!

Heinrich Nejedly

Spezialführer

Kanuwandern in Süddeutschland

Tourenvorschläge für 4 Tagesfahrten, 18 mehrtägige Fahrten und 8 Ferienfahrten auf 30 Wanderflüssen in Bayern und Baden-Württemberg.
2. Auflage, 143 Seiten, 25 Farbfotos, 75 s/w-Fotos, 30 Tourenskizzen, 1 Übersichtskarte

BLV Kombi-Wildwasserbuch
Robert Steidle

Wildwassertouren in den Alpen

Erlebnisreiche Fahrten auf 50 Flüssen im Alpenraum mit Tourenbeschreibungen und Kartenskizzen im Kurzführer.
159 Seiten und 80 Seiten Kurzführer, 102 Farbfotos, 50 Tourenskizzen, 1 Übersichtskarte

blv sport
Robert Steidle

Wildwasserfahren

Ausrüstung, Strömungsformen, Bergung, Techniktraining, WW-Manöver, Taktik, Wettkampf.
2. Auflage, 143 Seiten, 32 Fotos, 30 Bildserien, 40 Zeichnungen

blv sportpraxis 245
Holger Machatschek

richtig wildwasserfahren

Ausrüstung, Gewässerkunde, Schwierigkeitsgrade, Kajaktechnik, Flußfahrt, Training, Sicherheit, Recht, Naturschutz.
127 Seiten, 39 Farbfotos, 32 s/w-Fotos, 12 Bildserien, 70 Zeichnungen

blv sportpraxis 223
Josef Giehrl

richtig schwimmen

Grundlagenwissen und -können, Technik, Praxis, Training, Spielen im Wasser, Verhaltensregeln beim Baden und Schwimmen.
2. Auflage, 127 Seiten, 82 Farbfotos, 43 s/w-Fotos, 160 farbige Zeichnungen

blv sportpraxis 238
Adolf Roy

richtig fitnessgymnastik

15 Fitnessprogramme für jedes Alter mit Einzel-, Partner- und Geräteübungen, die die Gesundheit stabilisieren und zur Verbesserung der allgemeinen Kondition beitragen.
127 Seiten, 126 Farbfotos, 188 s/w-Fotos, 4 Zeichnungen

blv sportpraxis 217
Dieter Melzig/Martin Sklorz

richtig fitnesstraining

Gesundheit und Medizin, Trainingsgrundsätze, Trainingsaufbau und -formen, Ausdauer, Beweglichkeit, Spiele, Fitlife-Programm ABS 90.
2. Auflage, 127 Seiten, 46 Farbfotos, 55 s/w-Fotos, 25 Zeichnungen

blv sportpraxis 221
Alexander Kölbing/Kurt Seifert

richtig angeln

Ausrüstung, Methoden, Angelfische des Süßwassers, Fischwasser, Umweltschutz, Gewässerwirtschaft, Fischerprüfung.
2. Auflage, 127 Seiten, 76 Farbfotos, 8 s/w-Fotos, 12 Zeichnungen

In unserem Verlagsprogramm finden Sie Bücher zu folgenden Sachgebieten:

Garten und Zimmerpflanzen · Natur · Haus- und Heimtiere · Angeln, Jagd, Waffen · Sport und Fitness · Pferde und Reiten · Wandern und Alpinismus · Auto und Motorrad · Essen und Trinken, Gesundheit · Basteln, Handarbeiten, Werken.

Wünschen Sie Informationen, so schreiben Sie bitte an:
BLV Verlagsgesellschaft mbH, Postfach 400320, 8000 München 40.

BLV Verlagsgesellschaft München